高等职业教育经管类专业平台课精品教材
“互联网+”新形态立体化教学资源特色教材

电子商务概论

主　编　顾　明　周　欢
副主编　何　雁　丁　晋　汪巧敏

中国轻工业出版社

图书在版编目（CIP）数据

电子商务概论 / 顾明，周欢主编. --北京：中国轻工业出版社，2024. 8. --（高等职业教育经管类专业平台课精品教材）. -- ISBN 978-7-5184-4862-3

Ⅰ. F713.36

中国国家版本馆CIP数据核字第2024CC8226号

责任编辑：李金慧

文字编辑：刘　晶　　责任终审：李建华　　设计制作：锋尚设计

策划编辑：张文佳　　责任校对：朱燕春　　责任监印：张　可

出版发行：中国轻工业出版社（北京鲁谷东街5号，邮编：100040）

印　　刷：三河市国英印务有限公司

经　　销：各地新华书店

版　　次：2024年8月第1版第1次印刷

开　　本：787×1092　1/16　印张：12.75

字　　数：320千字

书　　号：ISBN 978-7-5184-4862-3　定价：49.80元

邮购电话：010-85119873

发行电话：010-85119832　010-85119912

网　　址：http://www.chlip.com.cn

Email：club@chlip.com.cn

230730J2X101ZBW

前言

自1991年我国正式引入电子数据交换（electronic data interchange，EDI）以来，电子商务从无到有，几经起伏，不断发展壮大。引入之初，电子商务一直不被传统领域所认可，被认为是炒作、不成气候、不适合我国国情等。经过三十多年的发展，电子商务已经走入千家万户，逐渐为传统经济所接受，电子商务交易规模不断扩大，网络零售规模全球最大，产业创新活力世界领先。与此相适应，电子商务职业教育蓬勃发展，很多学校开设电子商务专业，招生规模逐年扩大。国内高职层次电子商务概论课程的开设已有二十多年的历史，经过这些年的沉淀，一些基本的内容越来越得到业内的普遍认可，日趋成熟稳定；伴随着电子商务行业不断地开疆拓土、迭代发展，相关内容的更新也越来越快。正是在这样的背景下，我们组织一线骨干教师，联合行业企业专家，在分析电子商务岗位群所需的知识、技能、素质的基础上，借鉴国内外不同层次电子商务概论方面的教材，遵循高职学生的认知规律，结合最新《高等职业学校专业教学标准》、“1+X”相关职业技能等级标准的要求，共同开发了这本教材。

本教材对电子商务教学内容进行了重新梳理整合，力求逻辑清晰，体系完整，内容新颖。教材共分为八个项目：初识电子商务、电子商务模式、实现电子商务支付与安全、电子商务物流、做有创意的网络营销、跨境电子商务、体验电子商务创业、电子商务法律与企业社会责任。

本教材主要有以下特点。

1．将优秀理论融入教材。本教材有机融入习近平新时代中国特色社会主义思想、社会主义核心价值观、中华优秀传统文化、职业理想和职业道德等内容，结合电子商务行业实践的特点，注重弘扬诚信文化、渗透“双碳”战略、推动绿色发展等，充分展示电子商务概论的课程特色。

2．适应教学改革要求。教材编写过程中充分考虑到线上线下融合教学、翻转课堂、移动教学、AI辅助教学等新型教学模式要求，适应灵活互动的教学方式转变，满足学生自主学习、碎片化学习的需求，力求做好教材与学材的统一。

3．内容新颖，实训设计合理，素质目标明确。在教材内容取舍和排序方面做了很多有益的尝试，努力呈现新知识、新技能、新观念；理实一体，凸显实用，优化设计了操作性强的实训项目，积极提升学生技能；素质目标定位准确，赋能学生职业素养。

本教材由江苏财会职业学院顾明、周欢担任主编，江苏财会职业学院何雁、丁晋、汪巧敏担任副主编。编写分工如下：顾明编写项目一，周欢编写项目二、项目三、项目八，何雁编写项目四、项目六，顾明、丁晋编写项目七，汪巧敏编写项目五。

京东教育研究院张笑宁副院长为本教材提供了大量的资料、文献、案例等素材，本教材编写过程中也参考了一些专家、学者的研究成果，并得到了学院领导、老师们的大力支持，在此一并表示感谢！

电子商务仍在快速发展，人们对电子商务的认识不断衍变、深入，由于编者水平有限，教材中难免有不足之处，恳请广大读者批评指正。

编　者

目录

项目一 初识电子商务

学习目标

知识目标	掌握电子商务的概念，理解电子商务的功能、组成、分类，了解电子商务发展历程，了解电子商务主要岗位的工作内容及能力要求
能力目标	能够认识到学习电子商务的重要性，能够从电子商务发展历程中认识电子商务的发展规律，能够初步确立就业方向
素养目标	感受我国电子商务发展取得的巨大成就，激发爱国主义情怀；增强商务意识，养成不断学习的习惯

引导案例

电商助力打造世界水晶之都

党中央高度重视品牌建设工作，习近平总书记关于“三个转变”（推动中国制造向中国创造转变、中国速度向中国质量转变、中国产品向中国品牌转变）的重要指示，为我国品牌高质量发展指明了方向。

江苏省东海水晶城以水晶特色产业集群为引领，推进电子商务和特色产业融合发展，数字经济和智能制造互促发展，国内电商和跨境电商协同发展，建设全球知名的水晶交易中心、品牌中心、国际合作研发中心。

搭平台促合作，引进电商企业。东海水晶城与12家跨境电商平台开展合作，设立服务站点，建立招商工作群，打造东海水晶跨境贸易服务体系，辐射更多本土水晶商户和水晶电商企业，助力走向全球，推动东海跨境电商发展。

搭建东海跨境电商交易中心。东海水晶城依托国际化的水晶市场，打造4000平方米的水晶跨境电商交易中心。从行业监管、配套支撑、管理服务等方面为水晶行业中小创业者提供便利服务，完善跨境电商综合一体化服务。

打造跨境电商产品研发平台。成立跨境电商产品设计工作室，打造以东海水晶产品创新、文化创意为核心，提供水晶产品设计、水晶IP设计等专业化服务的创新设计中心。中心有18位国家、省、市级雕刻大师入驻，创新设计团队30人，具备良好的创作环境和便利的服务设施，并采取政策鼓励、降低场地租金等措施，吸引设计企业、机构、个人来此创办企业或创意工作室。

思考

电商怎样助力东海水晶城打造世界水晶之都?

任务一 走进电子商务

一、电子商务概念

我国商务活动由来已久。相传周武王大约于公元前1046年消灭商朝，商朝的遗民没有可以耕种的土地，生活非常艰难。为了维持生计，他们就东奔西跑地做起买卖来，日子一长，便形成了一个固定的职业。周人就称他们为商人，称他们的职业为商业，从此“商人”一词作为生意人的代称一直沿袭至今。现在通常把商人从事的商业活动称为商务活动。

小知识

经商之道

积著之理，务完物，无息币。以物相贸，易腐败而食之货勿留，无敢居贵。论其有余不足，则知贵贱。贵上极则反贱，贱下极则反贵。贵出如粪土，贱取如珠玉。财币欲其行如流水[①]。——摘自《史记·货殖列传》

从商务活动的历史演变来看，货币、通信工具的变革促进了商务活动的发展。货币的出现取代了物物交换，交易活动变得简捷。货币形式不断变革，由实物货币（如贝壳）、金属货币（如银锭）、纸币（如人民币）到电子货币（如数字人民币），交易成本不断降低，交易效率不断提高。通信工具不断变革，由电报、电话、传真到互联网，商务活动犹如插上了翅膀，沟通交流变得越来越便捷。但无论是货币形式还是通信工具的进步，商务活动的核心

① 解释：积贮货物，应当务求完好牢靠，没有滞留的货币资金。买卖货物，凡属容易腐败和腐蚀的物品不要久藏，切忌冒险囤居以求高价。研究商品过剩或短缺的情况，就会懂得物价涨跌的道理。物价贵到极点，就会返归于贱；物价贱到极点，就要返归于贵。当货物贵到极点时，要及时卖出，视同粪土；当货物贱到极点时，要及时购进，视同珠宝。货物钱币的流通周转要如同流水那样。

内容都没有改变，商务活动是至少有两方参与的物品或服务的协商交换过程，它包括买卖双方为完成交换所进行的各种活动。

电子商务是伴随着互联网的出现而诞生的。在最近的30多年里，电子商务的技术和商业模式不断迭代，人们对电子商务的认识不断衍变、深入，一些国际组织、知名企业、专家学者依据自身的地位和对电子商务的参与程度，给出了许多表述不同的定义，但至今还没有形成一个权威的、能够被普遍接受的定义。本书结合电子商务的最新发展以及相关的多种表述，把电子商务的定义归纳为：电子商务是指利用互联网和现代通信技术所进行的以商品交换为中心的经营活动。

正确理解电子商务的定义，需要充分把握“电子是手段，商务是核心”。计算机技术、互联网技术、远程或短距离通信技术等技术是电子商务的手段，是实现电子商务的前提条件，但电子商务的核心是商务，是以商品交换为中心的经营活动，具体包括网络调查、网络推广、网络交易、网络客服等活动。

对于电子商务的英文表述，有人喜欢用“e-business”，也有人喜欢用“e-commerce”，“e-business”比“e-commerce”所包含的内容更广泛，但大多数人们更容易接受“e-commerce”的表述。

什么是电子商务

二、电子商务功能

电子商务可提供网上交易和管理等全过程的服务，它具有广告宣传、在线交流、网上订购、网上支付、网络调研、交易管理等方面的功能。

1. 广告宣传

企业可以通过各类互联网应用，如网站、社交App、电子邮件等发布网络广告，在网上宣传企业品牌或发布各类商品或服务的信息。同样，消费者也可以通过互联网迅速获取所需商品或服务的信息。与传统的线下各类广告相比，网上的广告具有成本低廉、内容表现力强、受众规模巨大等优势。

2. 在线交流

无论处于交易过程的哪个阶段，企业员工都可以与消费者进行一对一的即时交流，有效地促成交易。例如，在消费者挑选商品的阶段，在线客服人员可以随时为其提供商品的参数和功能信息，解答各种疑问；在消费者下单以后，在线客服人员还可以及时提供物流信息；在消费者收货以后，在线客服人员可以提供各类售后服务，为消费者提供良好的购物体验。

3. 网上订购

电子商务可借助平台网店或独立网店实现网上订购。网上订购通常都在产品介绍页面提供十分友好的订购提示信息和订购交互格式框。当客户填完订购单后，通常系统会回复确认信息单来保证订购信息的收悉。订购信息采用加密的方式使客户和商家的商业信息不会泄漏。

4. 网上支付

电子商务要形成一个完整的过程，网上支付是重要的环节。客户和商家之间可采用电子现金、信用卡、第三方支付等多种途径实现支付。采用电子支付手段在网上直接支付降低了交易成本。网上支付需要更为可靠的信息传输安全性控制，以防止欺骗、窃听、冒用等非法行为。

5. 网络调研

互联网时代是一个以消费者为中心，不断满足消费者个性化需求的时代，通过电子商务可以十分方便地进行在线市场调研活动。特别是我国当前网民数量已接近全体居民数量，网络调研的准确性非常高。目前，网络市场调研活动已成为企业改进产品质量、塑造品牌形象和发现新的市场机会的重要渠道。

6. 交易管理

整个交易的管理将涉及人、财、物多个方面，以及企业和企业、企业和客户及企业内部等各方面的协调和管理，因此，交易管理是涉及商务活动全过程的管理。电子商务的发展，提供了一个良好的交易管理网络环境及多种多样的应用服务系统，提高了企业的信息化管理水平和经营效率。

三、电子商务组成

一个完善的电子商务系统的组成要素主要有网络、用户（个人用户和企业用户）、认证中心、网上银行、物流配送等，如图1–1所示。

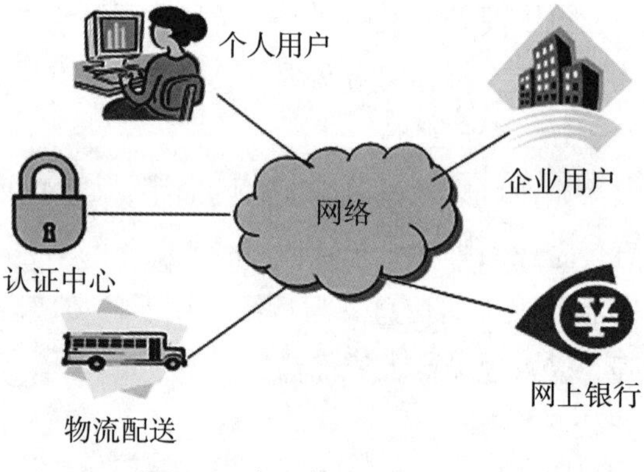

图1–1 电子商务系统结构图

1. 网络

网络包括互联网、内联网、外联网。互联网是电子商务的基础，是商务、业务信息传送的载体；内联网是企业内部商务活动的场所；外联网是企业与企业，以及企业与个人进行商务活动的纽带。

2. 用户

电子商务用户可分为个人用户和企业用户。企业、个人是电子商务交易的主体，缺乏这些主体，电子商务就失去了存在的意义。个人用户使用计算机、智能手机等接入互联网，获取信息，购买商品或服务。企业用户建立企业内联网、外联网，对人、财、物、进、销、存进行科学管理。企业利用互联网发布产品信息、接受订单等，如需在网上进行销售等商务活动，还要借助电子支付系统、电子报税、电子报关与银行、税务局、海关进行有关商务、业务处理。

3. 认证中心

现实生活中，公安机关为个人发放居民身份证，作为个人身份的证明文件；市场监督管理机关为企业或个体经营者办理营业执照，作为其从事经营活动的凭证。电子商务的参与各方相互确认身份是通过认证中心颁发的数字证书实现的。

认证中心是受法律保护的权威机构，负责发放和管理数字证书。数字证书是一个包含证书持有人、公开密钥、证书序号、有效期、发证单位的电子签名等内容的数字文件。

4. 网上银行

网上银行在互联网上实现传统银行的业务，为用户提供24小时实时服务；与信用卡公司合作，发放电子钱包，提供网上支付手段，为电子商务交易中的用户和商家服务。

5. 物流配送

物流配送企业接受商家的送货要求，组织运送无法从网上直接得到的商品，并跟踪商品的流向，将商品送到消费者手中。

四、电子商务分类

对电子商务整体进行适当的分类，有助于人们对电子商务的认识和把握。下面按照电子商务参与交易主体、商品形态、使用网络的不同对电子商务进行分类。

1. 按照参与交易主体分类

按照参与交易的主体不同可以把电子商务分为企业对消费者的电子商务（business to consumer，B2C）、消费者对消费者的电子商务（consumer to consumer，C2C）、企业对企业的电子商务（business to business，B2B），这是电子商务最经典的分类方法。在此基础上又衍生出消费者对企业的电子商务（consumer to business，C2B）、企业对企业对消费者的电子商务（business to business to consumer，B2B2C）等类型。

因为英文中“2”的发音与“to”相同，所以把B to C简写为“B2C”。B2C电子商务是指企业通过互联网，建立网上商城，开展网上销售，而消费者借助互联网的搜索、浏览功能，查找、了解所需商品的质量、价格等信息，从网上商城完成商品选购、货款支付，企业负责商品的物流配送。典型的B2C平台有天猫商城、京东商城、唯品会、苏宁易购等，京东商城首页如图1–2所示。B2C电子商务和C2C电子商务是网络零售的主体。

C2C电子商务最初是网上拍卖，消费者通过网上商务平台发布物品信息，对此物品感兴趣的消费者在平台上出价，参与竞拍，最终物品卖给出价最高的买方。目前，我国C2C电子商务主要是全新商品的销售，并且是一口价居多，典型的C2C平台有淘宝网，其首页如图1–3所示。

图1-2　京东商城首页

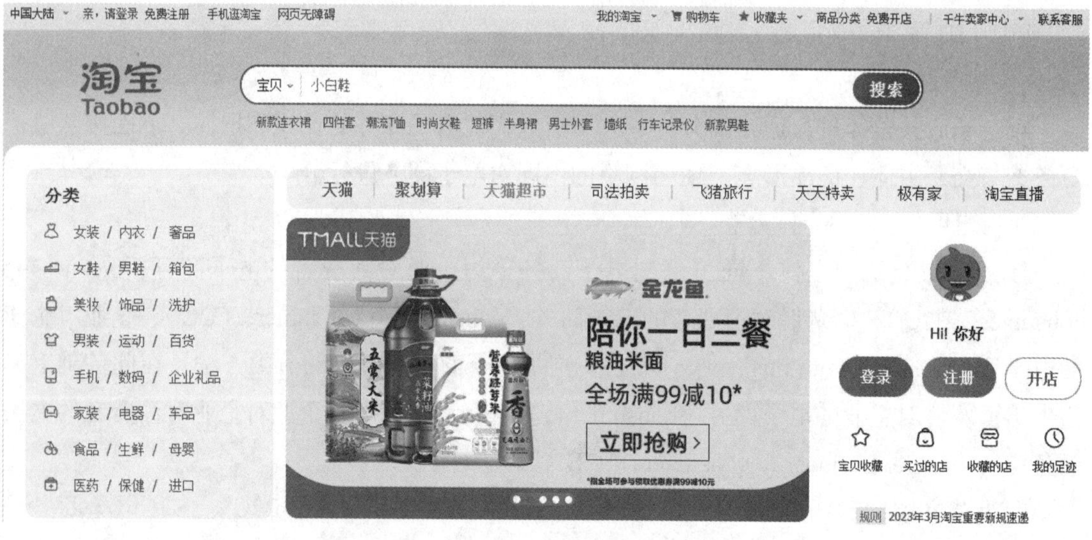

图1-3　淘宝网首页

B2B电子商务是企业之间通过互联网开展的商务活动，这里的企业包括工业企业、商业企业等类型，作为采购商的企业与供应商的企业通过网络进行谈判、订货、签约、接收发票和付款以及索赔处理、商品发送管理和运输跟踪等活动。B2B是目前应用最广泛的一种电子商务，其交易额在电子商务交易总额中所占比例远高于B2C、C2C。典型的B2B平台有阿里巴巴、中国供应商、慧聪网等，阿里巴巴首页如图1–4所示。

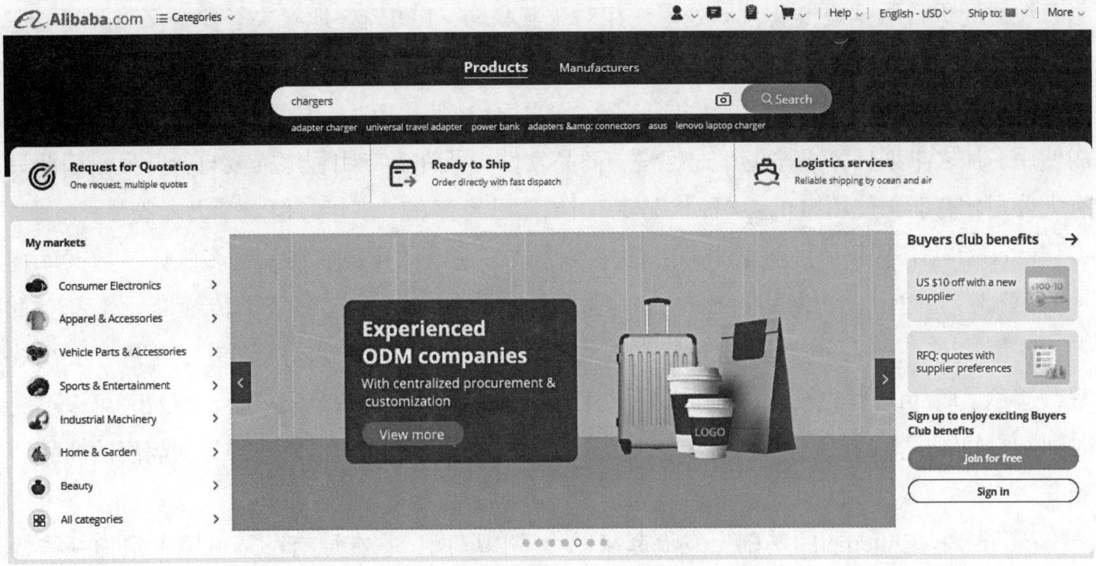

图1-4　阿里巴巴首页

2. 按照商品形态分类

按照商品形态的不同可以把电子商务分为有形商品电子商务和无形商品电子商务。

有形商品是指实体类商品，如服装、纸质图书、计算机、家用电器等。有形商品电子商务中涉及的信息流和资金流完全可以在网上传输，买卖双方在网上签订购买合同后可以在网上完成货款支付。但交易的有形商品必须由卖方通过某种运输方式送达买方指定地点，所以有形商品电子商务还必须解决好物流配送的问题。因为有形商品电子商务的信息流、资金流、物流不能全部在网上实现，所以称为非完全电子商务，也称为间接电子商务。

无形商品电子商务是指卖方将无形商品和服务产品内容数字化，不需要某种物质形式和特定的包装，直接在网上以电子形式传送给买方，收取费用的交易活动。这类电子商务在网上交易的是无形商品和各种服务，如计算机软件、电子书、网上订票、网上参团旅游或娱乐、网上咨询服务以及网上银行、网上证券交易等，通过互联网直接实现交易。无形商品电子商务与有形商品电子商务的区别在于，前者可以通过网络将商品直接送到买方手中。无形商品电子商务的信息流、资金流、物流可以全部在网上实现，称为完全电子商务，又称为直接电子商务。

3. 按照使用网络的不同分类

按使用网络类型不同可以把电子商务分为三种：EDI电子商务、Internet电子商务和Intranet电子商务。

EDI是electronic data interchange的缩写，翻译为电子数据交换，EDI电子商务主要应用于生产企业与生产企业、生产企业与批发商、批发商与零售商之间的交易业务。EDI就是按照商定的协议，将商业文件标准化和格式化，并通过计算机网络，在贸易伙伴的计算机网络系统之间进行数据交换和自动处理。相对于互联网，EDI较好地解决了安全保障问题。但是，由于EDI必须租用EDI网络上的专线，即通过购买增值网服务才能实现，费用较高；此外，需要有专业的EDI操作人员，并且需要贸易伙伴也使用EDI，因此阻碍了中小企业对EDI的使用。加之早期计算机昂贵、速度慢、商品软件少及许多应用程序需要自行开发，因此只有大公司才有能力使用EDI，这种状况使EDI虽然已经存在了多年，但至今仍未普及。

Internet电子商务是目前电子商务的主要形式。它以计算机、通信、多媒体、数据库技术为基础，通过Internet网络，在网上实现营销、购物服务。它突破了传统商业生产、批发、零售及进、销、存的流转程序与营销模式，真正实现了少投入、低成本、零库存、高效率，避免了商品的无效搬运，从而实现了社会资源的高效运转和最大节余。消费者可以不受时间、空间、厂商的限制，广泛浏览，充分比较，力求以最低的价格获得最为满意的商品和服务。

Intranet是在Internet的基础上发展起来的企业内联网，它在原有的局域网上附加一些特定的软件，将局域网与互联网连接起来，从而形成企业内部的虚拟网络。Intranet与Internet之间最主要的区别在于企业内联网内敏感的或享有访问权限的信息受到企业防火墙的保护，它只允许有授权者介入内联网，外部人员只有在许可条件下才可进入企业内联网。Intranet将大、中型企业分布在各地的分支机构及企业内部有关部门和各种信息通过网络予以连通，使企业各级管理人员能够通过网络读取自己所需的信息，利用在线业务的申请和注册代替纸张贸易和内部流通的形式，形成一个商务活动链，从而有效地降低交易成本，提高经营效益。

任务二 理解电子商务发展历程

现在是过去的继承和发展，未来是现在的继续和延伸。了解我国电子商务的发展历程，有助于深刻地认识电子商务，把握电子商务发展规律，更好地规划未来的电子商务。结合产业生命周期理论，综合考虑电子商务交易额、网络购物用户规模、网络零售交易额、在社会消费品零售中所占总额比例等因素，可以把我国电子商务发展历程分为四个阶段：萌芽引入阶段、波动培育阶段、激烈竞争阶段、引领发展阶段。

电子商务发展历程

一、萌芽引入阶段（1991—1999 年）

1. 最早的电子商务

我国最早的电子商务是EDI（电子数据交换）。EDI是全球贸易、计算机技术、通信技术快速发展的必然产物。在传统的国际贸易中，通常由银行进行担保，以各种纸面单证作为凭据，而20世纪80年代全球贸易的活跃，带来了各种贸易单证、文件数量的激增，这就产生了对凭证传递和处理速度的迫切需求。计算机性能飞速提升，体积逐步缩小，成本快速降低，通信能力显著提高，为EDI的应用奠定了坚实的技术支撑。EDI出现之后，在工业发达国家和地区得到广泛应用，提高了企业的生产率和竞争能力。

我国政府部门积极督促推动EDI应用，国家“八五”科技攻关计划投资500万元支持EDI。中国电子信息产业集团的成员单位率先应用EDI，陆续建设了一大批试点示范项目，如海关开发了EDI通关系统，国家税务总局建设了以电子报税和出口退税为主要功能的EDI系统，商检局应用了签证办理和报验申请的EDI系统等。

随着互联网商业化应用的不断拓展、深化，EDI已经逐渐淡出了人们的视野。1994年我国正式接入国际互联网之后，Internet电子商务逐渐成为我国电子商务的主要形式。

2. 我国第一批网民

1997年11月，中国互联网络信息中心（CNNIC）发布了第一次《中国互联网络发展状况统计报告》。20多年来，这个报告一直是我国最权威的互联网应用数据报告。根据CNNIC首份报告，截至1997年10月31日，我国共有上网计算机29.9万台，上网用户62万人，国际出口带宽25.408M。正是这62万人燃起了我国互联网的星星之火，向周围人普及了互联网知识，激起了更多人的上网兴趣。

3. 我国最早的电子商务公司

1997年，中国较早的两家电子商务公司——中国商品交易中心和中国化工网分别上线。两家公司都是基于B2B领域，不同之处在于：①中国化工信息网专注于信息，而中国商品交易中心强调交易；②中国化工网专注于化工领域，中国商品交易中心是全品类的网站；③中国化工网是中国化工信息中心原班人马拓展的新业务，中国商品交易中心是全新成立的股份制公司。

在中国商品交易中心和中国化工网上线后，第二批B2B网站陆续上线，其中包括美商网、中国制造网和阿里巴巴等。

4. 一批电子商务零售网站开通运营

1999年，8848等一批B2C网站正式开通，网上购物从概念进入实际应用阶段。这些网站怀有激情地踏入了互联网和电子商务领域，可谓是电子商务概念的尝试者和应用的创新者。中国电子商务发展由此迎来一波小高潮。

5. 第一个网上银行服务开通

1999年9月，招商银行率先在国内全面启动“一网通”网上银行服务，建立了由网上企业银行、网上个人银行、网上支付、网上证券及网上商城为核心的网络银行服务体系，并经中国人民银行批准首家开展网上个人银行业务，成为国内首先实现全国联通“网上银行”的商业银行。

在萌芽引入阶段，电子商务的全新概念开始引入，但新经济的前景还只是处于想象阶段，真正的互联网应用市场还没有形成，电子商务环境远未成熟。网络零售刚刚起步，对大多数人来说，还没有体验到网络购物的便捷和乐趣。而在企业电子商务方面，大多数人还停留在概念阶段，甚至简单地认为，电子商务就是无纸化办公。

二、波动培育阶段（2000—2009 年）

1. 8848的兴衰

2000年，我国做电子商务的网站有上千家，但大多没有盈利能力，多半属于炒作概念或处于观望状态。少数网站虽然吸引到了充足的风险投资，但是这些网站没有可行的商业模式，缺乏自身造血功能，完全依赖外来风险投资度日。只有极少数网站开展了实质性的电子商务业务，比如知名度较高的8848、中国商品交易中心等。然而即使是这些网站，也仍然没有真正实现盈利。因此，人们对互联网失去了耐心和信心，加上媒体的悲观论调，绝大多数人对互联网的期望从波峰跌到波谷。

8848是我国第一家B2C电子商务网站，也是当年商业领域最璀璨的一颗新星。“8848”取自世界第一高峰，正如它的名字一样，在那个时候，达到了其他电子商务企业无法企及的高峰。然而，仅仅几年过后，8848就像一颗流星，在我国电子商务发展的黎明，划出一道亮光之后，渐渐消失在人们的视野中。

2. eBay易趣与淘宝网之争

eBay易趣与淘宝网之争是电子商务发展史上第一次激烈的同业竞争。eBay（易贝）创立于1995年9月，创始人为皮埃尔·奥米迪亚（Pierre Omidyar），网站成立初衷是用来满足个人商品交易，商品也仅仅局限于糖果盒和玩具。由于受到网民的欢迎，逐步商业化运作，成长为全球最大的拍卖网站。

eBay进入中国后，其本土化战略一直不顺，而它又非常看好中国高速增长的网络购物市场。于是，2002年3月，eBay以3000万美元的价格，购入易趣33%的股份；2003年6月，eBay以1.5亿美元收购易趣剩余67%的股份，国内最大C2C企业由此被外资全盘并购。合并后的eBay易趣在无强敌的情况下，一举占据了我国80%的C2C市场份额。

面对eBay易趣这个强大对手，淘宝网创新地提出免费战略，免除了商家的开店费、交易费，而在eBay易趣上开店，却需要缴纳2%的交易服务费和登录费。淘宝网凭借免费战略迅速获得大量商家和用户的拥戴。2003年年底，淘宝网在半年时间里一共吸收了大约30万注册会员，其中包含了一部分从eBay易趣搬家过来的会员。淘宝网乘胜追击，仅用两年时间，市场份额就一举超过实施收费策略的eBay易趣。随后淘宝网保持快速增长态势，直到占领我国80%的C2C市场份额。

淘宝网免费策略是重大创新，后来免费被列为互联网思维之一。淘宝网开创了平台经济基础服务+增值服务，免费服务+收费服务相结合商业模式的先河。淘宝平台也不是全部免费，基础服务一般免费，而增值服务收费。基础服务只包括最基本的服务项目，增值服务则满足用户更广泛、更深层次的需求。例如平台提供简单的搜索服务，对于卖家而言，既可以搜索到其他卖家的信息，自己的信息也会被搜索到，这就是基础服务，但是，如果卖家希望在搜索结果中排名靠前，则需要向平台支付竞价排名服务费，竞价排名服务就是增值服务。

平台通过提供免费的基础服务，吸引价格敏感度高的用户使用平台。当平台吸引了足够多的人气和流量之后，再推出收费的增值业务。平台通过提供免费的基础服务，建立起庞大的用户群和访问量，而通过提供有偿的增值服务获得收入，维持平台的可持续发展。平台提供这两种差别服务和收费模式，使得不同用户都能获得增值效用，同时平台通过合理定价收费，自身也获得了发展，最终实现多赢。

3. 电子商务迎来发展小高潮

自2004年至2007年，物流、支付、信用、政策法规等电子商务支撑环境获得实质性改善，电子商务再次繁荣，取得了一系列的突破性进展：电子商务交易额持续增长，网络购物人数飞速上升；一些B2B企业开始盈利，B2C企业蓄势待发，C2C企业竞争格局基本稳定；传统企业对电子商务的认识逐步深入，中小企业信息化和农村信息化开始起步。这期间，阿里巴巴、中国化工网和携程网分别上市。

截至2007年12月，我国网民数量已达到2.1亿人，互联网普及率再度提高到16%，已超过亚洲的平均普及率水平13.7%，离世界平均普及率水平20%仅有一步之遥。2007年我国电子商务交易额为21700亿元人民币，其中以B2B为主，网络零售（包括B2C和C2C）所占比例不足10%，网络购物人数达4640万人。

4. 危机就是机会

在2008年和2009年这两年，人们谈论最多的词汇非“金融危机”莫属。金融危机对我国经济影响很大，电子商务也感受到丝丝寒意，似乎又要入冬，但我国电子商务成功地利用金融危机带来的种种机会，多角度突围，发展势头比以往更加强劲。从总体来看，我国的电子商务成功地抵御了金融危机的不利影响，增加投入、细化服务、开拓营销模式，通过创新，取得了一个又一个来之不易的累累硕果：电子商务年度交易额连续突破新高，我国网购市场取得突破性进展；基础设施、电子支付等电子商务环境逐步改善；中小企业信息化稳步推进；农村信息化进程加快；电子商务服务市场在创新中发展；移动商务布局初见成效；新技术不断推动电子商务模式和应用创新。

2008年我国电子商务交易额达到3.14万亿元，同比增长高达44.8%；2009年我国电子商务交易额达到3.7万亿元，同比增长16.9%，相比国内生产总值（GDP）8%左右的增速，成为一道亮丽的风景线。尽管受到金融危机的冲击，增速放缓，但是电子商务依然是我国经济发展中富有活力的领域之一。

在波动培育阶段，我国电子商务历经互联网泡沫和金融危机的煎熬洗礼，2008年我国成为全球网民最多的国家，电子商务交易额突破3万亿元。2009年网购人数突破1亿人，10年来培育、积累了数量可观的网络消费者。鉴于我国网络市场已经初具规模并具有广阔的市场前景，加之全民高涨的创新创业热情，似乎任何障碍也阻止不了我国电子商务前进的步伐。

三、激烈竞争阶段（2010—2015 年）

波动培育阶段的电子商务企业面对的是辽阔的蓝海，企业主要考虑的是培育消费者、开拓市场、寻找盈利模式，同业竞争还不是绝大多数企业要考虑的主要问题，但接下来的这个阶段充斥着大量的同业竞争，如千团大战、价格战、补贴大战。

1. 千团大战

团购领域的千团大战，在不足5年的时间里，使得团购行业完成了从自由竞争到三家寡头垄断的相对稳定的市场格局，资本的力量、模式的演化、创业公司在迅速发展中的挣扎与决策在2011年上演了一出完美的大戏。

2011年8月鼎盛时期的团购网站达到5000家以上，其中，不乏各大门户网站的加入，也有新生的团购网站，新浪、腾讯等平台型互联网公司也先后进入到团购领域，团购几乎成为当时互联网公司的标配功能。

2014年上半年国内网络团购累计成交额虽然达到294.3亿元，创下半年度最好成绩，但团购网站数量已锐减至176家，相比于2011年8月的最高峰时段的5058家，至此团购的存活率仅为3.5%。其中美团、大众点评、百度糯米占据了84%以上的市场份额。

2. 爆发价格战

2012年8月14日，京东声称在其平台出售的大型家电3年内零毛利，所有大家电保证比苏宁、国美连锁店便宜10%以上，将派员进驻苏宁、国美店面。随后苏宁和国美纷纷加入电商价格大战，苏宁易购承诺包括家电在内的所有产品价格必然低于京东，若任何网友发现苏宁易购价格高于京东，苏宁都会即时调价，并给予已购买者两倍差价赔付。国美同样表示不回避任何形式的价格战，商品价格将比京东商城低5%，并且保持线上、线下一个价。随后，当当网、易迅网、一淘网加入混战。

一些消费者反映，降价后的商品价格并不真正便宜。通过分析一淘网的数据更是发现，在价格战的前夜，京东提高了一些大家电产品的售价，随后再进行降价活动。此外，一些热销商品虽然显示大幅度降价，但是却处于无货状态，引起消费者强烈不满。一些失望和质疑声音悄然而起，价格战俨然成为一场营销骗局。

收到欺诈投诉后，发改委价监局介入电商“价格战”迷局，深入调查价格欺诈行为。调查结果认为，价格战过程中，有电商的促销宣传行为涉嫌虚构原价、欺诈消费者的情况发生。三大电商在价格战中存在三种问题：一是虚构原价，二是未履行零毛利承诺，三是标明无货，实际上仓库有货等。

3. 合并年的到来

2015年被人们称为合并年，2月网络打车排名第一和第二的滴滴与快的宣布合并；4月分类信息行业排名第一和第二的赶集网与58同城合并；5月旅游行业的携程收购艺龙股份；8月阿里巴巴与苏宁互相参股，实现战略合作；10月美团和大众点评合并，携程与百度合作，携程与去哪儿网合作；12月，婚恋交友领域排名第一和第三的世纪佳缘与百合网合并，女性服装电商美丽说和蘑菇街合并。合并可以避免恶性竞争，降低运营成本，提高经营效率，增强企业核心竞争力，提升企业整体价值，行业内领头羊的合并则更加巩固了垄断地位。这一系列合并事件标志着激烈竞争阶段的结束。

在激烈竞争阶段，我国电子商务经历了迄今为止竞争最为激烈的时期，竞争范围之广、参与企业之多、投入资本之巨、大战之密集、影响之深远在我国商业史上都是罕见的，很多竞争案例堪称商战经典。从某种意义上说，剧烈的市场竞争成就了我国电子商务的发展，2014年年底，我国电子商务已经全面超越欧盟、日本等经济体，在部分领域已经比肩美国。

四、引领发展阶段（2016 年至今）

1. 直播电商兴起

2016年淘宝直播上线，这一年被认为是直播电商元年，与此同时，京东也发布直播达人扶持计划，抖音、快手在2018年左右开始大力发展直播电商业务，至此，几大直播电商平台相继入局。2019年随着5G商用网的开启，直播电商迎来快速增长。

2020年直播电商成为许多线下企业开辟线上市场的重要手段。综合性电商平台、短视频平台、社交平台加大对直播电商的投入，推动直播电商加速发展，网红带货、店主直播、导购直播等多样化的直播电商形式纷纷涌现。2021年“双11”，某电商企业采用虚拟主播进驻直播间的方式，将XR（extended reality，拓展现实）实时虚拟直播技术运用在网店的直播带货中。观众使用VR眼镜可进入直播间和主播互动，进行商品试穿和360度观看等，该虚拟直播的观看量达到了近30万人次，为消费者带来了全新的数字化购物体验。虚拟主播还填补了夜间空白时间，延长了直播时长，满足了消费者深夜消费需求，极大降低了商家的直播成本。

2.《中华人民共和国电子商务法》实施

2018年8月31日，十三届全国人民代表大会常务委员会第五次会议审议并高票表决通过了《中华人民共和国电子商务法》(以下简称《电子商务法》)。《电子商务法》是电子商务领域的综合性、基础性法律，电子商务立法对保障电子商务各方主体权益，规范电子商务行为，维护市场秩序，加强知识产权保护，促进电子商务持续健康发展具有重要作用。

2019年1月1日《电子商务法》正式实施，执法部门重点针对数据信息利用和保护、知识产权保护等方面开展全面、持续性治理工作，相关规定和技术标准陆续出台，个人信息权利保护、知识产权保护以及电子商务市场环境优化工作成效显著。

思政园地

三部门联合发布《“十四五”电子商务发展规划》

2021年10月，商务部、中央网信办、国家发展改革委三部门联合发布《“十四五”电子商务发展规划》(以下简称《规划》)。《规划》提出了“十四五”时期电子商务的发展目标，对2035愿景目标进行了展望。《规划》明确了创新驱动、消费升级、商产融合、乡村振兴、开放共赢、效率变革和发展安全共七个方面的发展思路和重要举措。

3. 即时零售灵活便捷

2022年7月，商务部官网发布的《2022年上半年中国网络零售市场发展报告》中首次明确提出即时零售的概念。即时零售可以通俗地解释为本地门店加上即时配送。即时零售首先在外卖领域出现，随着外卖骑手配送的商品种类越来越丰富，外卖平台也从以餐饮配送为主演变成“万物配送到家”的平台，即时零售代表企业如美团、京东到家、盒马鲜生、永辉生活、大润发优鲜等。在数字技术支撑下，从生鲜电商配送到预制菜火爆销售，再到药品的线上销售，我国即时零售实现高速发展。数据显示，2021年我国即时配送订单为294亿单，同比增速为38%；2022年即时配送订单超过400亿单，同比增长30%左右。即时送达的便利性与商品品类的多元性吸引越来越多消费者选择即时零售。即时零售新业态的兴起，不仅开拓了电子商务新的增长点，使得时效性和本地化属性强的消费需求在线上得到满足，更为线下实体商家带来新的发展机遇。依托线下实体零售业务和末端配送效率优势，即时零售业务向上下游延伸，有助于打通全领域数字化通路，助力线下实体商业实现线上线下相融合。

在引领发展阶段，我国电子商务继续巩固其全球领先地位，并开始向更广泛、更深入的领域拓展。政府加大对电子商务的支持力度，推动电子商务与实体经济深度融合，为传统产业转型升级注入新动力。电子商务的普及率和渗透率不断提升，不仅改变了人们的消费习惯，也引领着商业模式的创新和企业管理的变革。未来，随着技术的不断进步和模式的不断创新，我国电子商务将继续保持强劲的发展势头，为全球电子商务的发展贡献更多的中国智慧和中国方案。

任务三 探寻电子商务工作岗位

电子商务工作岗位主要包括运营类、营销推广类、客户服务类、美工设计类、供应链管理类岗位，因为各岗位工作内容不同，相应的能力要求也不一样。

电商岗位有哪些

一、运营类岗位工作内容及能力要求

1. 工作内容

（1）负责店铺的日常维护，包括商品上下架、店铺经营数据分析、商品标题优化等。

（2）制定店铺促销方案，定期评估促销效果，并及时调整促销方案。

（3）使用营销工具对店铺进行营销推广，分析店铺营销数据，如浏览量、评论数等，并优化营销策略。

2. 能力要求

（1）熟悉主流电商平台的运营流程及规则，能够完成店铺的日常维护工作。

（2）能够灵活地运用电商平台提供的各种推广工具来提升店铺的流量并优化销售数据。

（3）具备一定的数据分析能力，能监控分析经营数据或营销推广数据，通过数据分析客户需求、挖掘商品卖点，并对店铺的商品标题、主图、详情页等进行优化。

（4）具备一定的法律意识、互联网思维以及创新精神，具有较强的学习能力、沟通能力和团队协作意识。

二、营销推广类岗位工作内容及能力要求

1. 工作内容

（1）收集市场及竞争对手的信息。

（2）撰写并优化商品推广文案。

（3）制定营销推广策略并实施营销推广活动。

2. 能力要求

（1）具备资料收集能力和市场分析能力，能够收集并分析各种信息。

（2）具备文案策划与写作能力，能够编写营销推广文案，能够制作营销推广视频或图片等。

（3）熟悉微博、微信、短视频、直播等工具的特点和营销方法，能够根据企业的实际情况选择具体的推广工具和营销方法。

（4）熟悉主流电商平台的运营流程及推广工具，能够根据企业的实际情况制定营销推广

策略，并根据推广效果进行调整。

（5）具备创新意识和互联网思维，具有较强的学习能力、适应能力，对网络新鲜事物较为敏感。

三、客户服务类岗位工作内容及能力要求

1. 工作内容

（1）负责与客户沟通，收集客户的基本信息，发展并维护良好的客户关系。

（2）完成售前、售后服务工作，促成订单成交。具体包括售前接待（向客户推荐商品、解答客户咨询的问题、引导客户下单），售后服务（跟踪物流状态、处理客户反馈问题、退换货、客户投诉等）。

（3）收集客户常见问题，并生成常见问题（frequently asked questions，FAQ）语言沟通库。

2. 能力要求

（1）打字速度快，语言表达和沟通能力较强，善于与人打交道，有一定的亲和力。

（2）熟悉与商品有关的知识，具备一定的销售意识，善于分析客户需求，推荐符合客户需求的商品。

（3）能够根据商品属性选择适当的包装材料，掌握不同商品的打包方法，并能熟练地分拣、打包商品。

（4）熟悉主流电商平台的交易规则以及处理交易纠纷的方法，能够从容地处理客户退换货要求和投诉。

（5）能够以适当的方式对客户进行回访，收集、更新客户信息，提高客户满意度和忠诚度。

（6）具备良好的服务意识和较强的责任心，工作积极主动、耐心细致，抗压能力较强。

（7）具备一定的法律意识和良好的网络服务礼仪，能够较好地与团队成员合作。

四、美工设计类岗位工作内容及能力要求

1. 工作内容

（1）负责店铺的视觉风格定位。

（2）设计并制作店铺首页，对店铺进行装修。

（3）设计并制作商品主图、商品详情页。

（4）设计并制作活动海报。

（5）拍摄商品短视频，并对短视频进行剪辑。

2. 能力要求

（1）具备较强的创新、设计和审美鉴赏能力，具备一定的销售意识。

（2）能够使用专业拍摄器材拍摄商品图片，能够使用图形图像处理软件处理图片。

（3）掌握拍摄商品短视频的方法，能对短视频进行剪辑处理。

（4）熟悉店铺的装修流程，能够完成店铺页面的规划设计、制作和优化。

（5）具备一定的创新精神和团队协作意识，对于美工设计工作抱有精益求精、力求完美的态度。

五、供应链管理类岗位工作内容及能力要求

1. 工作内容

（1）负责进货、理货、检货等仓储管理工作。

（2）负责订单的打印与审核，打包发货。

（3）负责商品配送、运输调度。

2. 能力要求

（1）具备信息收集与处理能力、成本控制能力和统筹规划能力。

（2）熟练操作企业的订单处理系统。

（3）能够根据企业的实际情况选择合作的快递企业。

（4）掌握验货、理货、检货的技巧。

（5）吃苦耐劳、踏实认真、诚实守信，有一定的团队协作精神。

小调查

电商人才应具备的素质

网经社发布的《2022年度中国电子商务人才状况调查报告》显示，刚毕业大学生如果想快速被职场接受，需要具备的素质中排在前五位的是工作执行能力、持续学习能力、责任心和敬业度、积极主动有目标感、行业敏锐度与创新能力。

项目小结

电子商务是通过互联网进行的经营活动，电子是手段，商务是核心。电子商务具有广告宣传、咨询洽谈、网上订购、网上支付、电子账户、服务传递、意见征询、交易管理等方面的功能。电子商务系统的组成要素主要有网络、用户（个人用户和企业用户）、物流配送、网上银行、认证中心。可以按照电子商务参与交易主体、商品形态、使用网络的不同对电子商务进行分类。

我国电子商务发展历程可分为萌芽引入阶段、波动培育阶段、激烈竞争阶段、引领发展阶段。电子商务工作岗位主要包括运营类、营销推广类、客户服务类、美工设计类、供应链管理类岗位，因为各岗位工作内容不同，相应的能力要求也不一样。

思考练习

一、单选题

1. 电子商务是指利用互联网和现代通信技术所进行的以商品交换为中心的（　　）活动。

A. 经营　　B. 商务

C. 商业　　D. 贸易

2. 按照商品形态的不同可以把电子商务分为有形商品电子商务和无形商品电子商务。有形商品电子商务也称为（　　）。

A. 直接电子商务　　B. 间接电子商务

C. 农村电子商务　　D. 跨境电子商务

3. 我国最早的电子商务是（　　）。

A. EDI电子商务　　B. Internet电子商务

C. Intranet电子商务　　D. Web电子商务

4. 负责与客户沟通并收集客户的基本信息属于（　　）岗位的工作内容。

A. 运营类　　B. 营销推广类

C. 客户服务类　　D. 美工设计类

二、多选题

1. 电子商务的基本组成主要有网络、用户、网上银行、（　　）。

A. 物流配送　　B. 电子商务教育机构

C. 认证中心　　D. 政府

2. 我国电子商务发展历程分为（　　）阶段。

A. 萌芽引入　　B. 波动培育

C. 激烈竞争　　D. 引领发展

3. 电子商务具有广告宣传、网上支付、电子账户、（　　）、交易管理等方面的功能。

A. 网上订购　　B. 咨询洽谈

C. 服务传递　　D. 意见征询

4. 电子商务工作岗位主要包括（　　）。

A. 运营类　　B. 营销推广类

C. 客户服务类　　D. 美工设计类

三、思考题

1. 电子商务会不会取代传统商务？

2. 我国电子商务发展历程给你带来哪些启示？

3. 如果从事电子商务工作，你希望从事的工作岗位是什么？

实训项目

1. 利用AIGC工具制订本课程学习计划

AIGC（人工智能生成内容）工具能提供个性化学习建议，模拟真实商务环境，实时解答疑问，有助于深入理解电子商务知识，提升学习效率。

请利用AIGC工具，如文心一言、讯飞星火、通义千问等，制订本课程学习计划。要求在AIGC工具生成的基础上，进一步完善个人学习计划，在班级群内分享自己的学习计划，并简要说明计划制订过程。

2. 了解电子商务岗位及能力要求

登录前程无忧、智联招聘、应届生求职网，调研电子商务行业人才需求，了解与电子商务相关的岗位名称、岗位职责和能力要求，并据此撰写调研报告。

项目二 电子商务模式

学习目标

知识目标	掌握电子商务模式的概念；掌握B2C、B2B、C2C电子商务模式的主要概念及分类；了解我国零售市场模式和产业电子商务模式概况
能力目标	能够比较分析不同电子商务模式的运作模式、盈利模式的差异；能区分有店铺零售业态和无店铺零售业态的类型；能把握我国产业电商发展态势
素养目标	感受我国电子商务发展取得的巨大成就，激发爱国主义情怀；利用互联网不断学习新知识、新技术，有一定创新意识；具有电子商务行业敏感度，善于捕捉相关电商行业、企业的最新信息；有一定团队合作精神

引导案例

B2C模式——唯品会

广州唯品会信息科技有限公司成立于2008年8月，总部设在广州，旗下网站于同年12月8日上线。唯品会主营业务为互联网在线销售品牌折扣商品，涵盖名品服饰鞋包、美妆、母婴、居家等各大品类。2012年3月23日，唯品会在美国纽约证券交易所（NYSE）上市。

唯品会创立之初，即推崇精致优雅的生活理念，倡导时尚唯美的生活格调，主张有品位的生活态度，致力于提升中国乃至全球消费者的时尚品位。唯品会与知名国内外品牌代理商及厂家合作，向中国消费者提供低价优质、受欢迎的品牌正品。迄今为止，已有超过41000多个国内外知名品牌入驻唯品会。潮流服饰、时尚美鞋、品质家纺、精美配饰、萌美童装、母婴用品、大牌化妆品、高级奢侈品等一应俱全。

- 经营模式

作为全球领先的特卖电商，唯品会以“传承品质生活，提升幸福体验”为使命，开辟了“品牌特卖”的电商领域新业态及细分赛道。唯品会在中国开创了“名牌折扣+限时抢购+正品保障”的创新电商模式，并持续深化为“精选品牌+深度折扣+限时抢购”的正品特卖模式，每天准点上线数百个正品品牌特卖，为消费者提供超值的购物惊喜。

- 正品保障

唯品会所销售的商品均从品牌方、代理商、品牌分支机构、国际品牌驻中国办事处等正规渠道采购，并与之签订战略正品采购协议。不仅如此，唯品会对供应商的资质进行严格审查，营业执照等五证、产品检验报告及品牌授权许可文件，缺一不可。

思考

为什么唯品会的这种电商模式能够获得成功?

任务一　了解商务模式

一、商务模式概述

商务模式指做生意的方法，是一个公司赖以生存的模式，一种能够为企业带来收益的模式。商务模式规定了公司在价值链中的位置，并指导其如何盈利。随着市场经济的发展，消费者的需求越来越成为生产和商业的导向，商务模式反映的是市场经济的时代特性。

商务模式没有对与错的分别，凡是符合时代特点和用户需求的模式都是成功的。在分析商务模式的过程中，主要关注企业在市场中与用户、供应商、其他合作方的关系，尤其是彼此间的物流、信息流、资金流等问题。

二、电子商务模式

电子商务出现后，人们更关心其商务模式。电子商务模式是指通过互联网进行销售商品、提供服务的体系，是指在网络环境和大数据环境中基于一定技术基础的商务运作方式和盈利模式。

网络时代，消费者的需求不断地发生变化，内外部环境也是动态的，电子商务模式作为企业满足消费者需求的系统也必须随之进行动态调整。所以，电子商务本身是商务模式在网络时代的动态创新。分析电子商务的模式创新，不仅仅要分析已经出现的模式创新现象，更重要的是要透过商务的本质，结合信息社会的发展趋势，分析电子商务发展和模式创新所处的时代环境、与实体经济结合的意义、影响和创新动力。

任务二 探索电子商务零售模式

一、零售业概述

前瞻产业研究院发布的《2019—2024年中国零售业信息化行业研究报告》指出，零售业是指通过买卖形式将工农业生产者生产的产品直接售给居民作为生活消费用或售给社会集团供公共消费用的商品销售行业。按有无店铺分类，可细分为有店铺零售业态（食杂店、便利店、折扣店、超市、仓储会员店、百货店、专业店、专卖店、购物中心、厂家直销中心）和无店铺零售业态（电视购物、邮购、网上商店、自动售货机、直销、电话购物），共16种业态。

零售业是实现各种商品的价值和使用的重要途径，是反映一个国家物质文明和精神文明建设成果的重要窗口，并担负着促进生产，繁荣市场和满足人民生活多方面需要的重要任务。

近年来，零售行业经历持续的变革，从线下大卖场模式逐渐演化出跨城多日达、次日达的电商平台，同城当日或次日达的社区团购，以及近地零售的O2O本地生活等多种新模式、新业态。在此期间，市场竞争格局经历巨变，传统以渠道为王的竞争格局逐渐被以消费者为中心的运营模式所替代。随着消费者需求持续呈现多元化、即时性和个性化的发展态势，传统线下零售模式对消费者的吸引力正在逐步下降。这也迫使传统零售商加快向兼具即时性、便捷性的零售新模式转型。与此同时，随着社区团购、前置仓等本地生活业务的快速发展，之前主打跨城多日达或次日达的中远场电商平台也意识到消费即时性、个性化的趋势，并加快本地生活、即时零售等近场零售模式的布局，行业竞争日趋激烈。

当消费者拥有了越来越多的购物渠道后，无论是传统线下零售企业、综合电商平台还是本地生活平台，都面临着消费者流量和渠道逐步分散的困境。如何吸引客流，已经成为线下传统零售企业和线上电商平台的共同挑战。在线上线下全域融合的今天，传统零售模式基于地理位置吸引客流的方法不再具有绝对优势。主要原因在于，零售模式发展至今，已经迭代出诸多围绕消费者周围三千米的新业态和新模式。

二、电子商务零售

1. 电子商务零售概述

中国电子商务飞速发展给电子商务企业、传统零售企业和品牌制造企业带来了市场潜力、产业生态、资本环境和商业模式上的影响，提供了崭新的发展良机。传统零售需要做出改革适应新形势的要求，电子商务是可以作为传统零售企业发展的又一个渠道来看的。

电子商务零售又称网络零售、网上零售，是指交易双方以互联网为媒介进行的商品交易活动，即通过互联网进行的信息组织和传递，以实现有形商品和无形商品所有权的转移。买卖双方通过电子商务应用实现交易信息的查询、交易和交付等行为。购买者可以浏览网上商品目录，比较、选择满意的商品或服务，网上下单，在线或者离线付款、买方处理订单、网上送货或离线送货，完成整个网上购物过程。

2. 电子商务零售发展态势

国家统计局数据显示，2023年全国网上零售额15.4万亿元，同比增长11.0%。其中，实物商品网上零售额13万亿元，如图2-1所示。

分地区看，东、中、西部和东北地区网络零售额占全国比重分别为83.3%、9.4%、5.9%和1.4%。其中，中部地区网络零售额增长16.5%，高出全国5.5个百分点；西部、东部和东北部地区增速分别为15.7%、10.1%和4.7%，如图2-2所示。

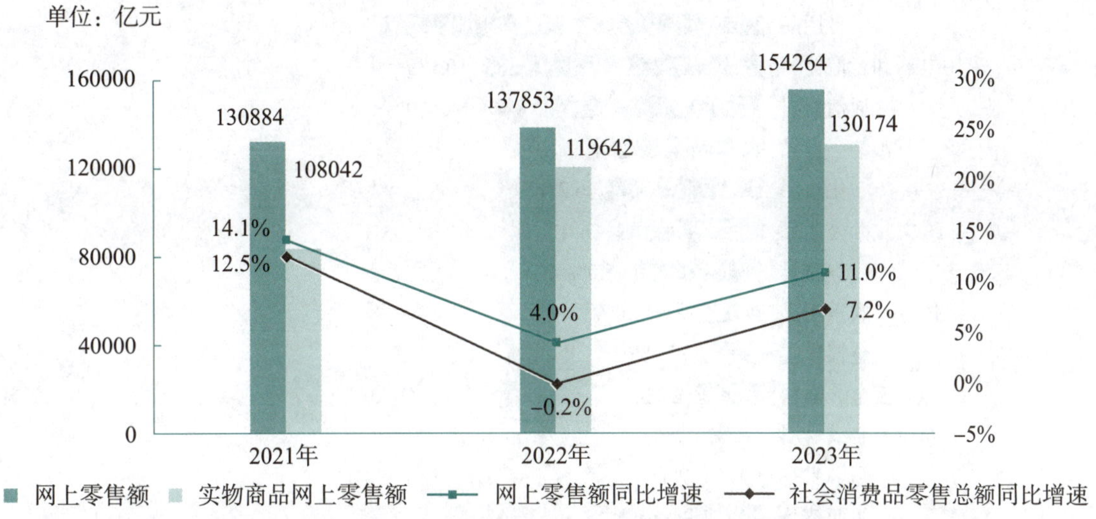

图2-1 2021—2023年网上零售额和实物商品网上零售额

数据来源：国家统计局

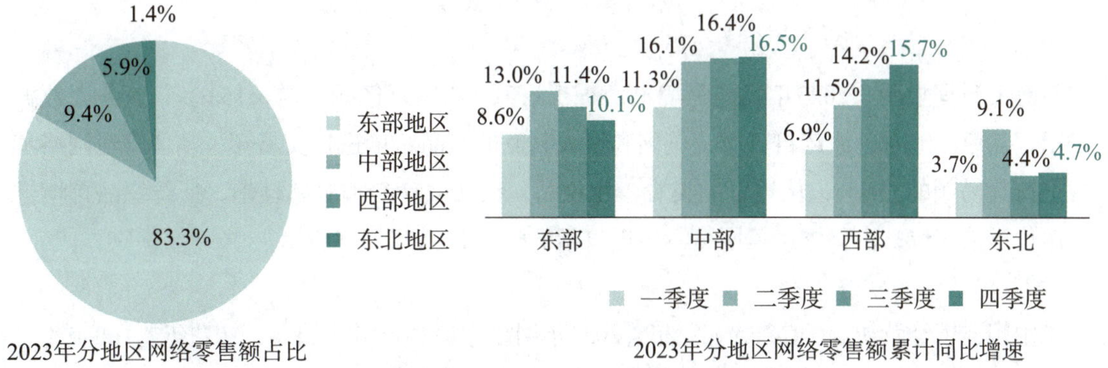

图2-2 2023年分地区网络零售额占比

数据来源：商务大数据

我国已连续11年保持全球规模最大的网络零售市场地位，立足实施扩大内需战略，电子商务创新发展将继续为我国消费市场成长壮大提供重要动力。

根据商务部商务大数据监测，2023年实物商品网上零售额中，吃类、穿类和用类商品分别增长11.2%、10.8%和7.1%。

从增速看，18类监测商品中，6类商品增速超两位数。其中，金银珠宝、电子出版物及音像制品、通信器材增速较快，分别为40.3%、26.6%和20.2%。

从规模看，服装鞋帽、针纺织品，日用品，家用电器和音像器材网络零售额排名居前，分别占实物商品网络零售额的22.0%、14.5%和10.6%，如图2-3所示。

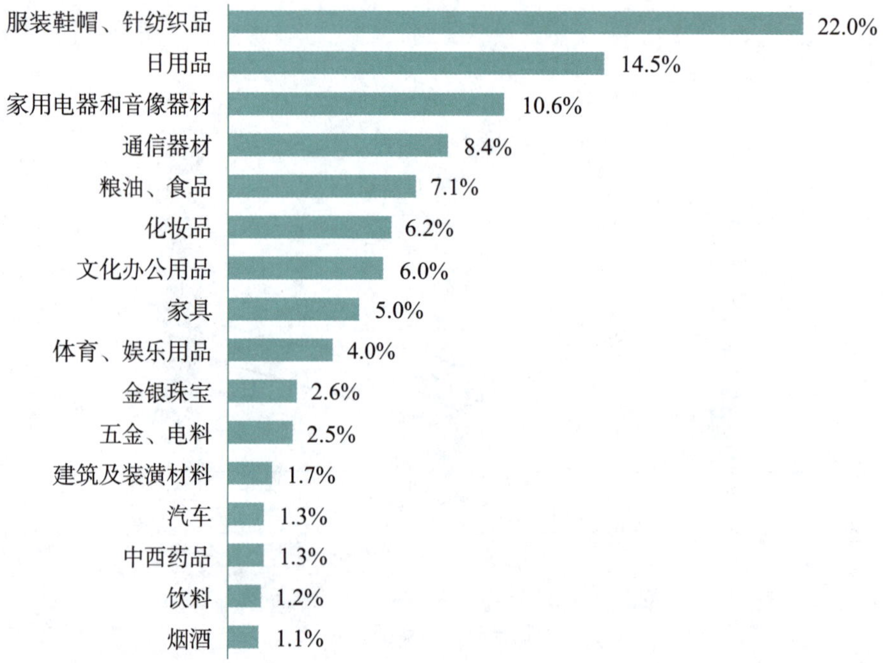

图2-3 2023年网络零售分品类交易额占比

数据来源：商务大数据

海关数据显示，2023年我国跨境电商进出口额为2.38万亿元，增长15.6%。商务大数据显示，从原产地看，原产自日本、美国和澳大利亚的商品跨境进口交易额占整体跨境网络零售进口交易额的35.1%；从进口品类看，化妆品，粮油、食品和服装鞋帽、针纺织品跨境进口额位居前三位，占整体跨境网络零售进口额的69.8%，如图2-4所示。

3. 电子商务零售企业

中国连锁经营协会（CCFA）发布《2023年网络零售TOP100榜单》，2023年前100企业总销售额超2万亿元，同比增长13.2%；其中，来自前20强企业的网络销售额占比超过9成，前100企业的网络销售额门槛上涨到了5亿元。从企业类型来看，消费品企业达50家，占前100

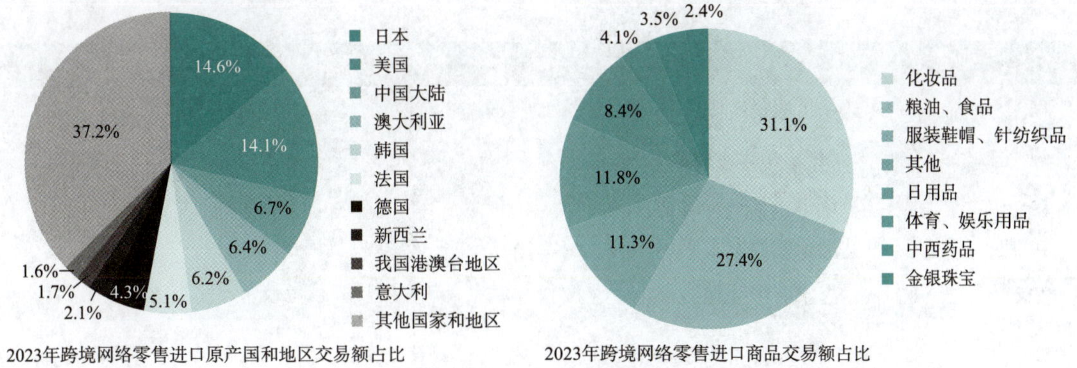

图2-4 2023年跨境网络零售进口交易额占比

数据来源：商务大数据

企业网络销售比重为18.6%；非电商零售企业43家，销售占比15%。从地域来看，华东地区以47家企业数量领先全国，网络销售额占比达33.6%；华北地区企业占网络销售额的比重最高，达52.8%。据网经社数字零售台获悉，京东、阿里巴巴、唯品会、苏宁易购、汇通达依次排名前5，小米、叮咚买菜、物美集团、永辉超市等跻身前20。前20名的网络零售企业排名，如表2-1所示。

表2-1 2023网络零售企业前20

序号	企业名称	2022网络销售额（万元人民币）
1	北京京东世纪贸易有限公司	86506200
2	阿里巴巴集团控股有限公司	26095500
3	广州唯品会信息科技有限公司	9725008
4	苏宁易购集团股份有限公司	8904000
5	汇通达网络股份有限公司	7943624
6	海尔智家股份有限公司	7795200
7	北京小米科技有限责任公司	7620667
8	美的集团股份有限公司	6801236
9	沃尔玛（中国）投资有限公司	4427877
10	居然之家新零售集团股份有限公司	4300000
11	康成投资（中国）有限公司	3031100
12	内蒙古伊利实业集团股份有限公司	2632100
13	叮咚买菜（开曼）有限公司	2393948
14	物美科技集团有限公司	1887790
15	安踏体育用品有限公司	1840229

续表

序号	企业名称	2022网络销售额（万元人民币）
16	永辉超市股份有限公司	1593600
17	孩子王儿童用品股份有限公司	1025801
18	北京快手科技有限公司	975302
19	维达国际控股有限公司	749558
20	李宁有限公司	748298

三、电子商务零售模式分类

按照平台的交易对象划分，网络零售可分为B2C网络零售和C2C网络零售两种模式。

新零售新在哪里

2023年B2C网络零售额增长13.0%，占网络零售额比重为81.3%；C2C网络零售额增长2.7%，占网络零售额比重为18.7%，如图2-5所示。

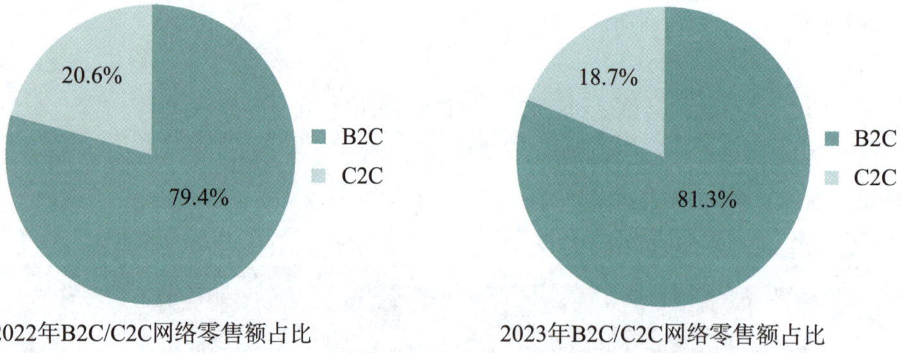

图2-5 2022—2023年B2C/C2C网络零售额占比

数据来源：商务大数据

（一）B2C电子商务模式

1. B2C模式概述

B2C是企业与消费者之间的电子商务模式，是企业通过互联网向个人网络消费者直接销售商品的经营方式。该模式一般以网络零售业为主，企业通过互联网为消费者提供一种新型的购物环境——网上商城，消费者在商城平台上购物、支付。B2C模式是我国最早产生的电子商务模式，它的产生以 1999年8848网上商城（2001年9月倒闭）的正式运营为标志。

B2C模式下，交易主体中的卖方身份正规化，需要在工商部门注册，以企业的形象为消费者提供商品和服务，以这种方式参与市场交易，可信度高。随着消费水平提升，消费者会更加关注产品的质量和内涵，拥有公司经营身份、自己品牌的B2C应该更有市场。目前典型的B2C网站有天猫、京东、唯品会、苏宁易购、当当等。

2. B2C模式的分类

（1）按交易客体分类。按交易客体分类可以把B2C分为无形商品的电子商务模式和有形商品的电子商务模式。

①无形商品的电子商务模式。无形商品是指对一切有形资源通过物化和非物化转化形式使其具有价值和使用价值属性的非物质的劳动产品以及有偿经济言行等。无形商品包括软件、电影、音乐、电子读物、信息服务等可以数字化的商品。无形商品无须实际的物流配送，它可以以信息的形式通过互联网传输。无形商品的电子商务模式主要有以下四种。

a. 网上订阅模式。网上订阅模式是指企业通过网页安排向消费者提供网上直接订阅，消费者直接浏览信息的电子商务模式。

b. 广告支持模式。广告支持模式是指在线服务商免费向消费者或用户提供信息在线服务，而营业活动全部用广告收入支持，比如新浪、网易等。

c. 网上赠予模式。网上赠与模式是一种非传统的商业运作模式，是企业借助强大的互联网优势，向互联网用户赠送软件、试用机会等方式扩大企业的知名度和市场份额。

d. 付费浏览模式。付费浏览模式是指企业通过网页安排向消费者提供计次收费性网上信息浏览和信息下载的电子商务模式。付费浏览模式让消费者根据自己的需要，在网址上有选择地购买一篇文章、书的章节内容或者具体的某一页。

②有形商品的电子商务模式。有形商品是指传统的实物商品，这种商品的交付不是通过计算机的信息载体，而是需要传统的方式来实现，商品通过物流运送到消费者手中。

企业实现有形商品的在线销售目前主要分平台式和自营式两种基本模式。在现阶段的网络零售B2C市场中，平台和自营两种模式广泛存在于各个平台，京东、唯品会、苏宁易购、当当等电商均采用自营+平台混合的模式，天猫则完全由第三方商家组成。以下是我国零售市场B2C市场模式分析，如表2-2所示。

表2-2　我国零售市场B2C市场模式

分类	定义	特征	代表企业
自营式+平台式	零售商建立网络平台，对其经营产品进行统一采购、产品展示、在线交易，并通过物流配送将产品投放到最终消费群体的行为	自营式电商品牌力强、产品质量可控、全交易流程管理体系完备	京东、唯品会
第三方平台式	为商家提供电商接入交易平台，并提供交易支持的企业	依托巨大客户流量，促成商家与消费者达成交易，通过信息交付收费是主要的盈利来源	天猫

自营B2C在产品方面相对比较重要，一般都会有自己的ERP系统、仓储管理、采购、出库等一系列的管理。平台B2C在产品方面相对没有那么重要，一般注重公司的运营能力及应对商家、买家的交易关系的能力。

（2）按商家所经营的范围分类。按商家所经营的范围可以把B2C分为综合零售B2C、垂直零售B2C、进口跨境B2C、生活服务B2C、互联网金融B2C。

①综合零售B2C。综合零售B2C相当于电子商务企业什么都卖，什么产品都有，消费者可以按照类别或者搜索关键词的方式选择合适的商品。相关商城网站有天猫、京东、苏宁易购、唯品会、当当、网易严选等。

②垂直零售B2C。垂直零售B2C表示电子商务企业的行业特征明显，并且商品和服务具有更强的专业性，是某一领域的佼佼者，相关商城网站有：孩子王、汽车之家、华为商城、小米商城、可得眼镜网、酒仙网、安居客、土巴兔、尚妆网等。

③进口跨境B2C。进口跨境B2C表示电子商务企业经营范围是跨境领域，商城提供给消费者更多的海外产品，提升了消费者购买海外产品的体验值，做得专业的相关商城有：考拉海购、洋码头、天猫国际、小红书、京东国际、别样海外购、寺库网等。

④生活服务B2C。生活服务B2C表示电子商务企业提供给消费者更接地气的产品和服务，和消费者的生活息息相关。相关商城有：携程旅行、58同城、大众点评、去哪儿旅行、马蜂窝、小猪民宿、艺龙旅行、飞猪旅行、大麦网、饿了么、美团、途虎养车、贝壳找房等。

⑤互联网金融B2C。互联网金融B2C表示电子商务企业提供给消费者的是金融理财方面的相关产品和服务，比较活跃的有以下商城：京东金融、拍拍贷、分期乐、度小满金融、支付宝、微信支付等。

3. B2C模式的企业类型

目前已建立或准备建立B2C模式的电子商务企业大致可分为：经营着离线商店的零售商、没有离线商店的虚拟零售企业和商品制造商。

（1）经营着离线商店的零售商。这些企业有实实在在的商店或商场，网上商城只是它们拓展业务的一个新渠道。目前经营着离线商店的零售商大多从传统企业发展而来，如苏宁电器、大润发等都是既有实体商场，又在网站上宣传、销售商品。以苏宁易购为例，实体店如图2-6所示，网站首页如图2-7所示。

（2）没有离线商店的虚拟零售企业。这类企业是互联网的产物，它们从诞生就在网上，网上销售是它们唯一的销售方式，它们靠网上销售生存。我国相关的网站有当当网等。以当当网为例，从1999年11月当当网正式开通至今，当当的经营品类已从早期的图书拓展到各品类百货，经营内容包括图书音像、美妆、家居、母婴、服装和3C数码等几十个大类，其中在库图书、音像商品超过80万种，百货50余万种。当当网首页如图2-8所示。

思考

没有离线商店的虚拟零售企业

你还能举例说出哪些网站平台是没有离线商店的虚拟零售企业吗？

图2-6　苏宁易购实体店

图2-7　苏宁易购网站首页

图2-8 当当网首页

（3）商品制造商。商品制造商采取网上直销的方式销售其产品，不仅给顾客带来价格优势而且还减少了商品库存的积压。企业可以更直观地监测消费者的反馈情况，做到商品和策略的及时调整，有利于提高市场占有率。

例如联想、DELL、海尔、小米等商品制造商，通过建立企业自己的电子商务网站，一方面宣传企业形象，另一方面通过网上销售，加大了自己产品的市场推广力度。以北京小米科技有限责任公司为例，该公司成立于2010年4月，是一家专注于高端智能手机、互联网电视以及智能家居生态链建设的创新型科技企业。“为发烧而生”是小米的产品概念。小米商城首页如图2–9所示。

（二）C2C电子商务模式

C2C模式是消费者与消费者之间的电子商务模式，即消费者与消费者之间通过互联网进行的个人交易。买卖双方在第三方交易平台上交易，由第三方交易平台负责技术支持及相关服务。在该平台的支持下，卖方可以自行提供商品上网展示销售；买方可以自行选择商品，拍下付款或以竞价方式在线完成交易支付。我国C2C领域曾经三足鼎立的是淘宝网、易趣和拍拍网，目前仅存淘宝网，淘宝网已成为我国最大的C2C电子商务交易平台。

C2C，实际上是传统的“地摊”模式的电子商务化，即以免费或者较低的摊位介入成

图2-9　小米商城首页

本，不需工商部门颁发执照，让个体以卖方的身份介入交易市场，买方也多为个体，在税收方面予以充分的优惠。因议价空间较大，商品品类繁多，且进出自由度较高，因此有着广泛的群众基础；但因鱼龙混杂，很多商品真假难辨，不法商贩步入其中，浑水摸鱼的现象时有发生。C2C电商单笔交易额小，个人网店平均寿命较短。

C2C电商除了让消费者在平台上开网店卖全新商品这种方式外，闲置物品交易也是消费者接触C2C电商的方法之一，国内闲置物品交易以闲鱼、转转等为代表。基于我国海量的移动互联网用户基础，我国C2C二手交易蕴含着巨大的市场空间。

四、电子商务零售市场发展特点

近年来，电子商务零售市场的发展呈现出以下几个特点。

1. 扩大消费新动能更加强劲

（1）网络零售助力消费扩大恢复。2023年中国网上零售额15.42万亿元，增长11%，连续11年成为全球第一大网络零售市场。实物商品网络零售占社会零售比重增至27.6%，创历史新高。2023年实物商品网上零售额占社会零售比重为27.6%。

（2）电商消费亮点频出。绿色、健康、智能、“国潮”商品备受青睐，2023年国产品牌销售额占重点监测品牌比重超过65%。促进家居消费政策出台以来，2023年8—12月适老家具、家庭影院、家用装饰品分别增长372.1%、153.3%和64.6%。

2. 服务消费新热点更加多元

2023年，在线旅游、在线文娱和在线餐饮销售额合计对网零增长贡献率23.5%，拉动网零增长2.6个百分点。

3. 数实融合新模式更加丰富

（1）电商示范基地作用凸显。国家电子商务示范基地作用更加突显，整合培育形成30余个数字化产业带，助力行业企业降本增效。

（2）“数商兴农”成效显著。2023年农村和农产品网络零售额分别达2.49万亿元和0.59万亿元，增速均快于网络零售总体。

4. 国际合作新空间更加广阔

（1）“丝路电商”增添新动能。截至2024年，“丝路电商”伙伴国增加到30个；上海“丝路电商”合作先行区34项任务已经启动，电子商务制度型开放新高地建设初见成效。

（2）国际影响力持续扩大。举办国家级全球数字贸易博览会，打造贸易强国建设新平台；与东盟共同发布加强电商合作倡议，与金砖国家、上合组织、中国—中东欧、中国—中亚五国等多边区域电子商务合作机制取得务实成效；上海、广西、陕西、湖南、海南等举办东盟好物网购节、中亚主题日、非洲网购节等特色活动，国际电商合作内涵进一步丰富。

任务三 认识产业电子商务模式

一、产业电子商务概述

1. 产业电子商务定义

产业电子商务又称产业电商，是指企业间以在线化的方式进行信息撮合和交易的商业模式，是产业互联网的重要组成部分，包括提供大宗商品贸易服务的大宗电商，提供企业非生产性物料（MRO）及生产性资料（BOM）服务的工业品电商，提供消费品在线批发的批发电商，提供办公用品、商务服务等的企业采购电商，以及相关服务商等业态。

2. 产业电子商务发展态势

2023年，产业电商行业总体增势强韧。网经社发布的《2023年度中国产业电商市场数据报告》显示，2023年中国产业电商市场规模达33.89万亿元人民币，较2022年的31.4万亿元人民币同比增长7.92%。此外，2019—2022年市场规模（增速）分别为25万亿元（11.11%）、27.5万亿元（10%）、29.11万亿元（5.85%）、31.4万亿元（7.86%），如图2-10所示。

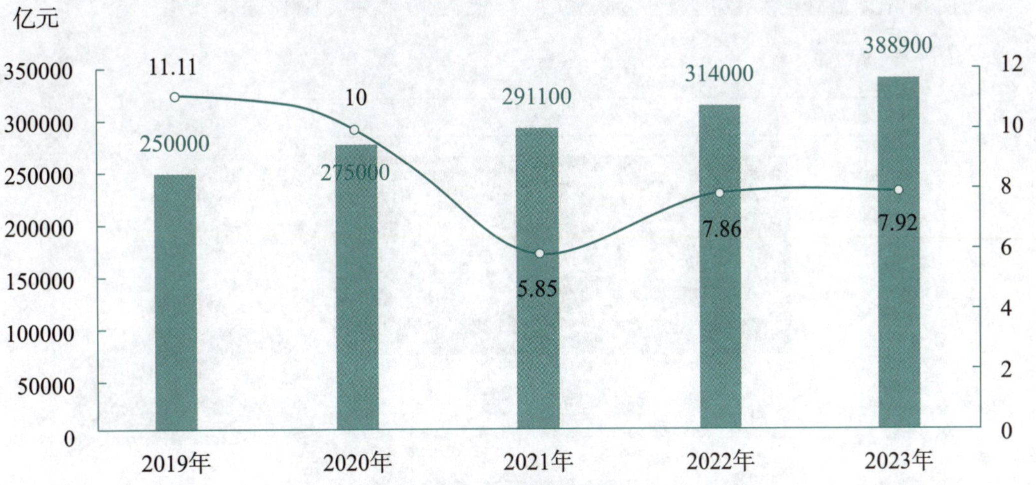

图2-10　产业电商行业交易规模及其增长率数据图

数据来源：网经社

二、B2B 电子商务模式

1. B2B模式概述

B2B是企业与企业之间的电子商务模式，是指企业间通过互联网、外联网、内联网或者私有网络，进行的产品、服务及信息的交换。B2B交易的双方均是企业，历经寻求贸易伙伴、谈判、订购到结算整个贸易过程。B2B电子商务模式是当前电子商务模式中份额最大、最具操作性的模式。

电子商务B2B模式

据艾瑞测算，2022年我国B2B行业规模达到15万亿元水平，同比略微增长1.2%，受供应链影响，行业虽在上半年受到一定冲击，但年末恢复态势良好，全年数据基本持平。未来随着线上交易习惯的不断巩固，B2B行业线上化渗透率将会进一步提升，并于2025年达到近20万亿元水平。

参与B2B的企业种类有很多，无论是原料采购中的供货商对采购商；半成品的供货商对中间商，或中间商对制造商；还是制成品贸易中的制造商对批发商、批发商对批发商、批发商对零售商，主体双方均是合法注册的企业，交易额一般比B2C要大。B2B不仅建立了一个网上买卖者群体，它也为企业之间的战略合作提供了基础。目前采用B2B模式的主要以阿里巴巴、慧聪网为代表，如图2-11和图2-12所示。

近年来，我国B2B电子商务的发展十分迅猛。围绕“互联网+”“一带一路”建设推出的相关政策，为B2B电子商务市场提供了更广阔的发展空间。云计算、大数据、物联网和移动终端等技术的应用提升了B2B电子商务企业的运营效率，拓展了企业的商务渠道。

图2-11　阿里巴巴首页

图2-12　慧聪网首页

小知识

什么是“一带一路”

“一带一路”是“丝绸之路经济带”和“21世纪海上丝绸之路”的简称，2013年9月和10月由国家主席习近平分别提出建设“新丝绸之路经济带”和“21世纪海上丝绸之路”的合作倡议。“一带一路”倡议旨在借用古代丝绸之路的历史符号，高举和平发展的旗帜，积极发展与合作伙伴的经济合作关系，共同打造政治互信、经济融合、文化包容的利益共同体、命运共同体和责任共同体。

2. B2B模式的类型

B2B电子商务的类型主要分自营、撮合/平台两种模式，同时也有两种模式的叠加，两种模式的运营示意如图2-13所示。

（1）自营模式。自营模式是企业基于自身的信息化建设程度，搭建以自身产品供应链为核心的行业化电子商务平台。企业通过自身平台，把上游企业和下游企业串联起来，上下游企业通过该平台实现沟通、交易。它们建立平台网站的目的主要是自用，即利用这一网站实现供应链管理和客户关系管理的优化，以实现本企业采购、营销和企业形象宣传等商务目的，其盈利来源主要是本企业产品的销售。

目前国内自营网站运作B2B模式的大型企业有海尔、联想等，联想企业购网站首页如图2-14所示。

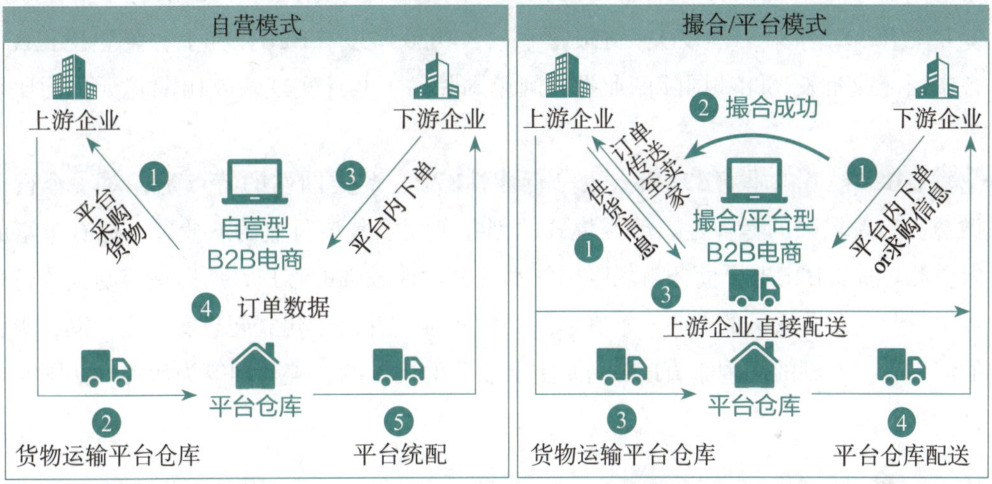

数据来源：易观智库　　　　数据编选：电子商务研究中心

图2-13 B2B两种模式

图2-14 联想企业网站首页

（2）撮合/平台模式。B2B电商平台作为行业的中间交易平台，承担着撮合上下游交易的重任，可以有效减少交易环节、缩短产业链条、提升流通效率。平台模式按照网站经营范围的行业性不同划分为综合B2B模式和垂直B2B模式。

①综合B2B模式。综合B2B模式又称水平B2B模式，是基于第三方中介网站的B2B交易，交易双方只要注册成为该网站的会员就可以借助该网站平台进行交易，网站平台的提供者并不参与交易，而是发挥中介服务作用。网站平台上有各行各业的大量客户，供求信息来源广泛，该网站平台为企业的采购方和供应方提供一个交易的机会，网站平台上的商品琳琅满目，应有尽有。网站平台上行业分布范围很广，很多行业都可以在同一网站平台上开展商务活动。

综合B2C追求的是“全”，潜在的用户群较大。典型的水平B2B网站平台如阿里巴巴、慧聪网、中国制造网等。阿里巴巴发布了截至2023年6月30日的2024财年第一季度财报（即自然年2023年第二季度）。财报显示，公司该季度在B2B业务上，阿里巴巴B2B业务（含中国商业批发1688和国际商业批发阿里国际站）共计实现营收101.1亿元，同比增长17.76%。

②垂直B2B模式。垂直B2B模式也称行业性B2B，此类网站的特点是针对一个行业做深、做透，有着较强的专业性。此类模式的创办者大多是该行业的从业者，拥有丰富的行业背景资源。垂直B2B电子商务市场吸引的都是针对性较强的客户，所以更容易集中行业资源，吸引行业内多数成员的参与，潜在购买力比较强，并易于建立起忠实的用户群，吸引着固定的回头客。典型的国内垂直B2B网站主要以我的钢铁网、美莱网等为代表，如图2–15和图2–16所示。

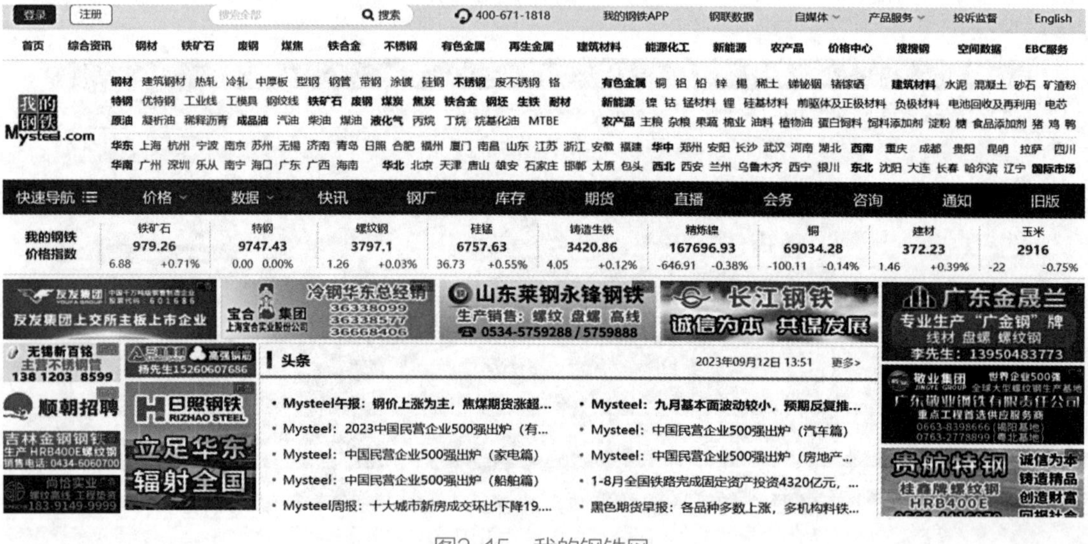

图2–15　我的钢铁网

图2-16 美菜网

垂直B2B电子商务交易可以分为两个方向，即上游和下游。生产商或零售商可以和上游的供应商之间形成供货关系，而生产商和下游的经销商可以形成销货关系。

综上所述，综合B2B电子商务和垂直B2B电子商务发展各有特点，不能简单地评判哪种模式更好。

3. B2B模式盈利方式

目前，B2B模式盈利方式主要包括会员服务费、广告费、竞价排名和增值服务费。

（1）会员服务费。企业通过第三方电子商务网站平台参与B2B电子商务交易，必须注册为网站的会员，每年要缴纳一定的会员费才能享受网站提供的各种服务，目前，会员服务费已成为我国B2B网站最主要的收入来源。例如，阿里巴巴的诚信通会员服务费用和国际站会员服务费用；中国制造网的百销通会员服务费用等。

（2）广告费。网络广告是门户网站的主要盈利来源，同时也是B2B电子商务网站的主要收入来源。例如，阿里巴巴网站的广告根据其在首页位置及广告类型来收费。中国化工网有旗帜广告、飘浮广告、按钮广告和文字广告等多种表现形式可供用户选择。

（3）竞价排名。企业为了促进产品的销售，都希望在B2B网站的信息搜索中使自己的排名靠前，而网站在确保信息准确的基础上，根据会员交费的不同对排名顺序作相应的调整。例如，阿里巴巴的竞价排名是诚信通会员专享的搜索排名服务，当买家在阿里巴巴搜索供应商信息时，竞价企业的信息将排在搜索结果的靠前位置，被买家第一时间找到。

（4）增值服务费。B2B网站通过增值服务来扩大收入，如提供展位定制、企业建站服务、产品行情资讯服务、企业认证、在线支付结算、流量快车、培训等。增值服务将成为在线B2B市场主要增长动力，能向客户提供展会服务、进出口服务、金融服务、法律服务等相关的延伸服务，为客户解决难题、帮助企业节约成本、提高效率将成为B2B电子商务网站的发展趋势。

思政园地

构建优质高效的服务业新体系

党的二十大报告提出："要构建优质高效的服务业新体系，推动现代服务业同先进制造业、现代农业深度融合。加快发展物联网，建设高效顺畅的流通体系，降低物流成本。加快发展数字经济，促进数字经济和实体经济深度融合，打造具有国际竞争力的数字产业集群。优化基础设施布局、结构、功能和系统集成，构建现代化基础设施体系。""支持中小微企业发展。"

项目小结

电子商务模式是指在网络环境中基于一定技术基础的商务运作方式和盈利模式，按照交易双方对象的不同可分为B2C、C2C、B2B三种典型模式。按照平台的交易对象划分，网络零售可分为B2C网络零售和 C2C网络零售两种模式。B2C是企业通过互联网向个人网络消费者直接销售商品的经营方式，代表企业有天猫、京东、唯品会、苏宁易购等；C2C是消费者与消费者之间通过互联网进行的个人交易，代表企业有淘宝网，B2C和C2C通常被合称为电子商务零售模式。

产业电子商务模式是指企业间以在线化的方式进行信息撮合和交易的商业模式。B2B交易的双方均是企业，B2B电子商务模式在当前电子商务模式中份额最大，代表企业有阿里巴巴、慧聪网、环球资源网等。

思考练习

一、单选题

1. 线上营销和线上购买带动线下经营和线下消费，让互联网成为线下交易的平台，这种电子商务模式是（　　）。

   A. B2C　　B. B2B　　C. C2C　　D. O2O

2. 天猫是一个（　　）购物平台。

   A. B2C　　B. B2B　　C. C2C　　D. B2G

3. 以下B2B网站，哪一个不是综合B2B模式？（　　）

   A. 阿里巴巴　　B. 美莱网　　C. 中国制造网　　D. 慧聪网

4. 以下哪一个不是无店铺零售业态？（　　）

A. 中国制造网　　B. 邮购　　C. 慧聪网　　D. 便利店

二、多选题

1. B2C模式的电子商务企业大致可以分为（　　）。

A. 经营着离线商店的零售商　　B. 没有离线商店的虚拟零售企业

C. 商品制造商　　D. 产品代理商

2. 以下商品哪些是无形商品？（　　）

A. 电子书　　B. PPT

C. 软件　　D. 邮箱

3. 无店铺零售业态包括（　　）。

A. 超市　　B. 百货商店

C. 网上商店　　D. 自动售货机

4. 以下网站平台是B2B模式的有（　　）。

A. 中国制造网　　B. 找钢网

C. 慧聪网　　D. 阿里巴巴

三、思考题

1. B2C中无形商品的电子商务模式主要有哪几种？

2. 简述B2B中，自营、撮合/平台两种模式各自的优点。

3. 常见的无店铺零售业态主要有哪些？

实训项目

1. 找到并浏览国内知名的4家B2B电子商务网站，了解其网站特点、经营范围、面向对象和收入来源等，对B2B电子商务网站形成感性认识，完成表2-3。

表2-3　B2B电子商务网站对比

序号	网站名称	域名	特点	经营范围	面向对象	收入来源
1						
2						
3						
4						
结论						

2. 利用互联网资源寻找电子商务的新模式以及其典型代表网站。

访问网经社、易观分析、亿邦动力，收集整理电子商务相关新模式的内容，完成表2-4。

表2-4 电子商务新模式

序号	网站名称	域名	模式特点	经营范围	面向对象
1					
2					
3					
4					

项目三 实现电子商务支付与安全

学习目标

知识目标	了解网上支付和移动支付的最新发展态势；了解网上银行的发展；掌握第三方支付的概念及分类；了解不同的第三方支付平台的应用；了解电子商务面临的安全威胁，明确电子商务安全的需求与防范；掌握保障电子商务安全的方法与技术；熟知电子商务安全不断完善的管理政策与法规制度
能力目标	掌握开通个人网上银行技巧，并学会使用网上银行的各种功能；学会使用第三方支付平台完成电子商务支付交易流程；学会移动支付的基本操作；能够根据安全策略，进行网络环境的配置和防火墙的设置；在电子商务交易活动中遵守电子商务法律法规和电子商务规则，诚信交易
素养目标	不断学习新知识、新技术，有一定的创新意识；培养学生风险防范意识；塑造学生诚信的商务意识；有一定团队合作精神

引导案例

第三方支付平台——支付宝

蚂蚁集团旗下的支付宝，是以每个人为中心，以实名和信任为基础的生活平台，于2011年5月获得中国人民银行首批颁发的支付业务许可证。自2004年成立以来，支付宝已经与超过200家金融机构达成合作，为超10亿用户、8000万商家提供支付服务保障。随着场景拓展和产品创新，拓展的服务场景不断增加，支付宝已发展成为融合了支付、生活服务、政务服务、理财、保险、公益等多个场景与行业的开放性平台。支付宝还推出了跨境支付、退税等多项服务，让中国用户在境外也能享受移动支付的便利。

- 商业支付

作为国内领先的第三方支付平台，支付宝致力于通过技术创新为餐饮、零售、快消等不同业态商家提供支付解决方案，开放快捷支付、条码支付、刷脸支付、二维码支付等支付产品，满足不同经营场景下的交易需求，同时，支付宝还面向小微商家推出低门槛移动支付工具“收钱码”。商家机构可根据自身需求选择网络支付解决方案，为消费者提供安全、快捷、方便的交易体验。

- 便民支付

从2008年全国首个水电气线上缴费服务开始，支付宝就不断探索在便民生活领域的支付场景突破。支付宝面向政务民生、医疗健康、本地生活、教育等场景，开放基于手机支付、IOT身份识别与支付、信用支付等在内的行业解决方案，助力实现便民办事体验与效率提升，如今从水电气缴费到五险一金、交通违章处理、医院挂号等，越来越多的事情通过移动支付，从线下办变成了网上办。

- 出行支付

从2016年杭州率先推出扫码乘公交服务开始，支付宝携手行业合作伙伴，持续深耕出行领域的支付技术创新与体验提升，首创"双离线二维码支付"，解决了公共交通无网环境下的支付问题，推出"电子交通卡"提升了公交地铁场景下的收银效率。目前，停车场、共享单车、公交、地铁、网约车、高铁等大众出行场景，均可通过支付宝支付解决方案，实现服务体验改善、服务效率提升。

思考

你平时在什么场景下使用支付宝？你知道支付宝支付属于哪一种支付方式吗？

任务一 了解电子支付

电子支付是指消费者、商家和金融机构之间使用安全电子手段把支付信息通过信息网络安全地传送到银行或相应的处理机构，用来实现货币支付或资金流转的行为。电子支付的业务类型按电子支付指令发起方式分为网上支付、移动支付、销售点终端交易（POS）、自动柜员机交易（ATM）、电话支付和其他电子支付。

2023年8月28日，中国互联网络信息中心（CNNIC）在京发布第52次《中国互联网络发展状况统计报告》（以下简称《报告》），《报告》指出，截至2023年6月，我国网民规模达10.79亿人，互联网普及率达76.4%；网络支付用户规模达9.43亿人，占网民整体的87.5%。经过数十年发展，中国形成了广泛覆盖、安全高效的支付清算体系，4000多家商业银行、187家非银行支付机构有效满足了经营主体和消费者的支付需求。

本任务主要讲述电子支付方式中比较主流的网上支付和移动支付。

一、网上支付

1. 网上支付的定义

网上支付又称为网络在线支付，是指通过互联网实现的用户与商户、商户与商户之间的在线电子货币支付、资金清算、查询统计等过程。通常情况下，网上支付系统仍然需要银行作为中介。网上支付既包括直接使用网上银行进行的互联网在线支付，也包括通过第三方支付网站平台进行的支付。

2. 网上支付的特点

（1）数字传输。网上支付采用先进的技术通过数字流转来完成信息传输，其各种支付方式都是采用数字化的方式进行款项的支付；而传统支付方式则是通过现金的流转、票据的转让及银行的汇兑等物理实体的流转来完成款项的支付。

（2）开放平台。网上支付的工作环境是基于一个开放的系统平台（互联网），而传统支付则是在较为封闭的系统中运作。

（3）现代通信。网上支付使用的是先进的通信手段，对软件、硬件设施的要求很高，一般要求有联网的计算机、相关的软件及其他一些配套设施，而传统支付则没有那么高的要求。

（4）方便高效。用户只要拥有一台能够上网的计算机或智能手机，便可以足不出户，在很短的时间内完成整个支付过程。网上支付可以完全突破时间和空间的限制，满足24×7全天候的工作模式，效率极高，整个支付的过程所产生的费用也很低，传统支付是做不到的。

3. 网上支付的类型

常见的网上支付类型有网银转账支付模式、商户直连网银支付模式和第三方支付模式。

（1）网银转账支付模式。网银转账支付模式依据转入账户和转出账户的不同，可以细分为同行转账模式和跨行转账模式。

（2）商户直连网银支付模式。这种模式是指网上商户直接将银行网上支付网关连接到自己的电子商务交易平台，为用户提供支付功能。

（3）第三方支付模式。第三方支付模式是具备一定实力和信誉保障的非银行独立机构，采用与各大银行签约的方式，提供与银行支付结算系统接口的支付平台模式。

4. 网上支付系统的组成

网上支付系统由客户、商家、认证中心、支付网关、客户银行、商家银行和金融专用网络7个部分组成。支撑网上支付的体系可以说是一个综合性系统，融合了购物流程、支付与结算工具、安全技术、认证体系、信用体系及金融体系，网上支付系统的基本结构如图3–1所示。

（1）客户。客户一般是指利用电子交易手段与企业或商家进行电子交易活动的单位或个

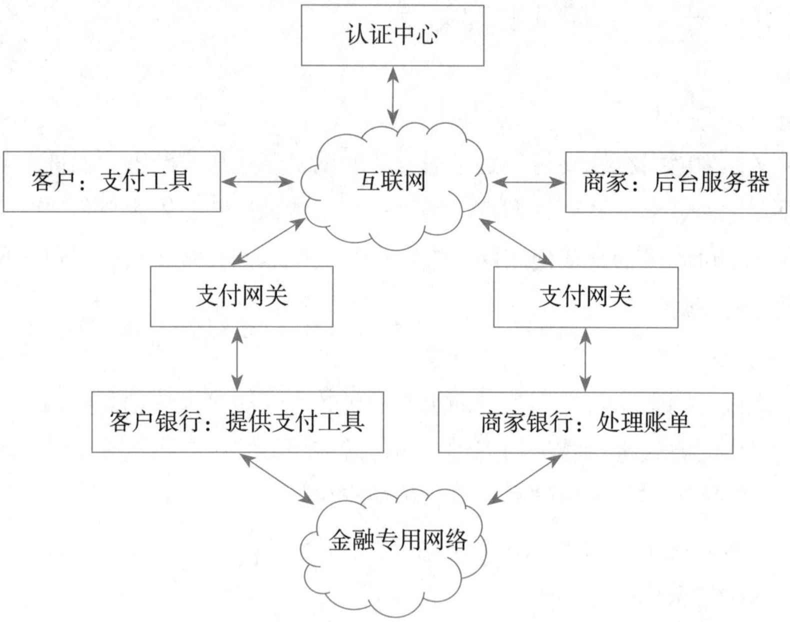

图3-1 网上支付系统

人。它们通过电子交易平台与商家交流信息，签订交易合同，用自己的网络支付工具进行支付。

（2）商家。商家是指向客户提供商品或服务的单位或个人。在网络支付系统中，它必须能够根据客户发出的支付指令向金融机构请求结算，这一过程一般由商家设置的一台专门的服务器来处理。

（3）认证中心。认证中心是交易各方都信任的公正的第三方中介机构，它主要负责为参与电子交易活动的各方发放和维护数字证书，以确认各方的真实身份，保证电子交易整个过程的安全稳定进行。

（4）支付网关。支付网关是银行金融网络系统和Internet网络之间的接口，是由银行操作的将Internet上传输的数据转换为金融机构内部数据的一组服务器设备，或由指派的第三方处理商家支付信息和顾客的支付指令。它是连接公共网络和银行专用网络的安全接口，电子支付的信息必须通过支付网关进行处理后才能进入银行内部的支付结算系统。

（5）客户银行。客户银行是指为客户提供资金账户和网络支付工具的银行，又被称为发卡银行。客户银行根据不同的政策和规定，保证支付工具的真实性。

（6）商家银行。商家银行是为商家提供资金账户的银行，又称为收单银行。客户向商家发送订单和支付指令，商家将客户的支付指令提交给商家银行，然后商家银行向客户银行发出支付授权请求，并进行它们之间的清算工作。

（7）金融专用网络。金融专用网络是银行内部及各银行之间交流信息的封闭的专用网络，通常具有较高的稳定性和安全性。

二、移动支付

移动支付也称手机支付，是指用户使用移动终端（通常是手机）对所消费的商品或服务进行账务支付的一种服务方式。我国用户上网习惯已经从PC端逐渐迁移至移动端，同时支付场景的不断拓展也使用户已经开始习惯使用移动支付工具，移动支付市场发展前景良好。二维码成为连接线上和线下消费的纽带，如今，二维码支付在餐饮门店、超市、便利店等线下小额支付场景得到广泛应用。2022年，我国线下扫码市场交易规模为51.47万亿元人民币。

小知识

什么是二维码

二维码，又称二维条码，是用某种特定的几何图形按一定规律在平面（二维方向上）分布的黑白相间的图形记录数据符号信息的一种编码方式。用户通过“扫一扫”功能就能完成付款操作。

移动支付最典型特点就是采用手机作为支付介质，而银行卡虚拟化到手机中。在支付发起时不再需要银联卡，直接通过手机来完成认证和支付。

1. 移动支付的类型

随着移动终端的不断创新以及电子商务的爆发式增长，人们对移动支付的需求已然越来越大。按完成支付所依托的技术条件，手机支付主要分为两种形式：一种是线上支付，如平时通过手机淘宝、京东等在线购物；另一种是线下通过智能手机终端支付。这两种方式也分别被称为近场支付和远程支付。

（1）近场支付。近场支付是指通过具有近距离无线通信技术的移动终端实现本地化通信，从而进行资金转移的支付方式，主要的技术包括近场通信（near field communication，NFC）、射频识别技术（radio frequency identification，RFID）、红外、蓝牙等近距离通信技术。

下面从产品技术、使用流程等几个方面，对Apple Pay、支付宝、银联云闪付进行比较，从而对近场支付的类型有个完整清晰的了解（表3–1）。

表3–1　近场移动支付类型的比较

支付类型	Apple Pay	支付宝	云闪付
介质	手机	App	云闪付卡
机构	苹果	阿里巴巴	中国银联
技术	NFC+ Tokenization	二维码/条码+ Tokenization	NFC+ Tokenization

续表

支付类型	Apple Pay	支付宝	云闪付
使用方法	靠近支持NFC的POS	手机扫描	靠近具有“闪付”标志的POS，亮屏即可
流程	①绑定银行卡 ②支持NFC的POS	①绑定银行卡 ②支持扫码的POS	①绑定银行卡 ②具有“闪付”标志的POS
收费对象	银行	商户	商户

（2）远程支付。远程支付指通过移动网络，利用短信、GPRS等空中接口和后台支付系统建立连接，实现各种转账、消费等支付功能。

2. 移动支付的特征

（1）账户管理的方便性。这是移动支付区别于传统的银行卡支付很重要的特点。智能手机逐渐成为业界的主流，用户可以方便地通过手机使用移动互联网，随时随地查询账户余额、交易记录、实时转账、修改密码等，管理自己的移动支付账户，还可以进行空中充值，减少了去营业厅或者充值点的麻烦，充分体现移动支付的方便性。

（2）资金账户的安全性。移动设备用户对隐私性的要求远高于PC用户，这就不同于互联网公开、透明、开放的特点。在互联网上，PC用户信息是可以被搜集的；而移动设备用户显然不需要让他人知道甚至共享自己设备上的信息，移动设备的隐私性保障了支付的安全。移动设备用户设置的密码类型比PC用户的更复杂，有人脸识别、指纹识别等。

（3）可移动性。除了用户睡眠时间，移动设备一般都伴随在用户身边，其使用时间远高于PC端。用户只要申请了移动支付功能，便可足不出户随时随地完成整个支付与结算过程。交易时间成本低，减少往返银行的交通时间和支付处理时间。

（4）服务的综合性。移动支付为用户提供了移动电子商务的远程支付功能，同时也可以满足用户对公交、食堂等小额支付的需要，还可以提供门禁、考勤等服务。

3. 移动支付的安全问题

（1）软件病毒感染。大量手机支付类病毒猖獗爆发，包括伪装淘宝客户端窃取用户账号密码隐私的“伪淘宝”病毒、盗取20多家手机银行账号隐私的“银行窃贼”以及感染建设银行App的“洛克蛔虫”等系列高危风险的手机支付病毒。病毒还会通过联网功能将用户手机中的隐私信息，包括手机网银、支付相关账号密码等内容上传至指定位置，导致用户隐私泄露和财产风险。移动支付类软件主要典型病毒分为电商类App典型病毒、第三方支付类App典型病毒、理财类App典型病毒、团购类App典型病毒及银行类App典型病毒。

（2）手机漏洞。手机由于根用户（root）和不正规刷机导致出现系统漏洞，也是移动支付出现安全问题的根源。

（3）诈骗电话及短信。诈骗短信、骚扰电话也造成了一定的手机支付风险。诈骗分子除了通过诈骗骚扰电话诱导手机用户进行银行转账之外，还会通过发送带钓鱼网址或恶意木马程序下载链接的诈骗短信，这些恶意钓鱼网址往往会诱导用户登录诈骗网址，引导用户进行购物支付，中奖钓鱼类诈骗已呈现多发趋势，其中重点案例有三类：网银升级、U盾失效类诈骗，社保诈骗及热门节目中奖诈骗。

小知识

手机支付应该如何确保安全？

1. 密码设置要复杂些

设置手机支付软件账户密码时，不要让密码和账户名称相同，尽量使用数字、字母、符号组合。设置支付密码时勿使用简单连续、有规律、易联想的数字，如生日、手机号等，可选择指纹或手势密码进行单独加密。

2. 免密支付应关闭

一旦手机开通了小额免密支付功能，只要消费金额小于免密数额，无须支付密码就可以支付，犯罪分子常常利用小额免密、商家扫码支付等方式进行盗刷。应尽量关闭手机免密支付功能，并对微信钱包设定钱包锁。

3. 点击链接须谨慎

手机在连接使用公共充电宝、Wi-Fi时，不要点击任何提示的“信任”选项。对于收到的中奖、换购、积分兑换等信息，不轻易点击手机短信链接。不随意扫描陌生没有经过认证的二维码。下载软件时最好选择大型、正规的应用商店下载，谨防木马病毒入侵手机，窃取手机上的银行卡账户信息。

4. 短信验证要保密

木马病毒侵入手机后，即使获取了银行卡网银的账号和登录密码，但银行还有U盾和手机短信验证码这两道“大门”保护，对方无法动用账户里的存款，可是一旦骗走手机收到的验证码，账户里的钱就会“不翼而飞”。所以，验证码这最后一道安全屏障，任何时候都要保密。

5. 手机处理要妥善

更换手机SIM卡后，要及时注销废弃的SIM卡，并将与其关联的银行卡、第三方支付软件等进行解绑；淘汰手机要选择正规回收点回收，使用专门软件彻底清理所有存储信息；一旦手机或SIM卡丢失，应迅速打电话给银行和第三方支付供应商冻结相关业务，及时挂失补办手机号。

移动支付这几年迅速成为新的基础设施之后，通过与人工智能、人脸识别、大数据和小程序等新技术的结合构成行业闭环，很多行业都会发生变化。移动支付便利性、快捷性的优势正在加快覆盖用户生活的各个场景，给个体带来的不仅是不用钱包的便利，也撬动着更多社会潜能的激发。

任务二 认识网上银行与手机银行

一、网上银行

自20世纪美国建立第一家网上银行以来，网上银行业务在世界范围内迅速发展，中国银行业也迅速开发了这一业务。经过近些年的发展，中国网上银行的交易规模与用户规模均大幅增长。网上银行把银行业务带入了超越时空限制的全新时代，是网络经济重要的特征之一，也是电子支付体系中重要的组成部分。

网上银行

（一）网上银行定义

网上银行（Internet bank）又称网络银行、在线银行，它通过互联网向用户提供全方位、全天候、实时的金融服务，使客户可以足不出户就能够安全便捷地办理各种银行业务。

网上银行又被称为“3A银行”，因为它不受时间、空间限制，能够在任何时间（anytime）、任何地点（anywhere）、以任何方式（anyway）为客户提供金融服务。客户通过网上银行的网址就可以进入每个银行的网上银行界面，网上银行通过互联网的提交渠道接受客户办理业务的申请，打破了传统商业银行的结构和运行模式。网上银行提供的金融业务几乎囊括了传统银行的所有金融业务并且在传统业务的基础上进行创新，可以说，网上银行是传统银行柜台在互联网上的延伸和拓展。

小知识

网上银行有哪些特点

与传统银行相比，网上银行在运行机制和服务功能方面都具有不同的特点。

1. 无分支机构
2. 方便性
3. 个性化服务
4. 低成本
5. 业务范围广阔
6. 盈利结构多元化

（二）网上银行的分类

按照不同的标准，网上银行可以分为不同的类型。

1. 按服务对象分类

按服务对象分类，网上银行可以分为企业网上银行和个人网上银行。

（1）企业网上银行。主要针对企业与政府部门等企事业组织客户。企事业组织可以通过企业网上银行服务实时了解企业财务运作情况，及时在组织内部调配资金，轻松处理大批量的网上支付和工资发放业务，并可处理信用证相关业务。

（2）个人网上银行。主要适用于个人与家庭消费支付与转账。客户可以通过个人网上银行服务，完成实时查询、转账、网络支付和汇款功能。

2. 按经营组织形式分类

按经营组织形式，网上银行可以分为传统银行建立的网上银行和互联网银行。

（1）传统银行建立的网上银行。这是指现有的传统银行将互联网作为新的服务手段，建立银行站点、提供在线服务而设立的网上银行，又被称为网上柜台。现在传统银行建立的网上银行已经能够独立开展除现金存取以外的其他各类银行业务，包括网上开户、网上贷款、证券交易等。我国的网上银行绝大部分都是从传统银行建立起来的。

中国银行是第一个在网上建立网站的银行，但当时仅仅是将银行信息发布到互联网上，没有业务处理能力。真正意义上的第一家功能性网上银行是由招商银行建立的。

（2）互联网银行。互联网银行又称为纯网上银行，起源于美国1985年开业的安全第一网上银行。纯网上银行是专门提供在线银行服务而成立的独立银行，仅向用户提供虚拟银行网址，没有实体营业场所。

2014年12月12日，腾讯公司旗下民营银行——深圳前海微众银行（以下称：微众银行）正式获准开业，是中国首家互联网银行。微众银行网站首页如图3-2所示。

图3-2 微众银行

微众银行开业以后，阿里巴巴参与的网商银行以及小米参与的新网银行分别于2015年和2016年开业，2017年美团点评参与的亿联银行、苏宁云商参与的苏宁银行以及百度参与的百信银行也先后正式开业，这些银行都属于互联网银行。

（三）网上银行的功能

网上银行提供的服务可以分为三大类：第一，即时资讯。如查询结存的余额，外币的买卖价格、贵金属交易价格、存款的利率资料等；第二，办理银行一般业务。如客户往来、储蓄、定期账户间的转账、定期存款及更改存款的到期时间、申请支票簿等；第三，为网上交易的买卖双方办理交割手续。具体的服务项目有以下几项。

（1）个人账户管理。网上银行为个人提供的服务包括在线查询账户余额、交易记录、下载数据、投资理财、信用卡还款、电子转账和网上支付等。

（2）企业账户管理。也称为对公业务，包括查询本企业或下属企业的账户余额和历史业务记录、代发员工工资、划转企业内部各单位之间的资金、为企业提供金融报告和报表、企业资金托管等。

（3）信用卡服务。信用卡业务是目前各大银行争夺的焦点，网上银行的信用卡业务包括通过互联网申办、开启、挂失信用卡，信用卡账户查询、清算等功能。

（4）投资理财业务。银行为客户提供全面的金融分析服务，及时向客户提供各种市场信息和新闻，包括股票、基金、外汇、黄金、期货、保险等金融产品的即时信息发布，以便使客户了解外汇汇率的变动情况和股票、期货、黄金市场的行情。

（5）电商平台。银行在电子商务迅猛发展的今天，不再局限于担当支付的角色，也开始积极拓展自己的业务领域，最常见的做法是在电子支付下建立电商平台。工商银行融e购司法拍卖平台和金行家商城入口即为此类业务，如图3–3所示。

（6）各种支付。支付是银行的基本业务，包括电子支票、信用卡等网上支付方式，还包括代收水费、电费、手机费、上网费等服务。

图3-3 工商银行融e购司法拍卖平台和金行家商城入口

二、手机银行

（一）手机银行概述

移动互联网时代，我国银行用户对金融服务可得性与便利性的要求进一步提高，同时伴随着我国银行业数字化转型的深度推进，手机银行App逐渐成为各银行触达用户、服务用户的主要渠道之一。

手机银行又称移动银行，通过移动终端设备（主要是手机）为个人与企业客户提供各项金融服务。手机银行是网上银行的延伸，也是继网上银行、电话银行之后又一种方便银行客户的金融业务服务方式。截至2023年年末，我国人均持有6.93张银行卡，银行手机银行App展示，如图3–4所示。易观分析网《中国手机银行年度专题分析2023》显示，2022年年末，各行手机银行用户规模如图3–5所示。

图3–4 手机银行App

党的二十大后，银行全面贯彻金融供给侧改革，以手机银行的创新和实践，促进传统金融业务与数字化、平台化、生态化金融新业态相融并进。手机银行App作为银行布局移动端的重要渠道，已经成为银行数字化经营的关键发力点和竞争主战场，手机银行承载了银行机构的战略技术、运营、品牌等各方面的综合服务和竞争力，是银行数字化转型成果的重要指标之一。

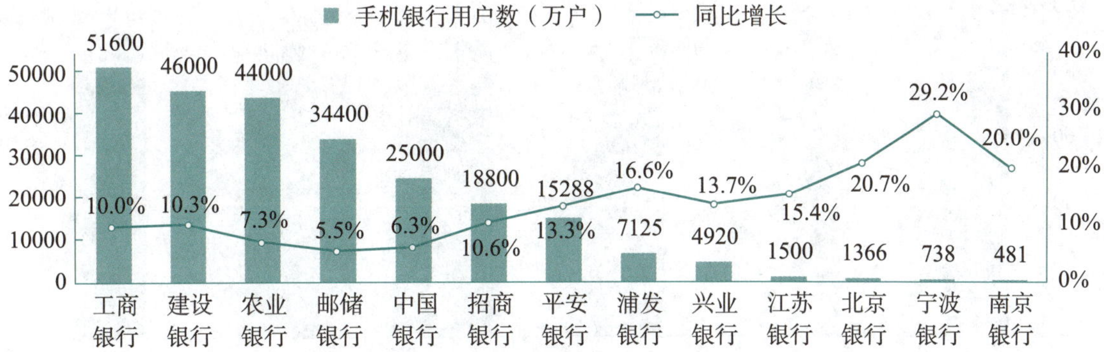

图3–5 2022年末各行手机银行用户规模

数据来源：银行年报 易观分析整理

思政园地

银行业金融机构支付创新"四主线"

2023年，银行业金融机构持续加强支付相关业务创新，在融合智能技术、促进数字消费、开拓场景生态、升级服务体验等多条主线应用落地见实效。

· 江苏银行：智能支付中台扩展支付能力，"账户+支付"赋能一站式服务。

· 工商银行：数字支付优惠、便民，促进消费市场复苏。

· 北京银行：支付创新提升业务效能，银企协同共创场景生态。

· 中国银行：数字人民币支付多维推广，数字货币范式迎跨境探索。

支付是银行"连接一切"的基础设施，在全行业数字化转型趋势之下，各家银行不断强化支付创新，支撑实体经济，服务普惠金融。

（二）手机银行运营态势

1. 2023年第一季度

2023年第一季度，中国手机银行综合运营指数季度内呈平稳上升态势，如图3-6所示。

从不同类型银行手机银行运营指数来看，国有大行手机银行3月运营指数上升至93.9。2023年第一季度，国有大行版本更新主要集中于1月和3月，在财富管理、个人养老金、场景金融、服务优化、安全防护等方面持续发力。如中国工商银行支持使用个人养老金购买基、保、理、存款等多种产品，开拓养老金理财功能，提升用户黏性；中国建设银行运用大数据和人工智能等技术，在页面布局、音频服务、智能风控等方面实现优化升级。工商银行作为

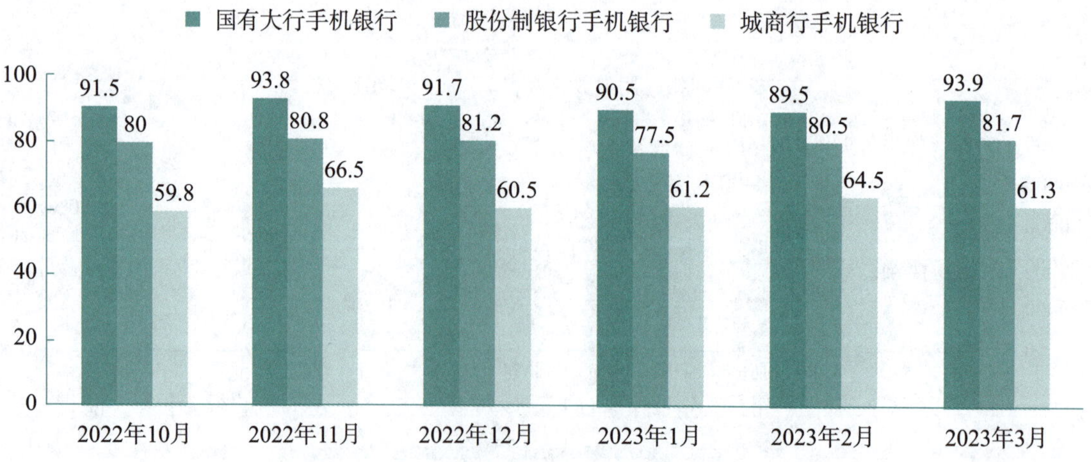

图3-6　2023年第一季度中国手机银行综合运营指数

数据来源：易观分析

唯一跨越5亿客户数里程碑的银行，加速移动端科技与零售的融合发展，推动手机银行交易金额持续走高。

股份制银行手机银行运营指数季度内呈稳步上升态势，3月运营指数为81.7。根据易观千帆UEA用户体验对标分析产品监测显示，头部股份制银行手机银行版本迭代侧重点除继续推进个人养老金业务外，主要集中于优化财富管理服务方面，如招商银行从用户需求出发，根据用户特征和市场规律等，为用户提供千人千面的资产配置体系，同时结合数字化能力，为用户提供“机器+人”的全天候全旅程陪伴。

城市商业银行手机银行一季度版本更新较为频繁，充分利用下沉市场优势，聚焦本地服务、场景金融，优化适老版、乡村版，升级页面呈现、流程跳转等。但是相比于国有大行和股份制银行，城市商业银行受限于区域经营、数字化转型滞后、目标用户体量不足等因素，其运营指数处于较低水平。

2. 2023年第二季度

基于艾瑞监测，对2023年第二季度中国手机银行App月活跃用户数量进行前50的排名，根据银行的不同类型进行分别展示，不同类型银行的手机银行App运营指标监测数据如下所示（只含前50中的银行）。

（1）国有商业银行。中国农业银行以1.51亿月活跃用户人数（monthly active user，MAU）位居行业第一。农行掌银取得如此优异的表现，一方面受益于农业银行坚持“一个App”策略，简化用户繁杂的操作成本和App切换成本；另一方面则受益于农业银行对农行掌银用户体验的精益求精以及针对不同用户、不同场景的精细化运营举措。2023年第二季度国有商业银行手机银行App运营指标监测如图3-7所示。

（2）股份制商业银行。股份制商业银行中，招商银行MAU领先优势明显。招商银行手机银行连续迭代11个版本之后，将核心关注点聚焦在了财富管理的数字化及专业化。招商银行手机银行的用户经营理念是站在用户的视角去投研、选品以及陪伴。2023年第二季度股份制商业银行手机银行App运营指标监测如图3-8所示。

排名	银行App名称	银行所属类型	2023年第二季度平均月度总独立设备数（万台）	2023年第二季度平均月度总使用次数（万次）
1	中国农业银行	国有商业银行	15075.4	190197.9
2	中国工商银行	国有商业银行	11625.6	306566.2
3	中国建设银行	国有商业银行	10288.3	152047.0
4	中国银行	国有商业银行	7838.0	135778.9
5	邮储银行	国有商业银行	4599.1	45638.9
6	交通银行	国有商业银行	2050.4	30764.6

图3-7 2023年第二季度国有商业银行手机银行App运营指标监测

数据来源：Usertracker多平台网民行为监测数据库（桌面及智能终端）

排名	银行App名称	银行所属类型	2023年第二季度平均月度总独立设备数（万台）	2023年第二季度平均月度总使用次数（万次）
1	招商银行	股份制商业银行	8234.8	103629.9
2	平安口袋银行	股份制商业银行	2834.5	26038.9
3	中信银行	股份制商业银行	2226.1	23209.8
4	兴业银行	股份制商业银行	1395.8	16391.5
5	民生银行	股份制商业银行	1309.6	18047.6
6	光大银行	股份制商业银行	898.7	6141.2
7	浦发手机银行	股份制商业银行	898.1	11042.5
8	广发银行	股份制商业银行	546.7	4452.4
9	华夏银行	股份制商业银行	306.6	3321.8

图3-8　2023年第二季度股份制商业银行手机银行App运营指标监测

数据来源：Usertracker多平台网民行为监测数据库（桌面及智能终端）

（3）城市商业银行。进入前50的14家城市商业银行MAU主要集中在100万～350万的区间。其中，宁波银行以350万的MAU位列城市商业银行第一名且增长势头强劲。2022年以来，宁波银行坚持“移动优先、体验优先”的发展战略，搭建开放银行渠道，打造产品、服务对外开放和接入的窗口，进一步延伸渠道触点，覆盖更多用户，提供无处不在的服务体验。2023年第二季度城市商业银行手机银行App运营指标监测如图3-9所示。

排名	银行App名称	银行所属类型	2023年第二季度平均月度总独立设备数（万台）	2023年第二季度平均月度总使用次数（万次）
1	宁波银行	城市商业银行	350.0	5486.9
2	中原银行	城市商业银行	336.1	6416.7
3	江苏银行	城市商业银行	282.5	4141.2
4	北京银行	城市商业银行	278.1	1628.4
5	徽商银行	城市商业银行	206.2	1803.4
6	青岛银行	城市商业银行	190.0	879.3
7	杭州银行	城市商业银行	151.8	2178.0
8	e钱庄	城市商业银行	148.8	1590.1
9	上海银行	城市商业银行	145.9	1353.4
10	天府手机银行	城市商业银行	145.3	456.4
11	爽爽bank	城市商业银行	133.5	816.7
12	九江银行	城市商业银行	117.9	831.7
13	甘肃银行	城市商业银行	117.9	539.0
14	齐鲁银行	城市商业银行	115.6	553.6

图3-9　2023年第二季度城市商业银行手机银行App运营指标监测

数据来源：Usertracker多平台网民行为监测数据库（桌面及智能终端）

（4）民营银行。仅有2家入选前50的民营银行，微众银行和网商银行2023年第二季度平均MAU分别在183.1万和175.9万，依次排于第33和35位。2023年第二季度民营银行手机银行App运营指标监测如图3-10所示。

排名	银行App名称	银行所属类型	2023年第二季度平均月度总独立设备数（万台）	2023年第二季度平均月度总使用次数（万次）
1	微众银行	民营银行	183.1	2055.7
2	网商银行	民营银行	175.9	1244.9

图3-10　2023年第二季度民营银行手机银行App运营指标监测

数据来源：Usertracker多平台网民行为监测数据库（桌面及智能终端）

（5）农村商业银行。4家入选前50的农村商业银行中，重庆农商行和江苏农商银行2023年第二季度平均MAU分别为376.5万和359.4万，依次排于第20和21位，差距较小。深圳农村商业银行与东莞农商银行2023年第二季度平均MAU分别为115.6万和112.6万，排名较为靠后，分别为第48和49位。2023年第二季度农村商业银行手机银行App运营指标监测如图3-11所示。

排名	银行App名称	银行所属类型	2023年第二季度平均月度总独立设备数（万台）	2023年第二季度平均月度总使用次数（万次）
1	重庆农商行	农村商业银行	376.5	3800.5
2	江苏农商银行	农村商业银行	359.4	2468.1
3	深圳农村商业银行	农村商业银行	115.6	775.1
4	东莞农商银行	农村商业银行	112.6	1171.6

图3-11　2023年第二季度农村商业银行手机银行App运营指标监测

数据来源：Usertracker多平台网民行为监测数据库（桌面及智能终端）

（6）农村信用社。15家入选2023年第二季度前50的农信社手机银行App中，8家平均MAU保持在200万以上，其中浙江、云南、四川、福建和河南农信在前50中排名靠前，排在第14至19名。15家入选前50的农信社手机银行MAU差距较大，最高的是浙江农信，MAU为583.8万，而整体排名第50位的湖北农信，MAU为111.1万。2023年第二季度农村信用社手机银行App运营指标监测如图3-12所示。

我国商业银行正在经历从“销售产品”到“服务用户”的转变阶段。手机银行App作为商业银行触客的重要渠道之一，应该坚持以提升用户服务满意度为最高优先级。事实上，取得优异成绩的手机银行已经在坚持以用户为中心，不断提升用户服务及精细化运营能力。

排名	银行App名称	银行所属类型	2023年第二季度平均月度总独立设备数（万台）	2023年第二季度平均月度总使用次数（万次）
1	浙江农信	农村信用社	583.8	5268.5
2	云南农信	农村信用社	474.9	6886.3
3	四川农信	农村信用社	468.8	4122.1
4	福建农信	农村信用社	456.4	3197.8
5	河南农信	农村信用社	420.2	3431.5
6	广东农信	农村信用社	267.5	2122.4
7	广西农信	农村信用社	234.5	1147.3
8	山东农信	农村信用社	229.8	1747.4
9	陕西信合	农村信用社	188.0	1312.5
10	甘肃农信	农村信用社	179.5	1031.7
11	安徽农金	农村信用社	174.7	2147.0
12	江西农信	农村信用社	167.2	1203.9
13	山西农信	农村信用社	158.6	1321.5
14	海南农信	农村信用社	154.9	699.3
15	湖北农信	农村信用社	111.1	1220.4

图3-12 2023年第二季度农村信用社手机银行App运营指标监测

数据来源：Usertracker多平台网民行为监测数据库（桌面及智能终端）

任务三 掌握第三方支付

一、第三方支付概述

第三方支付是指具备一定实力和信誉保障的独立机构，采用与各大银行签约的方式，提供与银行支付结算系统接口的交易支付平台的网络支付模式。

第三方是除了银行以外的具有良好信誉和技术支持能力的某个机构，支付也通过第三方在持卡人或者客户和银行之间进行。持卡人首先和第三方以替代银行账号的某种电子数据的形式（例如邮件）传递账户信息，避免了持卡人将银行信息直接透露给商家，另外也可以不必登录不同的网上银行界面，而取而代之的是每次登录时，都能看到相对熟悉和简单的第三方支付机构的界面。

第三方支付

近年来，第三方支付不仅渗透到C端用户生活的方方面面，同时也已深入B端各产业全价值链。基于云计算、大数据、人工智能、物联网等技术积累，以第三方支付为切入点的金融科技创新爆发着强大的生命力。中国第三方支付产业图谱示意如图3-13所示。

图3-13　中国第三方支付产业图谱

随着第二代生物识别（利用体内生物信息进行识别，比如静脉识别和虹膜识别）技术的兴起，继刷脸支付后，以支付宝、微信支付为代表的支付厂商已在商超、餐厅、游乐场、轨道交通等具体场景中推广刷掌支付并取得突破。刷掌支付作为现行支付方式的有益补充，不断提升支付的准确度、安全性和隐私性。

二、第三方支付平台

第三方支付是一种支付方式，或者说是一种支付渠道。第三方支付平台是第三方支付这种支付方式得以实现所必需的媒介。在互联网金融的发展中，第三方支付平台和银行等金融机构是有一定的竞争和替代关系的，双方根据各自的优势，进行业务扩展和竞争，同时，二者之间互补的效果可能更好。

第三方支付平台（机构）是指平台提供商通过通信、计算机和信息安全技术，在商家和银行之间建立连接，从而实现消费者、金融机构以及商家之间货币支付、现金流转、资金清算、查询统计的一个具有一定实力和信誉保障的独立平台（机构）。

现列举2023年十大品牌网对我国第三方支付平台的排名情况，如表3-2所示。

表3-2 国内十大第三方支付平台

序号	第三方支付平台名称	第三方支付平台简介
1	支付宝 ALIPAY	阿里巴巴旗下，集支付和生活应用为一体的电子支付软件，国内领先的第三方支付平台，支付宝（中国）网络技术有限公司
2	微信支付	腾讯旗下，微信联合知名第三方支付平台财付通推出的极具成长力的移动端支付平台，财付通支付科技有限公司
3	银联商务 ChinaUMS	国内非金融支付行业综合支付的知名企业，国内较大的银行卡收单专业化服务机构，中国银联旗下银联商务有限公司
4	云闪付 UnionPay	中国银联联合商业银行、支付机构共同开发建设运营的移动支付App，由各方联手打造的移动端统一入口，汇聚各家银行机构的移动支付功能与权益优惠
5	壹钱包	中国平安旗下平安付推出的移动支付客户端，提供互联网支付、移动支付等多元化的第三方支付，中国平安保险（集团）股份有限公司
6	银联在线	中国银联打造的互联网业务综合商务平台，第三方支付的领先者，中国银联控股上海银联电子支付服务有限公司
7	拉卡拉	第三方移动支付的知名企业，国内率先开发出电子账单服务平台，知名便民金融服务平台，拉卡拉支付股份有限公司
8	快钱 99Bill.com	万达集团旗下，国内首家基于E-mail和手机号码的大型综合支付平台，领先的互联网金融平台，快钱支付清算信息有限公司
9	通联支付 ALLINPAY	成立于2008年，行业先进的基于第三方支付的金融科技服务企业，为各行业客户、金融机构以及个人用户提供全方位、多层次、定制化的聚合支付和金融服务解决方案
10	京东支付	京东金融旗下网银在线开发，专注于提供综合电子支付服务，国内知名电子支付解决方案提供商，网银在线（北京）科技有限公司

严监管现已成为第三方支付行业的主基调，央行收紧支付牌照发放的同时，严把牌照续展关。自2011年签发首批第三方支付牌照起，央行总计发出271张支付牌照，截至2023年2月10日已缩减至193张，合计注销78张。注销支付牌照的机构可分为三类：一类是因为严重违规被央行注销牌照；第二类是主动申请注销；第三类主要涉及业务合并。2011—2023年第一季度中国第三方支付牌照数量如图3-14所示。支付宝的第三方支付牌照（支付业务许可证）如图3-15所示。

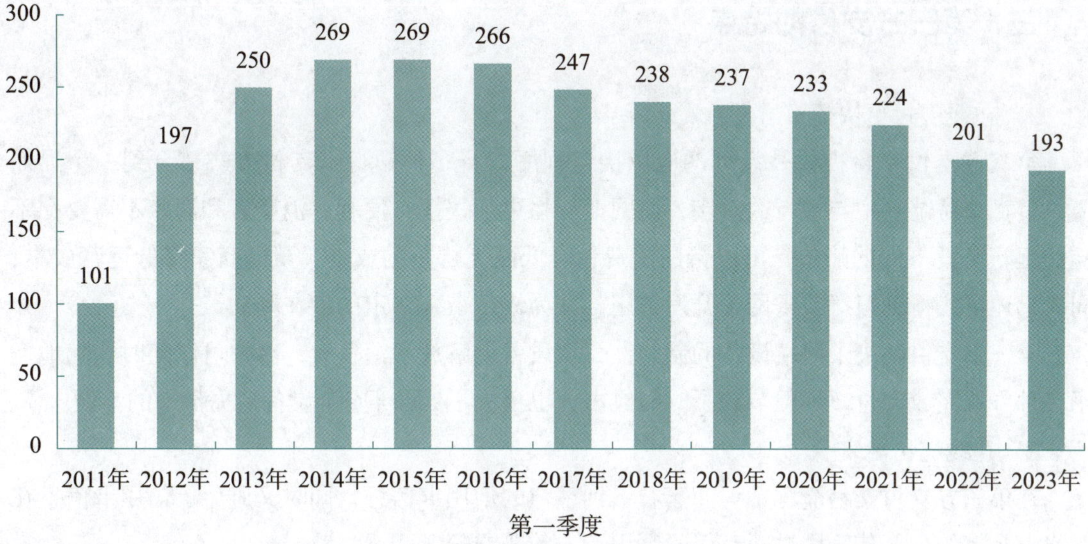

图3-14　2011—2023年第一季度中国第三方支付牌照数量

数据来源：中国人民银行易观分析整理

中华人民共和国

支付业务许可证

（副　本）　许可证编号：Z2000133000019

公 司 名 称：支付宝（中国）网络技术有限公司

法定代表人(负责人)：倪行军

住所(营业场所)：中国（上海）自由贸易试验区南泉北路447号15层

业 务 类 型：互联网支付、移动电话支付、银行卡收单、预付卡发行与受理（仅限于线上实名支付账户充值）

业务覆盖范围：全国

有 效 期 至：二〇二六年五月二日

发证机关

2022年8月26日

图3-15　支付宝的第三方支付牌照（支付业务许可证）

小知识

什么是第三方支付牌照

第三方支付牌照一般指支付业务许可证。为了加强对从事支付业务的非金融机构的管理，中国人民银行制定了《非金融机构支付服务管理办法》（以下简称《办法》），根据《办法》，中国人民银行对拟从事非金融机构支付服务业务系统检测的机构进行了综合评审，评审合格的机构予以颁发第三方支付牌照。

三、第三方支付的特点

1. 在线支付更快捷、方便

第三方支付平台提供一系列的应用接口程序，将多种银行卡支付方式整合到一个界面上，负责交易结算中与银行的对接，使网上购物更加快捷、便利。消费者和商家不需要在不同的银行开设不同的账户，可以帮助消费者降低网上购物的成本，帮助商家降低运营成本；同时，还可以帮助银行节省网关开发费用，并为银行带来一定的潜在利润。

第三方支付解决了终端设备的制约性，从设备上解放了消费者，客户可以随时、随地、用多种方式完成支付，不但节约了时间成本，也免去了U盾等安全设备遗失带来的不便。

2. 在线支付更安全

在第三方支付交易流程中，商家看不到客户的信用卡信息，同时又避免了信用卡信息在网络上多次的公开传输中被窃，保障了用卡人的账户安全。

3. 较高的公信度

第三方支付平台作为中立的一方，具有较高的公信度。一旦发生纠纷，会对商户和消费者采取双向保护政策，在交易双方之间进行公平、公正的协调处理。

四、第三方支付的业务模式

（一）按照服务对象的不同

按照服务对象的不同，第三方支付业务可以分为第三方个人支付与第三方企业支付，可以合称为第三方综合支付。个人支付专注于为个人用户提供便捷的支付体验，企业支付专注于为企业提供支付解决方案。

个人支付与企业支付机构共同组建成支付网络、形成支付交易闭环，在该闭环中，个人支付机构凭借数字钱包良好的支付功能与多样化的衍生服务提升用户黏性，而企业支付凭借为企业提供支付解决方案使得企业端受理第三方个人支付成为可能，二者在个人端、企业受理端双向发力，共同推动第三方综合支付规模的增长。中国第三方综合支付组成如图3–16所示。

（二）按照网关模式的不同

按照网关模式的不同，第三方支付业务可以分为支付网关模式与信用中介模式。

1. 支付网关模式

支付网关模式是指第三方支付平台完全独立于电子商务网站，不负有担保功能，与银行密切合作，实现多家银行数十种银行卡的直通服务，仅仅为用户提供支付产品和支付系统解决方案，只是充当消费者和商户之间第三方的银行支付网关。以快钱、易宝支付、汇付天下、拉卡拉等为典型代表。

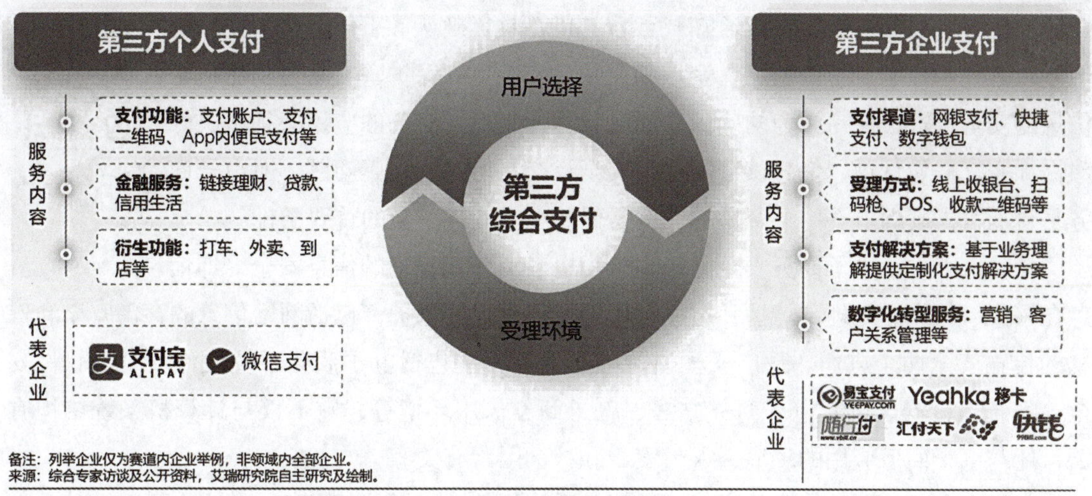

图3-16　中国第三方综合支付组成

小知识

什么是支付网关

支付网关是银行金融网络系统和Internet网络之间的接口，是由银行操作的将Internet上传输的数据转换为金融机构内部数据的一组服务器设备，或由指派的第三方处理商家支付信息和顾客的支付指令。

2. 信用中介模式

信用中介模式是以支付宝、财付通为代表的依托自有B2C、C2C电子商务网站，提供担保功能的第三方支付模式。货款暂由平台托管并由平台通知卖家货款到达、进行发货；在此类支付模式中，买方在电商网站选购商品后，使用第三方平台提供的账户进行货款支付，待买方检验物品进行确认后，就可以通知平台付款给卖家，这时第三方支付平台再将款项转至卖方账户。

任务四　理解电子商务安全

一、电子商务安全知识与防范

互联网拉近了人与人之间的距离，使参与电子商务交易的各方无须考虑地域、时间的限制。有别于传统的商务模式，电子商务借助于开放的Internet网络环境和现代信息技术，完成商品发布、商品选购、发货通知、货款支付、收货确认等工作。这些工作必然涉及客户和商家身份的验证、客户和商家隐私信息的保护、交易过程中机密信息的安全传输、交易行为的确认等问题。为此，电子商务的应用必须解决好数据加密、身份认证、信息认证、网络安全、交易协议安全等问题。对电子商务平台而言，确保电子商务交易的安全是保障电子商务安全的首要条件。

电子商务交易安全

从狭义上讲，电子商务安全是指在整个电子商务流程中的信息安全，即信息在采集、存储、处理、传播和运用过程中得到良好的保护，包括网络信息的存储安全和信息的传输安全两个方面。从广义上讲，电子商务安全包括电子商务系统硬件安全、软件安全、系统运行安全以及电子商务立法、电子商务信用环境等，它不仅与计算机系统结构有关，还与电子商务应用的环境、人员素质和社会因素有关。

电子商务系统硬件安全是指保护计算机系统硬件（包括外部设备）的安全，保证其自身的可靠性和为系统提供基本安全机制。电子商务系统软件安全是指保护软件和数据不被篡改、破坏和非法复制，使系统中信息的存取、处理和传输满足系统安全策略的要求。根据计算机软件系统的组成，系统软件安全可分为操作系统安全、数据库安全、网络软件安全和应用软件安全。电子商务系统运行安全是指保护系统能连续和正常地运行，使电子商务系统单位时间内故障率尽可能的低和故障修复率尽可能的高。网上出现的信用卡账号和密码泄露，实际上很多是由软件系统出现漏洞或者受到攻击导致的，当然也有一部分是由人员管理方面的失误导致的。电子商务安全立法是指对电子商务犯罪的约束，它是利用国家机器，通过安全立法，体现与犯罪斗争的国家意志。

截至2023年6月，从网民遇到各类网络安全问题的情况来看，遭遇个人信息泄露的网民比例最高，为23.2%；遭遇网络诈骗的网民比例为20.0%；遭遇设备中病毒或木马的网民比例为7.0%；遭遇账号或者密码被盗的网民比例为5.2%。网民遭遇各类网络安全问题的比例如图3-17所示。

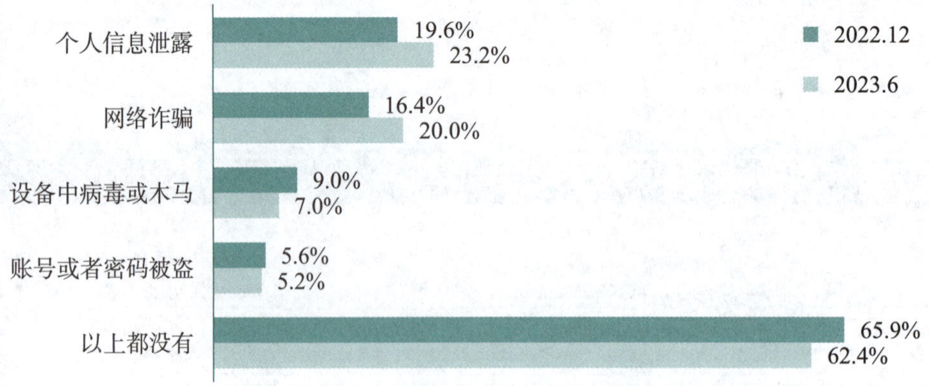

图3-17 网民遭遇各类网络安全问题的比例

数据来源：CNNIC中国互联网络发展状况统计调查

二、电子商务安全要素

为了保证基于Internet的电子商务的安全性，我们必须解决如下问题。

（1）信息的机密性。机密性要求保证系统存储的信息（用户个人资料、企业或者部门商业机密等）不泄露给非授权的人或实体，并且保证这些加密信息在网络传输过程中只有合法接收者才能获取和读懂。防止攻击者通过Internet、搭线、在电磁波辐射范围内安装截收装置，或者在数据包经过的网关和路由器上截获数据，以获取用户的银行账号、密码以及企业商业机密等信息。

（2）信息认证。它检验信息的完整性，要求保证数据在传输过程中没有被非授权建立，没有在消息中插入信息以使得接收方读不懂或接收错误的信息，没有删除某条消息或者消息的某部分，没有改变信息流的次序或者更改替换信息的内容（如更改资金划拨方向等）和没有将信息截留并延迟一段时间后再重传给合法的接收方等现象。

（3）用户身份（实体）认证、数字签名。要求能够确认信息的发送方和接收方是否为合法用户并经过授权，以杜绝假冒他人身份发布指令调阅机密文件、冒充他人消费与栽赃、冒充主机欺骗合法主机及合法用户、冒充网络控制程序套取或者修改使用权限和密钥信息等现象。

（4）可靠性。要求系统不能拒绝合法用户对网络系统中信息和资源的使用。

（5）不可抵赖性。系统确保发送方事后不能否认已经发送的数据和所执行的操作，接收方同样也不能事后否认已经接收了数据和执行了相应的操作。

（6）可控性。要求系统确保合法用户在指定的时间、指定的地点能够访问、控制、使用指定的资源。数据加密、身份和实体认证、信息认证、数字签名等技术取代了传统贸易中的纸质文件、手写签名和盖章，实现电子贸易的可靠性和不可抵赖性。

三、电子商务安全威胁

电子商务建立在互联网之上，电子商务的安全问题主要体现在交易双方及信息传递过程中产生的威胁。作为一个安全的电子商务系统，首先要解决网络安全问题，保证交易信息的安全；其次要保证数据库服务器的绝对安全，防止信息被篡改或盗取。电子商务交易过程中买卖双方都可能面临的安全威胁有以下几个方面。

1. 系统的中断

这是对系统可用性的攻击，使得系统不能正常工作，从而中断或延迟正在进行的交易，对交易双方的数据产生很大的破坏，直接导致交易失败。

2. 信息的截获和盗取

攻击者通过电话线监听、互联网截获数据包、搭线等非法手段获取个人、企业的商业机密，如消费者的银行账号、密码及企业的交易信息机密等，使得不该享用交易信息的实体通过非法手段盗取交易信息，导致机密信息泄漏，对信息的机密性进行攻击。

3. 黑客攻击

黑客攻击一般分为两种：一种是主动攻击，它以各种方式有选择地破坏信息的有效性和完整性，如拒绝服务攻击、内部攻击等；另一种是被动攻击，它是在不影响网络正常工作情况下，截获、窃取后进行破译以获得重要的机密信息。

4. 信息的篡改

非法授权实体不但存取资源，而且对资源进行修改，这就是所谓的篡改攻击。例如某人修改数据库中的数据，修改程序使之完成额外的功能或修改正在传输的数据，或者做更为严重的修改。

5. 信息的伪造

非法实体伪造计算机系统中的实体或信息，掌握了网络信息数据规律或者破解交易信息后，冒合法的用户之名或者发送虚假的信息给交易方用来欺骗用户。

6. 交易抵赖

当交易一方发现交易行为对自己不利的时候，就有可能否认电子交易的行为。交易抵赖包含很多方面，例如商家否认曾发送过某些商品信息，购买者下了订单而不予以承认等。

四、电子商务安全技术

电子商务技术安全在很大程度上决定了电子商务发展的走向。没有技术的保障，电子商务的安全就无从谈起。为保证电子商务过程的安全，目前常用的安全措施有防火墙、病毒防范技术、入侵检测技术、数据加密技术、数字摘要技术等。

电子商务安全技术

1. 防火墙

防火墙是位于被保护网络和外部网络之间执行访问控制策略的一个或一组系统，包括硬件和软件，构成一道屏障，以防止发生对被保护网络的不可预测的、潜在破坏性的侵扰。通过安全规则来控制外部用户对内部网络资源的访问。在逻辑上，防火墙是分离器、限制器，也是一个分析器。在物理上，防火墙通常是一组硬件设备。防火墙使用形态如图3-18所示。

（1）防火墙的功能。

①监控并限制访问。防火墙通过采取控制进出内、外网络数据包的方法，实时监控网络上数据包的状态，并对这些状态加以分析和处理。

②控制协议和服务。防火墙对相关协议和服务进行控制，从而大大降低了因某种服务、协议的漏洞而引起安全事故的可能性。

③保护内部网络。针对受保护的内部网络，防火墙能够及时发现系统中存在的漏洞，对访问进行限制。

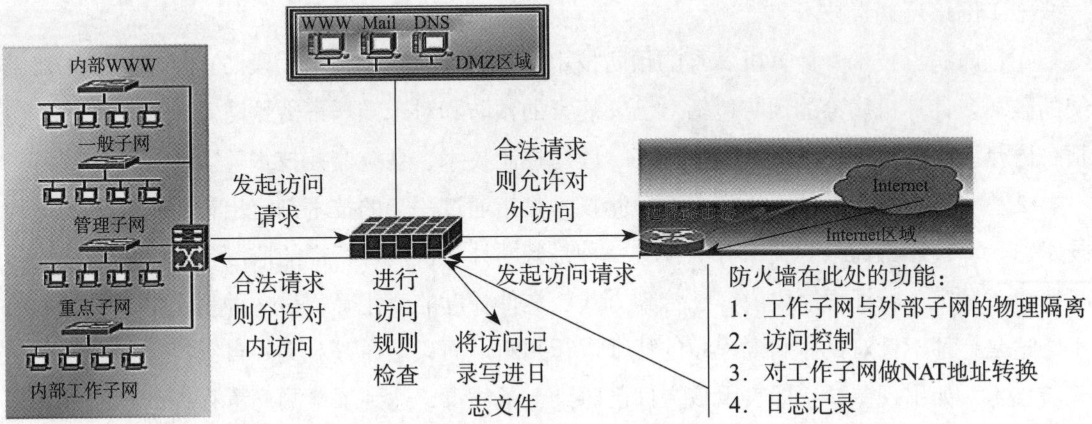

图3-18　防火墙使用形态

④网络地址转换。网络地址转换可以缓解目前IP地址紧缺的局面，屏蔽内部网络的结构和信息，保证内部网络的稳定性。

⑤日志记录与审计。当防火墙系统被配置为所有内部网络与外部网络连接均需经过的安全节点时，防火墙会对所有的网络请求做出日志记录。

（2）防火墙的安全策略。

①一切未被允许的都是禁止的（限制政策）。防火墙只允许用户访问开放的服务，其他未开放的服务都是禁止的。这种策略比较安全，因为允许访问的服务都是经过筛选的，但限制了用户使用的便利性。

②一切未被禁止的都是允许的（宽松政策）。防火墙允许用户访问一切未被禁止的服务，除非某项服务被明确地禁止。这种策略比较灵活，可为用户提供更多的服务，但安全性要差一些。

（3）防火墙应用的局限性。

①不能防范不经过防火墙的攻击。

②不能解决来自内部网络的攻击和安全问题。

③不能防止受病毒感染的文件的传输。

④不能防止数据驱动式的攻击。

⑤不能防止系统安全体系不完善的攻击。

2. 病毒防范技术

病毒是一种暗中感染计算机系统并进行破坏的程序。病毒代码潜藏在其他程序、硬盘分区表或引导扇区中等待时机，一旦条件成熟便发作，不同病毒的危害不一样。

（1）计算机病毒的概念。计算机病毒是编制者在计算机程序中插入的破坏计算机功能或者破坏数据，影响计算机使用并且能够自我复制的一组计算机指令或者程序代码。计算机病毒具有破坏性、复制性和传染性。

（2）网络反病毒技术。

①预防病毒技术。计算机病毒的预防技术是指通过一定的技术手段防止计算机病毒对系统的破坏。计算机病毒的预防包括对已知病毒的预防和对未知病毒的预防。预防病毒技术包括：磁盘引导区保护、加密可执行程序、读写控制技术、系统监控技术等。

②检测病毒技术。计算机病毒的检测技术是指通过一定的技术判定出计算机病毒的一种技术。计算机病毒的检测技术有两种：一种是判断计算机病毒特征的监测技术。病毒特征包括病毒关键字、特征程序段内容、传染方式、文件长度的变化等；另一种是文件自身检测技术，这是一种不针对具体病毒程序的特征进行判断，而只是通过对文件自身特征进行判断的检验技术，如出现差异，即表示该文件已感染上了病毒，达到了检测病毒存在的目的。

③消除病毒技术。计算机病毒的消除技术是计算机病毒检测技术发展的必然结果，是计算机病毒传染程序的一种逆过程。但由于杀毒软件的更新在病毒出现后才能研制，有很大的被动性和滞后性，而且由于计算机软件所要求的精确性，致使某些变种病毒无法被消除，因此应经常升级杀毒软件。

（3）计算机病毒的防护措施。在与计算机病毒的对抗中，如果能采取有效的防护措施，就能使系统不染毒，或者减少受感染后造成的损失。

①安装可靠的杀毒软件。目前在国内比较常见的杀毒软件有：360安全卫士、腾讯电脑管家、金山毒霸，瑞星杀毒软件等。杀毒软件互不兼容，一般建议一台计算机系统上只安装一种杀毒软件，这样可以取得更好的杀毒效果。没有哪一种杀毒软件可以百分之百地清除任何种类的病毒。病毒对于反病毒软件来说通常是超前的，经常是先出现某种病毒，再出现杀毒的方法，但这时病毒已经造成危害了。所以杀毒软件也不是万能的。

②养成良好的上网和下载习惯。网络是病毒最重要的来源，所以一定要管好这个“入口”。尽量不要访问不正规的网站，下载软件去一些大的、著名的、可靠的网站。对于来源不明的软件在使用前要先使用杀毒软件查毒。

3. 入侵检测技术

除了外部攻击外，信息系统往往还会面临来自系统内部的恶意攻击，如内部人员的恶意攻击、非法操作等。曾经作为计算机网络安全主要防范手段的防火墙技术，已经不能满足人们对日益增长的网络安全需求。作为对防火墙技术的有益补充，引入了一种全新的计算机网络安全技术入侵检测系统（intrusion detection system，IDS）。入侵检测技术作为一种主动防御技术，在保障系统内部安全以及防止入侵攻击方面发挥着重要作用。

（1）什么是入侵检测。入侵检测是指“通过对行为、安全日志、审计数据或其他网络上可以获得的信息进行操作，检测对系统的闯入或闯入的企图”。入侵检测技术是一种积极主动的安全防御技术，提供对外部、内部攻击以及人员误操作的实时防护。入侵检测是对传统安全产品的合理补充，帮助系统对付网络攻击，扩展了系统管理员的安全管理能力（包括安全审计、监视、进攻识别和响应），提高了信息安全基础结构的完整性。它从计算机网络系统中的若干关键点收集信息，看看网络中是否有违反安全策略的行为和遭到袭击的迹象。入侵检测被认为是防火墙之后的第二道安全闸门，在不影响网络性能的情况下能对网络进行监测，从而提供对内部攻击、外部攻击和误操作的实时保护。

（2）入侵检测技术的工作原理。入侵检测技术的工作原理可以用三个过程来表示，即信息收集、信息分析和结果处理。

①信息收集。入侵检测的第一步是信息收集。收集内容包括系统、网络、数据及用户活动的状态和行为。由放置在不同网段的传感器或不同主机的代理来收集信息，包括系统和网络日志文件、网络流量、非正常的目录和文件改变、非正常的程序执行。

②信息分析。收集到的有关系统、网络、数据及用户活动的状态和行为等信息，被送到检测引擎，检测引擎驻留在传感器中。通过三种技术手段进行分析：模式匹配、统计分析和完整性分析。当检测到某种误用模式时，产生一个告警并发送给控制台。

③结果处理。控制台按照告警产生预先定义的响应采取相应的措施，可以是重新配置路由器或防火墙、终止进程、切断连接、改变文件属性，也可以是简单地告警。

4. 数据加密技术

数据加密技术是网络中最基本的安全技术，主要是通过对网络中传输的信息进行数据加密来保障其安全性。加密技术能避免各种存储介质上或通过Internet传送的敏感数据被侵袭者窃取。由于原文经过加密，具有机密性，所以加密技术也适用于检查信息的真实性与完整性。这是一种主动安全防御策略，用很小的代价即可为信息提供相当大的安全保护。

（1）数字加密技术原理。所谓加密技术，是指采用数学方法对原始信息（通常称为“明文”）进行再组织，使得加密后在网络上公开传输的内容对于非法接收者来说成为无意义的文字（加密后的信息通常称为“密文”）。而对于合法的接收者，因为其掌握正确的密钥，可以通过解密过程得到原始数据（即“明文”）。一条信息加密传递的过程如图3-19所示。由此可见，在加密和解密过程中，都要涉及信息（明文/密文）、密钥（加密密钥/解密密钥）和算法（加密算法/解密算法）这三项内容。

例如，采用移位加密法，将英文字母A，B，C，D，…X，Y，Z分别对应变换成D，E，F，G，…A，B，C，即字母顺序保持不变，但每个字母分别对应其之后的第3个字母。

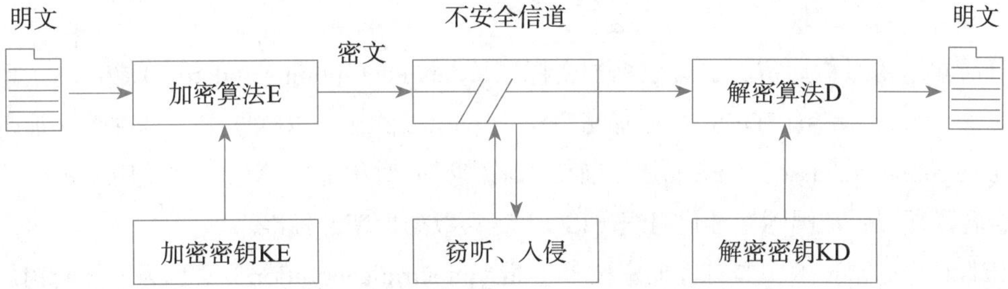

图3-19 加密和解密的过程示意图

若现在有明文“Thank you”，则按照该加密算法和密钥，对应的密文为“Wkdqn brx”，加密算法是将明文字母后移3位，解密就是将密文字母前移3位，3就是加密和解密的密钥，由它控制加密、解密的进行。如果信息在传输过程中被窃取，窃取者只能得到无法理解的密文，从而实现了保障信息传输的安全。

（2）加密技术分类。数据加密技术是电子商务采取的主要安全措施，其目的在于提高信息系统及数据的安全性和保密性，防止数据被外部窃取破译。加密技术通常可以分为对称加密技术和非对称加密技术两种。

①对称加密技术。对称加密技术（symmetric encryption）又称为常规密钥加密、私钥或单钥密钥加密，即信息的发送方和接收方使用同一个密钥对信息数据进行加密和解密的技术。

在对称加密技术中，由信息的发送方使用加密密钥对信息进行加密后，通过网络传输到信息的接收方，接收方再使用相同的密钥对密文进行解密，得到原始信息，从而保证信息的机密性和完整性。对称加密密钥工作过程如图3-20所示。在这一过程中，交易双方采用相同的机密算法，只交换共享的加密密钥。如果进行通信的交易双方能够确保加密密钥在密钥交换阶段未发生泄露，就可以通过对称加密技术处理和发送机密信息。密钥的安全交换是关系到对称加密有效性的核心环节。

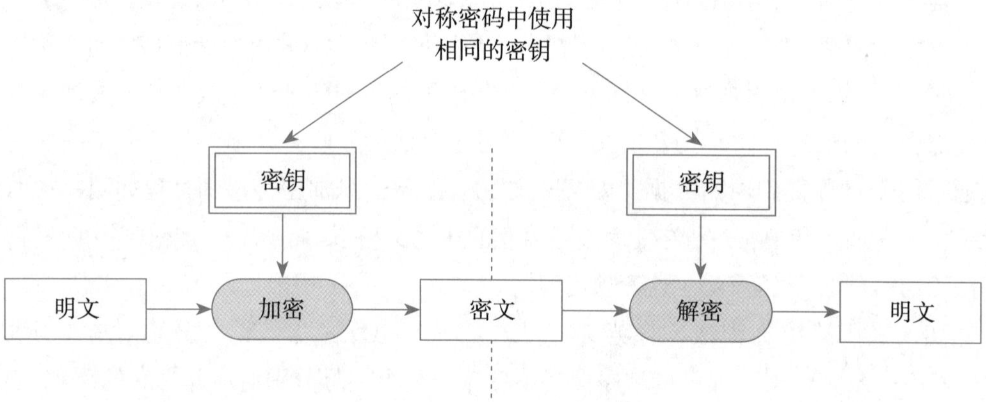

图3-20 对称加密密钥工作过程

目前常用的对称加密算法有数据加密标准（data encryption standard，DES）、三重数据加密算法（triple DES，3DES）、流加密算法（rivest cipher4，RC4）等，其中数据加密标准（data encryption standard，DES）是目前使用最广泛的对称加密算法，主要用于银行业的电子资金转账领域，被国际标准化组织（ISO）定为数据加密的标准。

②非对称加密技术。非对称加密技术（unsymmetric encryption）又称为公开密钥加密，是指分别使用公开密钥（加密密钥）和私有密钥（解密密钥）完成信息的加密和解密的加

密技术。在非对称加密体系中，用户掌握两个不同的密钥，其中一个是公开密钥（加密密钥），可以通过非保护方式向他人公开，用于对机密信息进行加密，另一个是私有密钥（解密密钥）需要保密，用于对加密信息进行解密。

采用非对称加密技术对数据进行加密时，需要信息的接收方拥有一对密钥，且这对密钥无法相互推导。信息的接收方首先将其中一个密钥作为公钥，告知各贸易伙伴，而将另一个密钥作为私钥，由自己妥善保管。在进行信息传输时，发送方使用接收方的公钥对数据信息进行加密并传输，接收方收到密文后，使用自己的私钥进行解密得到原始信息。非对称加密密钥工作过程如图3-21所示。与此同时，如果私钥的拥有者利用私钥对数据进行加密，那么只能用对应的公钥才能解密，由于私钥只能为特定的发送方所拥有，此时就可以采用这种方式确认信息发送者的身份。

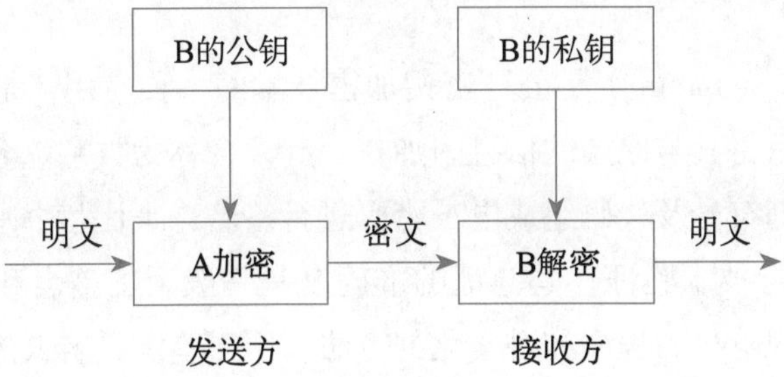

图3-21　非对称加密密钥工作过程

5. 数字摘要技术

数字摘要（digital digest）又称为报文摘要或消息摘要，是指发送者通过采用单向散列函数对某个被传输信息的摘要进行加密处理，形成具有密文性质的摘要值，并将此摘要值与原始信息报文一起发送给接收者，接收者应用此摘要值来检验信息报文在传递过程中是否发生改变，并确定报文信息的真实性。数字摘要一般采用安全的Hash算法，即选择一个散列函数或随机函数，用一个和记录相关的值作为函数的参数，生成存放该记录的块地址，从而得到一个摘要值。采用单向Hash函数将需要加密的明文"摘要"成一串128位的密文，这一串密文也称为数字指纹，有固定的长度，由于所得到的摘要值同明文是一一对应的，不同的摘要加密成不同的密文，相同的明文其摘要必然一样，因此，利用数字摘要可以验证通过网络传输的明文是否为初始的、未被篡改过的信息，从而保证数据的完整性和有效性。

数字摘要技术的实现过程如图3-22所示，具体包括以下步骤。

①先提取发送信息的数字摘要，并在传输信息时将之加入文件一同发送给接收方。

②接收方收到文件后，用相同的方法对接收的信息进行变换运算得到另一个摘要。

③将自己的运算得到的摘要与发送过来的摘要进行比较，从而验证数据的完整性。

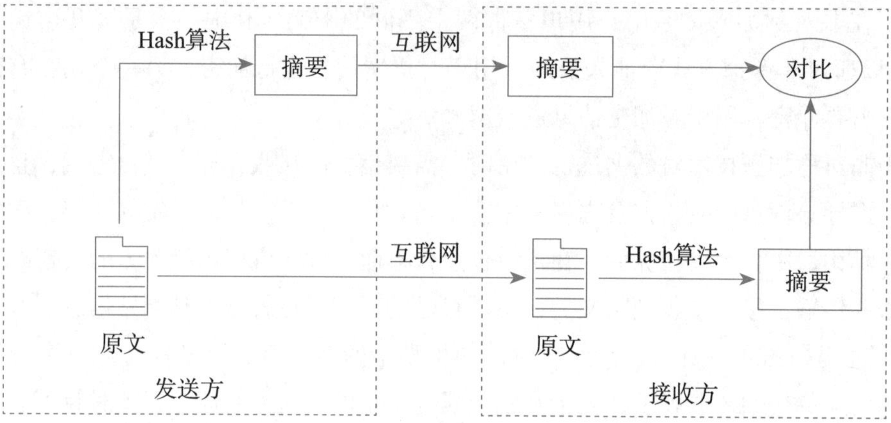

图3-22　数字摘要技术的实现过程

6. 数字签名技术

数字签名（digital signature）是公开密钥加密技术的一种应用，是指用发送方的私有密钥加密报文摘要，然后将其与原始的信息附加在一起，合称为数字签名。数字签名是通过某种密码运算生成一系列符号及代码组成电子密码进行签名，来代替书写签名或印章，这种电子式的签名还可以进行技术验证，其验证的准确度是一般手工签名和图章的验证无法比拟的。数字签名采用了规范化的程序和科学化的方法，用于鉴定签名人的身份以及认证一项电子数据内容。它还能验证出文件的原文在传输过程中有无变动，确保传输电子文件的完整性、真实性和不可抵挡性。

现在应用广泛的数字签名方法主要有三种，即RSA签名、DSA签名和Hash签名。这三种算法可单独使用，也可综合在一起使用。下面以Hash签名为例介绍签名的主要过程。Hash签名是最主要的数字签名方法，也被称为数字摘要法或数字指纹法。它与RSA数字签名不同，该数字签名方法是将数字签名与要发送的信息紧密联系在一起，更增加了可信度和安全性。

加入数字签名和验证的文件传输过程如下。

①发送方首先用Hash函数从原文得到128位的数字摘要。

②发送方用自己的私有密钥对数字摘要进行加密，形成数字签名。

③发送方将原文和加密的数字摘要一起传给对方。

④接收方用发送方的公共密钥对摘要进行解密，同时对收到的原文用Hash算法产生摘要。

⑤接收方将解密后的摘要与收到的原文用Hash算法产生的摘要相互对比，如果两个摘要一致，则说明传送过程中信息没有被破坏或篡改过。

整个数字签名技术的实现过程如图3-23所示。数字签名就是这样通过双重加密的方法来防止原文被修改或冒用别人的名义发送文件，或收发文件又加以否认等行为的发生。

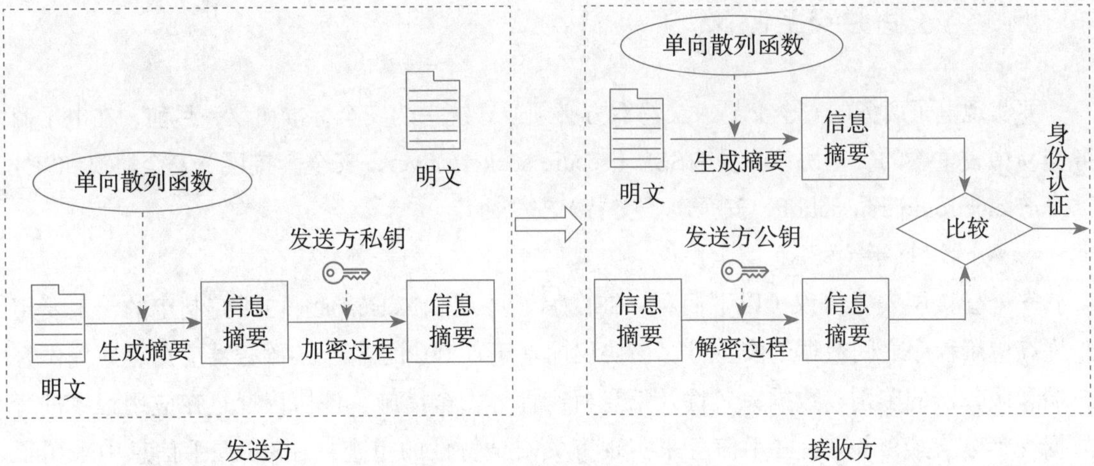

图3-23　数字签名技术的实现过程

7. 数字证书

数字证书是由CA认证中心颁发的、包含了公开密钥持有者信息以及公开密钥的文件，用来证实一个用户的身份和对网络资源的访问权限。

数字证书可用于发送安全电子邮件、访问安全站点、网上证券、网上招标采购、网上签约、网上办公、网上缴费、网上税务等网上安全电子事务处理和安全电子交易活动。

（1）数字证书功能。

①文件加密。

②数字签名。

③身份认证。

（2）数字证书分类。

①个人数字证书。证书中包含个人身份信息和个人公钥，用于标识证书持有者的个人身份。在一些情况下，服务器可能在建议SSL连接时要求客户提供个人证书来证实客户身份。为了取得个人证书，用户可以向某一CA认证机构申请，CA认证机构经过审查后决定是否向用户颁发证书。

②服务器证书。证书证实服务器的身份和公钥。它主要用于网站交易服务器的身份识别，使得连接到服务器的用户确信服务器的真实身份。目的是保证客户和服务器之间交易、支付时确保双方身份的真实性、安全性、可信任性等。

③安全电子邮件证书。用于对普通电子邮件做加密和数字签名处理，以便确保电子邮件内容的安全性、机密性、发件人身份的确定性和不可抵赖性。

④安全Web站点证书。安全Web站点证书中包含Web站点的基本信息、公钥和CA认证机构的签名，凡是具有网址的Web站点均可以申请使用该证书，主要和网站的IP地址、域名绑定，可以保证网站的真实性和不被人仿冒。

五、电子商务安全协议

要实现电子商务的安全交易，交易双方必须遵守统一的安全标准协议，目前，在电子商务交易中较重要的安全协议主要有SSL（secure sockets layer，安全套接层）安全协议和SET（secure electronic transaction，安全电子交易）安全协议。

1. 安全套接层（SSL）安全协议

安全套接层安全协议（以下简称“SSL协议”）是由Netscape公司研究制定的，主要用于提高应用程序之间数据的安全性。该协议向基于TCP/IP的客户机/服务器应用程序提供客户端和服务器的鉴别、数据完整性及信息机密性等安全措施。该协议通过在应用程序进行数据交换前交换SSL初始握手信息来实现有关安全特性的审查，在SSL握手信息中采用了DES（对称加密算法）、MD5（信息摘要法）等加密技术来实现机密性和数据完整性，并采用X.509国际标准的数字证书实现鉴别。该协议已成为事实上的工业标准，并被广泛应用于Internet和Intranet的服务器产品和客户端产品中。

（1）SSL协议下的交易模式。SSL协议的主要目的是提供Internet上的安全通信服务，是基于公钥加密技术以及RSA算法（非对称加密算法）的专用密钥序列密码，能够对信用卡和个人信息、电子商务提供较强的加密保护。SSL协议在建立连接过程中采用公开密钥，在会话过程中使用私有密钥。采用SSL协议，可确保信息在传输过程中不被修改，实现数据的保密与完整性，在Internet上广泛用于处理财务上敏感的信息。基于SSL协议的交易模型如图3-24所示。

基于SSL协议的交易包括以下步骤。

①客户将购买信息发往商家。

②商家将信息转发给银行。

③银行验证客户信息的合法性。

④银行通知商家付款成功。

⑤商家通知客户购买成功。

（2）基于SSL协议的交易模式的问题。

①由于SSL协议本身缺陷带来的问题。SSL协议的缺陷是只能保证传输过程的安全，而无法知道在传输过程中是否受到窃听，黑客可借此破译经SSL协议加密的数据，破坏和盗窃

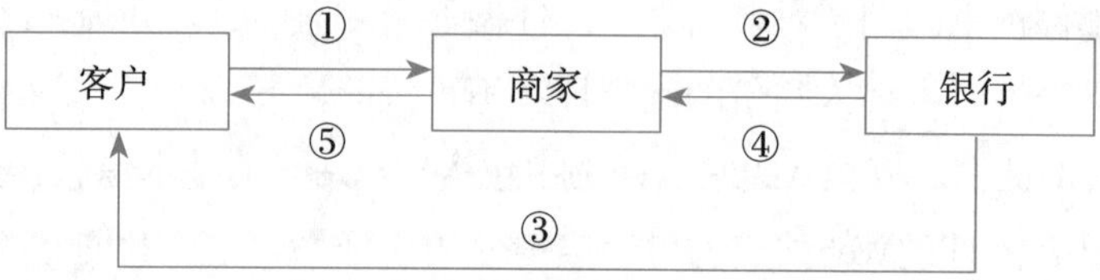

图3-24 基于SSL协议的交易模型

Web信息。

②商家信用带来的问题。SSL协议运行的基础是商家对客户信息保密的承诺。客户的信息首先传到商家，商家审阅后再传到银行，这样客户资料的安全性便受到威胁。另外，整个过程只有商家对客户的认证，缺少了客户对商家的认证。

2. 安全电子交易（SET）安全协议

为了克服SSL协议的缺点，更为了达到交易安全及合乎成本效益的市场要求，两家信用卡组织VISA和Master Card联合其他国际组织，共同制定了安全电子交易（secure electronic transaction，SET）协议（以下简称“SET协议”）。

SET协议由SET业务描述、SET程序员指南和SET协议描述三个文件组成，为基于信用卡进行电子化交易的应用提供了实现安全措施的规则。

在SET协议中采用了双重签名技术，支付信息和订单信息是分别签署的，这样保证了商家看不到支付信息，而只能看到订单信息。支付指令中包括了交易ID、交易金额、信用卡数据等信息，这些涉及与银行业务相关的保密数据对支付网关是不保密的，因此支付网关必须由收单银行或其委托的信用卡组织来担当。

由于该协议实现起来比较复杂，每次交易都需要经过多次加密，并且还需在客户端上安装专门的交易软件。因此现在使用该协议的电子支付系统尚未普及。基于SET协议的网上交易模型如图3-25所示。

SET协议有以下特点。

①客户资料虽然要通过商家到达银行，但商家不能阅读这些资料，所以SET协议解决了客户资料的安全性问题。

②SET协议解决了网上交易存在的客户与银行之间、客户与商家之间、商家与银行之间的多方认证问题。

③由于整个交易过程是建立在Intranet、Extranet和Internet的网络基础上，因此SET协议保证了网上交易的实时性。

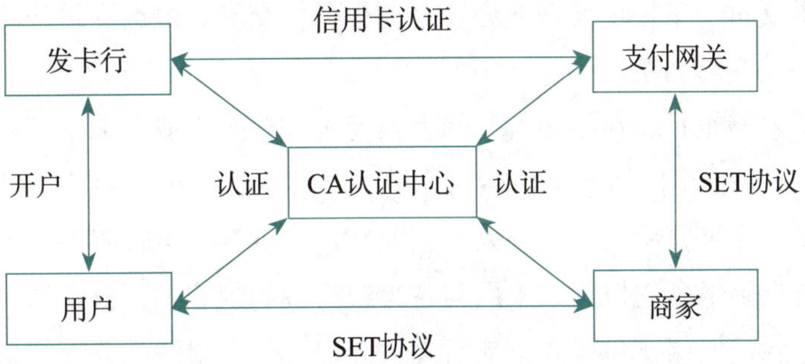

图3-25　基于SET协议的网上交易模型

3. SSL协议和SET协议的比较

与SSL协议相比较，SET协议具有以下几个方面的优点。

①SET协议为商家提供保护手段，使得商家免受欺诈的困扰，从而降低商家使用电子商务的成本。

②对消费者而言，SET协议保证了商家的合法性，并且用户的信用卡号不会被窃取，SET协议为消费者保守了更多的秘密，从而使消费者在线购物更加轻松。

③银行和发卡机构以及各种信用卡组织推荐使用SET，因为SET协议帮助它们将业务扩展到 Internet这个广阔的空间，从而降低信用卡网上支付的欺骗概率，这使得它比其他的支付方式具有更大的竞争优势。

④SET协议为参与交易的各方定义了互操作的接口，使一个系统可以由不同厂商的产品构筑，从而使SET协议得到更加广泛的应用。

⑤SET协议可以应用在部分或者全部的系统中。例如，一些商家考虑与银行链接时使用SET协议，而与客户链接时仍然用SSL协议。这种方案既回避了在顾客机器上安装电子钱包软件，同时又获得了SET协议提供的很多优点。绝大多数SET协议软件提供商在其产品中都提供灵活构筑系统的手段。

⑥SET协议提供不可否认性。SET协议的交易凭证中有客户的数字签名，因而银行就拥有客户曾经购物的证据。该功能的前提是客户必须保证签名密钥的安全。如果客户的密钥丢失或被窃走，可能将带来严重的后果。因此，用户私人密钥的保存手段是极其重要的。

尽管SET协议与SSL协议相比具有更强的功能，但提供这些功能的前提是SET协议要求在银行网络、商家服务器、顾客的计算机上安装相应的软件，这些成了SET协议被广泛接受的障碍；SET协议要求必须向各方发放证书，这也是大面积推广使用SET协议的障碍之一。因此，应用SET协议要比SSL协议昂贵得多。

项目小结

电子支付是通过信息网络安全实现货币支付或资金流转的行为。电子支付的业务类型包括网上支付、移动支付、销售点终端交易、自动柜员机交易、电话支付和其他电子支付，其中以网上支付、移动支付为主。

网上银行又称网络银行、在线银行，网上银行可以分为企业网上银行和个人网上银行，也可分为传统银行建立的网上银行和纯网上银行（如微众银行）。手机银行又称移动银行，通过移动终端设备（主要是手机）为个人与企业客户提供各项金融服务。第三方支付是指具备一定实力和信誉保障的独立机构，采用与各大银行签约的方式，提供与银行支付结算系统接口的交易支付平台的网络支付模式，支付宝、微信支付、银联商务等都是知名的第三方支付平台。

当前电子商务面临着信息的截获和盗取、黑客攻击、木马病毒、信息的篡改、交易抵赖等威胁。需要应用电子商务安全技术，比如防火墙技术、加密技术等保障系统的安全。电子商务的安全交易还必须遵守统一的安全标准协议，目前，在电子商务交易中重要的安全协议有SSL协议和SET协议。

思考练习

一、单选题

1. (　　) 不是网上银行的特点。

A．开放性　　B．虚拟化

C．智能化　　D．运营成本高

2. 我国真正意义上的第一家功能性网上银行是由（　　）建立的。

A．中国银行　　B．招商银行

C．中国建设银行　　D．交通银行

3. (　　) 不属于第三方支付平台。

A．京东支付　　B．微信支付

C．淘宝　　D．支付宝

4. 下列哪种行为不属于移动应用？(　　)

A．使用蓝牙耳机拨打手机

B．用台式电脑在家上网下载程序

C．用笔记本电脑在火车上看电子小说

D．用手机在室外上网收发邮件

二、多选题

1. 网上支付具有（　　）特征。

A．数字传输　　B．开放平台

C．现代通信　　D．方便高效

2. 网上银行又被称为“3A银行”，因为它不受时间、空间限制，能够在（　　）方式下为客户提供金融服务。

A．anytime　　B．anywhere

C．anyway　　D．anyone

3. 网上交易支付系统由（　　）组成。

A．商家　　B．认证中心

C．支付网关　　D．客户银行

4. 第三方支付的业务模式根据服务对象的不同分为（ ）。

A. 支付网关模式　　B. 信用中介模式

C. 第三方个人支付模式　　D. 第三方企业支付模式

三、思考题

1. 什么是电子支付？我国目前主流的电子支付方式有哪些？

2. 网上银行是怎么分类的？

3. 什么是第三方支付？

实训项目

1. 选择一个银行，办理银行卡并开通网上银行、手机银行功能，然后再完成一次网上支付和移动支付操作，并记录其过程。

2. 对以下几个第三方支付平台进行比较，认真填表。

项目	平台			
	支付宝	微信支付	云闪付	银联在线
公司背景				
成立时间				
用户类型				
转账费用				
合作银行				

项目四

电子商务物流

学习目标

知识目标	掌握电子商务物流的概念，理解物流的功能、分类以及逆向物流的概念
能力目标	了解电子商务物流的作业流程、我国主要快递公司以及电子商务模式下的退换货业务流程
素养目标	增强商务意识，养成不断学习的习惯

引导案例

全球供应链进入升级期，菜鸟跨境物流打造市场竞争力

伴随跨境电商平台的发展，全球供应链服务产品逐渐覆盖供应链全场景并跨行业延伸，进入进阶升级阶段。菜鸟作为全球化的物流产业互联网公司，持续为跨境进口供应链上的企业提供高效、高品质的服务。

跨境物流作为跨境电商的重要基础设施，正在成为消费者选择商品和平台的重要考量。加强物流调控能力，海外仓、保税仓、物流枢纽、国际干线的建设至关重要。菜鸟为商家打造的具备全球干线运输，清关申报及库存部署能力的供应链网络服务，通过对物流、信息流、商流的优化整合，打通全链路国际供应链形成独特优势，降低全链路物流成本，提升库存周转效率，拓展生意规模，成为品牌加速全球化步伐的助推器。

跨境电商物流包括揽件、仓储分拣、国内清关等环节，由于跨境进口贸易模式多样，不同模式在海外仓储、进口报关流程及末端配送时效性要求上各有不同，因此跨境电商物流综合服务能否满足多样化的贸易模式及末端配送的敏捷性将是商家选择的重要考量。

近年来，菜鸟的数字化能力渗入到供应链下属子环节的方方面面，包括数字化仓储系统、电子面单、数字清关、自动化分拨等，通过技术赋能提高供应链效率，面对复杂多变的市场需求实现柔性供应，保障供应的稳定性。

思考

全球供应链进入升级期，菜鸟跨境物流采取何种措施打造市场竞争力？

任务一 了解电子商务物流

一、物流的基本知识

1. 物流的概念

什么是电子商务物流

根据国家标准《物流术语》（GB/T 18354—2021），物流是物品从供应地向接收地的实体流动过程。在物流过程中，从实际需要出发，将运输、储存、装卸、搬运、包装、流通加工、配送、信息处理等物流基本功能实施有机结合。苏宁物流中心的仓库高位货架，如图4-1所示。

例如，粮食物流是指粮食从生产、收购、储存、运输、加工到销售整个过程中的实体运动以及在流通环节的一切增值活动。液态奶物流过程包括牛奶生产基地取奶、储存、运输、液态奶加工、包装、流通加工、卸车、配送中心入库、配送、交货等环节。家电物流过程包括家电零件、材料采购、集中加工、制造与装配、包装、搬运、装车、运输、配送中心入库、配送、交货等环节。

图4-1 苏宁物流中心的仓库高位货架

2. 物流的分类

物流的分类方法有很多，从空间来分，可以分为国际物流、区域物流、国内物流和地区物流；从性质来分，可以分为社会物流、行业物流和企业物流；从物流在社会再生产中的作用来分，可以分为宏观物流和微观物流；从物流过程来分，可以分为供应物流、生产物流、销售物流、回收物流和废弃物物流。

按物流过程分类主要是对企业物流进行分类，企业物流是以购进生产所需的原材料设备为起点，经过劳动加工，形成新的产品，然后供应给社会需要部门的全过程。

（1）供应物流。提供原材料、零部件或其他物品时所发生的物流活动，包括原材料等一切生产资料的采购、进货、运输、仓储、库存管理和用料管理。

（2）生产物流。企业生产过程中原材料、在制品、半成品、产成品等的物流活动，包括生产计划与控制、厂内运输（搬运）、在制品仓储与管理等活动。

（3）销售物流。企业出售商品过程中所发生的物流活动，包括产成品的库存管理、仓储发货运输、订货处理与客户服务等活动。

（4）废弃物物流。将经济活动中失去原有使用价值的物品，根据实际需要进行搜集、分类、加工、包装、搬运、储存等，并分送到专门处理场所的物流活动。

3. 企业物流

在商品社会中，只要有商品和服务的交易，就会有物流存在。因此，物流活动涉及的领域和范围是很广的，包括社会的方方面面、各个行业和各种企业。虽然物流在各个不同领域的功能和作用均是完成商品从生产者或商品的据点向消费者的转移，但是，不同的行业、不同类型的企业所进行的物流活动的运作方法和重点也是不同的。

国家标准《物流术语》（GB/T 18354—2021）对企业物流的定义是：生产和流通企业围绕其经营活动所发生的物流。下面讲述生产企业的物流及典型的流通企业——商业企业的物流。

（1）生产企业物流。生产企业物流是与企业生产经营管理有关的物流活动，这是物流活动的一个具体的、微观的典型领域。生产企业物流围绕企业商品生产而展开，包括从原材料和零部件的采购、生产直到所生产的商品销售出厂以及售后服务的一切物流活动。

通过对生产企业物流的进一步研究又可以将其细分为采购物流、生产物流、销售物流、退货物流和废弃物物流等物流活动。

①采购物流。为满足企业生产所需将在供应商处采购的原材料、零部件从供应商处运回厂内。采购物流还包括从销售点回收或采购产品包装用的容器，以及可以重复使用的材料的回收物流。

②生产物流。将所采购的原材料和零部件等放入仓库并加以妥善保管，在生产需要时及时出库送到生产现场；将工厂生产的商品运到物流中心、厂内或其他工厂的仓库入库；物流中心或工厂的仓库对商品进行必要的运输包装和流通加工等。

③销售物流。将生产的商品从工厂、物流中心或外单位的仓库送到批发商、零售商或消费者手中的运输或配送，包括将生产的商品送到外单位仓库的运输或配送。

④退货物流。对已采购却验收不合格的原材料和零部件的退货，以及与已售出商品的退货有关的运输、验收和保管等物流活动。

⑤废弃物物流。工厂生产过程中有关的废弃包装容器和材料、生产过程中产生的其他废弃物的运输、验收、保管和出库，以及企业对在生产过程中排放的无用物包括有害物质进行运输、装卸、处理等的物流活动。

（2）商业企业物流。生产企业所进行的主要是商品的生产，虽然生产企业的物流包含了销售物流的内容，而且在市场经济中生产企业也对本企业生产的商品进行销售，但是社会商品的流通主要还是由商业企业来完成的。商业企业的物流活动围绕企业所经营的商品的进、销、调、存、退进行，包括从采购所经营的商品、通过营销策划出售商品满足消费者的需求到商品的售后服务等的一切物流活动。

商业企业的物流活动具体包括采购物流、企业内部物流、销售物流和商品退货物流。

①采购物流。采购物流将本企业所经营的商品以及销售商品所需的其他物品从生产厂家或其他商品据点运回企业，企业采购的商品有时由商品的生产厂商或配送中心负责运输。当商品运到时，企业的有关人员需要对所采购的商品进行验收，合格的商品入库，不合格的则需要组织退货。

②企业内部物流。商业企业的内部物流包括商品出库运输到商店的销售现场上柜或运输到分店及连锁店进行销售，以及从本店向其他商业企业的调拨运输。另外，企业的内部物流还包括对库存的商品进行合理的保管，以及对采购的商品进行必要的拆包、分档和再包装等加工。

③销售物流。商业企业的销售物流活动包括通过零售、批发等将商品发送到消费者购货单位的运输和配送。

④商品退货物流。商业企业的退货物流包括在商品采购的进货验收时发现商品不合格以及在商品销售后客户发现所购商品有质量问题所引发的退货。

4. 物流的功能

物流的功能是指物流系统所具有的能力，将这些能力有效地组合便能合理地实现物流系统的总目标。物流系统的基本功能包括运输、包装、装卸、储存、流通加工和配送等。

（1）运输功能。运输功能是物流的主要功能之一。运输是用设备和工具将物品从一个地点向另一地点运送的物流活动，其中包括集货、分配、搬运、中转、装入、卸下、分散等一系列操作。它是“第三利润源”的主要源泉。运输的形式主要有铁路运输、公路运输、水上运输、航空运输和管道运输等。物流的运输功能是为客户选择满足需要的运输方式，然后具体组织网络内部的运输作业，在规定的时间内将客户的商品运抵目的地。

（2）包装功能。包装功能包括产品的出厂包装、生产过程中制成品和半制成品的包装及在物流过程中换装、分装盒再包装等活动。物流包装作业的目的不是要改变商品的销售包装，而是在于通过对销售包装进行组合、拼配和加固，形成适合物流和配送的组合包装单元。对于包装功能的管理应根据物流方式和销售要求来确定。

（3）装卸功能。装卸功能是为了加快商品在物流过程中的流通速度而必须具备的功能，包括与运输、储存、包装、流通加工等物流活动进行衔接的活动，以及在储存等活动中为进行检验、维护和保养所进行的装卸和搬运活动。装卸功能是指在指定地点以人力或机械将货品装入运输设备或从运输设备卸下。它是一种以垂直方向移动为主的物流作业。

（4）储存功能。储存功能是物流的基本功能之一。储存是指保护、管理、储藏物品，具有时间调整和价格调整的功能。它的重要设施是仓库，是在商品入库信息的基础上进行在库管理。储存功能包括堆放、保管、保养、维护等活动。专业物流中心需要配备高效率的分拣传送、储存和挑拣设备。

（5）流通加工功能。流通加工功能是在从生产地到使用地的过程中，对根据需要施加于物品的包装、分割计量、分拣、刷标志、系标签、组装等简单作业的总称。

（6）配送功能。配送功能是以配货、送货、发货等形式最终完成社会物流，并最终实现资源配置的活动。配送作为一种现代流通方式，在电子商务物流中的作用非常突出。

二、电子商务物流的作业流程

1. 电子商务物流的含义

电子商务物流是电子商务环境下的现代物流，是指电子化、网络化后的信息流、商流、资金流下的物资或服务的配送活动，包括无形商品的网络传送和有形商品的物理传送。它包括一系列机械化、自动化工具的应用，利用准确及时的物流信息对物流过程进行监控，使得电子商务中物流的速度加快、准确率提高，从而有效减少库存，缩短生产周期，提高工作效率，使电子商务的发展突破瓶颈，踏上坦途。

2. 电子商务下的物流作业流程

电子商务下的物流作业流程与传统的物流作业流程在本质上没有区别，所不同的是电子商务物流流程的运作是基于网络信息技术展开的。

（1）电子商务物流的一般过程。电子商务物流的过程包括基本的物流活动，一般都包括订购（采购）、运输、储存、装卸搬运、流通加工、包装和配送等基本环节。特别是这些基本环节都是建立在物流信息管理系统之上的。

（2）电子商务物流作业流程。电子商务物流作业流程是信息技术在传统物流领域中的应用。电子商务物流的基本业务流程会因电子商务企业性质的不同而有所差异。例如，制造型企业的业务过程可能起始于客户订单，中间可能包括与生产准备和生产过程相关的物流环节，同时包括从产品入库直至产品送达客户的全部物流过程；而销售型企业的物流过程就不包括生产过程物流的提供，但其商品组织与供应物流和销售物流的功能则极为完善；对于单纯的物流企业而言，由于它充当着为电子商务企业提供第三方物流服务的角色，它的功能和业务过程更接近传统意义上的物流或配送中心。虽然各种类型的电子商务企业的物流组织过程有所差异，但电子商务的物流作业流程同普通商务一样，目的都是要将用户所订货物送到用户手中。电子商务物流的基本作业流程，如图4–2所示。

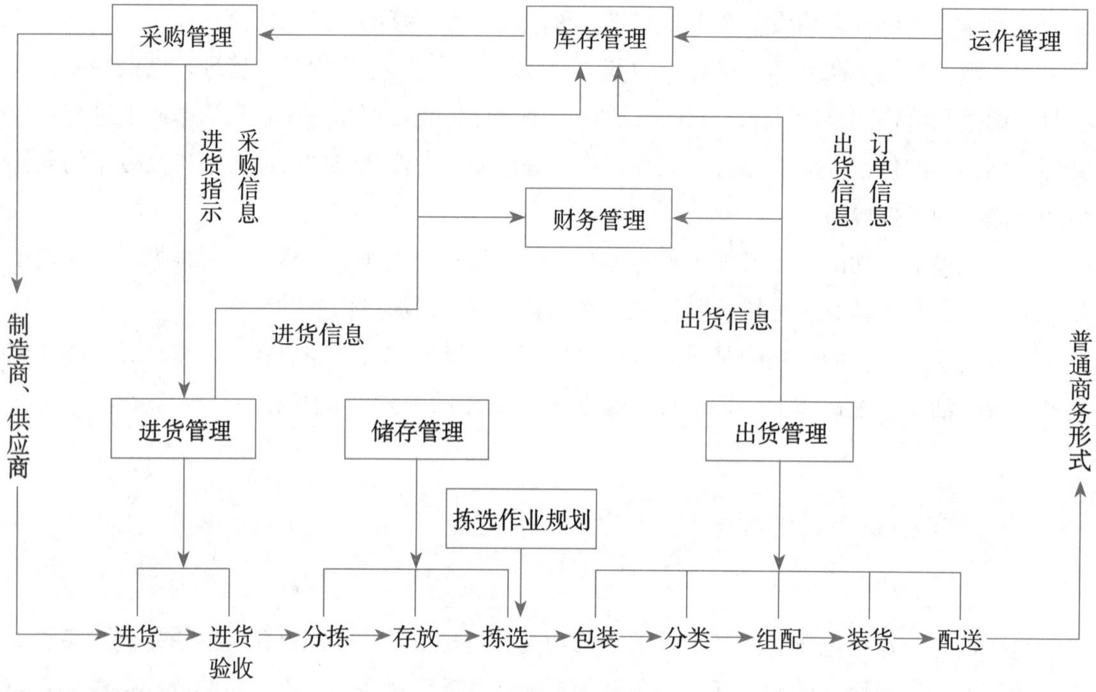

图4–2 电子商务物流基本作业流程

三、电子商务物流模式

1. 电子商务物流模式

物流模式是指企业为得到所需要的物流功能而进行物流体系的组建所选择的模式。电子商务物流模式主要有三种：自营物流模式、第三方物流模式和战略联盟模式。

（1）自营物流模式。物流服务是企业核心竞争力所在，从我国企业的具体情况来看，不少企业在全国范围内经营多年，都已建立起自己的分销渠道，有的企业自身拥有良好的物流网络与相当现代化的物流技术和管理经验。随着网络经济的发展，这些企业在经营电子商务时可通过不断整合自身资源、吸收外界资源、搞好自身物流网络建设，形成适合自己的物流配送体系。

（2）第三方物流模式。近几年，电子商务的高速发展带动了快递物流行业的快速成长，相关数据显示，90%以上的电商在产品配送上都选择与第三方物流公司合作。第三方物流是独立于供（第一方）需（第二方）双方，为客户提供专项或全面的物流系统设计以及系统运营的物流服务模式。

第三方物流的主要作用有以下几点。

①提高企业竞争力。企业能够实现资源优化配置，将有限的人力、技术等资源集中于核心业务，进行重点研究，努力开发出新产品参与市场竞争。

②减少库存。企业原料的库存时间不能无限拉长，尤其是高价值的部件要及时送往装配点以保证最小库存量。第三方物流提供者借助精心策划的物流计划和适时运送手段，可最大限度地调配库存，改善企业的现金流。

③降低成本，提高效率。第三方物流不仅可以提供更专业的服务，还可以实现规模经济所带来的低成本和高效率。

（3）战略联盟模式。战略联盟模式是电子商务企业与第三方物流企业，由业务伙伴关系向战略伙伴关系转换的模式。电子商务企业要想取得稳定、快速的发展，必须把同第三方配送企业的关系，从目前普遍存在的业务关系转变成战略伙伴关系，建立起适合自己的供应链渠道，并通过供应链上各方的共同努力，增强供应链的竞争能力。

2. 影响企业物流模式选择的因素

企业在进行物流决策时，应根据自己的需要和资源条件，综合考虑以下主要因素，慎重选择物流模式，以提高企业的市场竞争力。

（1）企业对物流控制力的要求。市场竞争越激烈的行业，企业越要强化对供应和分销渠道的控制，此时企业应该自营物流。一般来说，最终产品制造商对渠道或供应链过程的控制力比较强，往往选择自营物流，即作为龙头企业来组织全过程物流活动，制定物流服务标准。

（2）企业产品自身的物流特点。对于大宗工业品原料的回运或鲜活产品的分销，则应利用相对固定的专业物流服务供应商和短渠道物流；对全球市场的分销，宜采用地区性的专业第三方物流企业提供支援；对产品线单一的企业，则应在龙头企业统一下自营物流；对于技术性较强的物流服务，例如，口岸物流服务，企业应采用委托代理的方式；对非标准设备的制造商来说，企业自营物流虽有利可图，但还是应该交给第三方专业物流企业去做。

（3）企业的规模和实力。一般来说，大中型企业由于实力较雄厚，通常有能力建立自己的物流系统，制订合适的物流需求计划，保证物流服务的质量。另外，还可以利用过剩的物流网络资源拓展外部业务。而小企业则受人员、资金和管理资源的限制，物流管理效率难以提高，此时，企业为把资源用于主要的核心业务上，就应该把物流管理交给第三方专业物流公司。

（4）物流系统总成本。在选择是自营还是物流外包时，必须弄清两种模式物流系统总成本的情况。因为成本之间存在着二律背反现象，例如，减少仓库数量时，可降低仓储费用，但会带来运输距离的延长和次数的增加进而导致运输费用增加；另外，如果运输费用的增加部分超过了仓储费用的减少部分，总的物流成本反而增大。所以，在选择和设计物流系统时，要对物流系统的总成本加以论证，最后选择成本最小的物流系统。

（5）外包物流的客户服务能力。在选择物流模式时，考虑物流成本虽然很重要，但外包物流为本企业及企业客户提供服务的能力是选择物流服务所应重点考虑的。如果企业选定自营物流，在选择具体的自营物流方式上，主要还要看企业是否将物流业务作为企业利润的增长点，以及应该选择符合企业发展的总战略。

小知识

物流业务外包

物流业务外包，即制造企业或销售企业等为集中资源、节省管理费用，增强核心竞争能力，将其物流业务以合同的方式委托给专业的物流公司（第三方物流）运作。外包是一种长期的、战略的、相互渗透的、互利互惠的业务委托和合约执行方式。物流业务外包是企业业务外包的一种主要形式，也是供应链管理环境下企业物流资源配置的一种新形式，完全不同于传统意义上的外委、外协，其目的是通过合理的资源配置，发展供应链，提高企业的核心竞争力。

任务二 认识电子商务物流配送

一、快递物流及快递物流公司

1. 快递

快递是兼有邮递功能的门对门物流活动，即指快递公司通过铁路、公路和航空等交通运输方式，对客户货物进行快速投递。快递除了较快送达目的地及必须由客户签收外，现在很多快递公司均提供邮件追踪功能、送递时间的承诺及其他按客户需要提供的服务。

2. 快递公司

快递公司是由有邮递功能的门对门物流活动所衍生出的服务类公司，快递公司通过铁路、公路和航空等交通运输方式，对客户货物进行快速投递。快递公司根据服务区域的不同，可分为同城快递公司、区域快递公司和跨国快递公司。

电商订单作业流程

随着全球经济一体化进程不断加快，各国间的贸易壁垒不断消除，国际贸易和国内贸易活动愈加活跃，生产、经营和社会活动趋于高效率和快节奏，时间价值越来越高，大量的网购品、样品、单证、商务函件、资料的快速传递需求为快递行业提供了大量的货源。快递将产品尽快送给客户，并提供良好的包装、仓储、报关物流服务，满足了企业的需要，实现了最大可能的社会化分工。

3. 我国主要快递公司

（1）中国邮政速递物流公司，全国客服电话11185。中国邮政速递物流公司是中国邮政集团公司直属全资公司，主要经营国际、国内EMS特快专递业务，是中国速递服务的最早供应商，中国速递行业的最大运营商。EMS业务包括国内所有市县。

（2）顺丰速运（集团）有限公司，全国客服电话95338。顺丰速运（集团）有限公司（以下简称顺丰）于1993年成立，是一家主要经营国内、国际快递及相关业务的服务型企业。

（3）上海极兔速递有限公司，全国客服电话956025。上海极兔速递有限公司于2007年9月29日成立。公司经营范围包括许可项目；邮件寄递服务；道路货物运输（不含危险货物）等。截至2022年5月，极兔速递的快递网络已覆盖中国、印度尼西亚、越南、马来西亚、泰国、菲律宾、柬埔寨等多个国家，服务全球逾20亿人口。

（4）上海圆通速递（物流）有限公司，全国客服电话95554。上海圆通速递（物流）有限公司（以下简称圆通）成立于2000年5月28日，圆通始终秉承“客户要求，圆通使命”的服务宗旨和“诚信服务，开拓创新”的经营理念，持续推进品牌建设、人才建设、信息建设、文化建设和网络建设，为广大客户提供了优质的快递服务。

（5）中通速递服务有限公司，全国客服电话95311。中通速递服务有限公司创建于2002年5月8日，是综合实力位居国内物流快递企业前列的大型集团公司，开展了电子商务配送、代收货款、签单返回、到付、代取件、区域时效件等增值业务。

（6）申通快递有限公司，全国客服电话95543。申通快递有限公司初创于1993年，公司立足传统快递业务，全面进入电子商务物流领域，以专业的服务和严格的质量管理来推动中国物流和快递行业的发展，成为对国民经济和人们生活较具影响力的民营快递企业之一。

（7）上海韵达货运有限公司，全国客服电话95546。上海韵达货运有限公司成立于1999年，公司的业务范围主要包括多式联运和运输代理业，同时也提供道路运输服务。该公司作为综合快递物流服务商，不仅在国内市场有显著的影响力，而且在国际上也有一定的业务拓展。

二、电子商务环境下物流配送流程

1. 接单

接单是指电子商务企业通过网络、线下方式接收客户订单并确认处理的过程。在接单过程中，电子商务企业掌握客户的具体商品或服务需求，如商品种类、数量、名址信息、联系电话，并对信息进行记录，按需筹备商品，安排发货。

2. 揽件

揽件是指电子商务企业根据订单内容，完成商品的备货后，通知物流公司揽件，并进行商品交接的过程。其中，商品交接时，包含商品实物及配送信息的交付对接，物流公司现场对揽收的商品进行验视、检查，确定符合禁限运物品规定后完成揽件工作。

3. 接收

完成揽件后，物流公司将商品运至处理中心，处理中心人员接收并完成初步分类归集、物流信息获取或补录的过程。接收过程中，商品包件信息完全传递至处理中心，为后续的包件处理做好信息支撑。

4. 分拣

分拣是指按照运单名址信息，通过自动化分拣机或人工将相关的包件分至规定的格口内的处理过程。在分拣过程中，分拣机或处理中心人员将依禁限运规定对包件内商品属性和规格进行严格检查，并将符合要求的包件分拣至对应寄达地格口内，并将同一寄达地的包件集中装入容器或包袋，形成总包。

5. 封发

封发是指将已封装完毕的总包，按照相关规定合理码放至运输工具中的过程。在封发过程中，处理中心人员与运输人员做好总包交接（总包包牌拴挂、容器封扎与堆码），核对无误后通过运输工具发运。

6. 发运

发运是指在物流公司的统一组织和指挥调度下，根据运输需求制订物流发运计划，通过运输工具将包件安全、快速地运达目的地的过程。通过发运，物流公司将商品运至电子商务企业要求运达的目的地，实现商品位移。

7. 派送

派送是指目的地物流人员按照运单信息，将分类的商品包件派送至收货人的过程。根据客户需求，派送一般分为两种方式，即按址投递和网点自取。在当前电子商务物流高速发展的背景下，客户对派送服务时限和形式要求越来越高，特别是针对零散小件，为解决“最后一公里”配送难题，许多物流、快递公司投入研发，诞生了如无人机派送、智能包裹柜等新式派送方式，提升了包件派送的服务效益。

8. 签收

签收是指通过派送，由客户确认包件商品并签收的过程。这个过程是整个电子商务物流配送的终端环节，一般情况下，客户确认签收后，派送人员上传妥投信息，完成服务。

三、电子商务物流配送客户服务

为更好地提供信息服务，各物流公司普遍采取组建客户服务呼叫中心的方式，利用现代的通信手段，直接对接客户，提升工作效率，有效地为客户提供信息咨询、包件追踪、投诉处理、客户维护等高质量服务。

呼叫中心又称客户服务中心，是一套融合了电子信息技术与互联网技术的多功能综合信息服务系统，主要通过电话、网络的形式承担记录客户信息、处理客户问题、满足客户需求的一系列客户服务工作，是电子商务物流领域重要的服务形式与载体。

1. 客户咨询与包件追踪

在电子商务环境下，单个商品包件与其有效的运单号码一一对应，凭借全网共享机制，无论是电子商务企业（发运方），还是终端消费者（签收方）均能查询包件的运输流程，例如通过物流公司官网、快递100或拨打呼叫中心电话进行查询，及时跟踪包件去向。对于需要咨询的问题，如运输费用、运输方式、禁限运规定、包件运输流程异常等，客户可通过联系呼叫中心进行咨询，及时处理。

2. 客户投诉业务

客户投诉业务是呼叫中心承担业务中的重要类型，是企业客户服务的重要内容。客户投诉业务的开展需遵循以下三个原则。

（1）预防原则。由于企业的组织不健全，管理制度不完善等因素，造成所提供的产品或服务有瑕疵，不能充分满足客户需求，导致客户投诉。做好客户投诉业务的管理，首先应从源头把控，不断提升企业管理水平和服务意识，通过事前控制，防患于未然。

（2）迅速原则。接到客户投诉后，迅速对客户投诉事项及需求作出反应是企业客户服务能力的重要表现。投诉业务的迅速处理原则，要求呼叫中心能在第一时间受理、记录客户投诉需求，通过快速查询、协调、分析，及时将处理结果反馈至客户，避免客户因等待时间过长而产生情绪，导致投诉升级。

（3）责任原则。在处理客户投诉时，要遵照谁受理谁负责的原则。通过对呼叫中心人员进行培训，提升其岗位技能和责任意识，对受理的投诉工单能及时处理，提升服务形象。

3. 客户维护管理

客户维护管理又称客户关系管理，一般指企业为提高核心竞争力，利用相应的信息技术以及互联网技术协调企业与顾客间在销售、营销和服务上的交互，从而提升其管理水平，向客户提供创新式的个性化的客户交互和服务的过程。在电子商务物流领域，随着客户对服务体验的重视程度越来越高，对企业的客户服务质量有更高的要求，客户关系维护已普遍成为企业吸引新客户、留住老客户、提高客户满意度和忠诚度的重要手段和方法。

任务三 探寻电子商务逆向物流

电子商务的迅速发展给人类经济生活带来了前所未有的变革，把现代物流业提升到一个非常重要的位置。人类已经进入网络经济时代，电子商务的发展是大势所趋，企业必须顺应这一人类社会发展规律，建立适应电子商务环境的逆向物流模式。

退换货物流

一、逆向物流

1. 认知逆向物流

逆向物流是指企业委托第三方物流公司将交寄物品从用户指定所在地送达企业所在地的过程。逆向物流过程由企业推动，物流费用采取企业与第三方物流公司统一集中结算的方式。整个过程需要企业与物流公司双方强大的ERP（enterprise resource planning，企业资源规划）对接系统支持。

逆向物流大致可分为回收逆向物流和退换货逆向物流。回收逆向物流一般是指将最终消费者所持有的废旧物品回收到供应链上各节点企业，进行分类处理和再利用的过程。退换货物流一般是因为各种原因而产生的从消费者回到销售商的退换货，以及从零售商手中返回生产厂家的商品。电子商务中的逆向物流大多数是指退换货逆向物流。

2. 电子商务对逆向物流的影响

逆向物流与正向物流的两个端点相同，只是流向相反，但两者却存在着很大的差异，逆向物流不只是简单地将正向物流逆向运行。在电子商务环境下，由于电子信息技术的推广与应用，加速了物流信息化建设，企业电子商务物流与传统的物流发生了很大的变化，有了新的发展和改变。这些变化又为企业在电子商务下实施逆向物流管理提供了有利条件。

（1）逆向物流产生的时间、地点与数量，在传统物流环境下是难以预测、难以运作的，但是在电子商务条件下，由于网上客户可以直接面对制造商、经销商，所以就能定制适合自己的服务，很方便地完成逆向物流作业。

（2）电子商务网上零距离接触的特点，使信息沟通的便捷性大大增大，物流企业可以很方便迅捷地了解到客户的逆向物流服务，使本来逆向物流产生地点分散、没有一定的规律性、不可能集中起来处理的难题得到解决，减轻了企业对逆向物流处理的压力。企业可以根据得到的信息对仓库、人员、设施的布局和任务进行调整，实现与逆向物流的对接，完善服务。

（3）信息共享即时，便于上下游企业和顾客合作，使原本逆向物流作业系统比正向物流系统复杂很多、难以操作的问题在电子商务条件下变得容易解决，客户、制造商、分销商的交流变得方便，客户出现的问题可以迅速地通过网络在供应链的某个环节得到解决。制造商和经销商可以借助网络在较大范围内进行资源配置，将更多的回收中心和逆向物流终端分布在各地，企业与客户之间的距离感逐渐减小。电子商务打破了时空的界限，通过全球性的联网作业，简化了贸易流程，改善了物流系统，从而降低了贸易成本，推动企业的业务重组，极大地提高了生产力，为传统的物流配送观念带来深刻的变革。例如，传统的企业需要配备大面积的仓库，而现代电子商务企业则不需要，因为，电子商务系统可以将分布在各地的分属不同所有者的仓库，通过网络系统连接起来，统一管理，服务范围和货物存储空间都放大了。由网络对物流配送进行实时控制，代替了传统的物流配送管理程序，效率大大提高，简化了物流配送流程，提高了处理速度。

二、逆向物流产生的原因

1. 电子商务中逆向物流产生的原因

由于电子商务在线经营的特殊性，引起退换货的原因和传统经营中产生的原因相似但不相同。电子商务中逆向物流产生的影响因素主要有以下几个方面。

（1）法律法规。为了保护环境，促进资源的循环利用，同时为了规范网站行为和保护消费者的利益，许多国家已经立法，明确规定电子商务网站必须采取退换货政策。这些法律法规除了来自政府制定的法律法规外，还可能来自某些协会或者兴趣团体发起的要求规定。

（2）信息不对称。在电子商务模式下，客户往往只能看到商品的电子图片或者电子说明书，从视觉上感知商品，不能全面了解所购商品的特性。当收到商品时发现实物与在网上看到的不一致，就会导致大量逆向物流的产生。

（3）消费者驱动。消费者在线购物时，购买了自己不想购买的商品而引起的退换货，或者消费者收到商品后，希望获得更好的产品型号而引起的退换货。另外，零售商或者分销商将手中积压、滞销或者过季的商品退还给供应商而引起的退换货。

（4）竞争驱动。商家为了在激烈的市场竞争中吸引更多的消费者，往往会竞相推出各种优惠的退换货条件，如“不满意就退换货”等。这些优惠措施在方便消费者的同时，也造成了大量的逆向物流。

（5）商品本身原因。引起这类退换货的原因包括商品存在瑕疵或者质量问题，商品接近或超过保质期，在配送过程中产生的损伤商品或错配商品等。

2. 逆向物流的竞争优势

（1）提高顾客满意度，增强企业竞争能力。在传统的商业活动中，投诉退换货与维修退回是否有效率是最终顾客所关注的，进而也是评价企业信誉的重要指标。在顾客有可能无法接触到商品实物的网络活动中，逆向物流的可行性与方便性更成为影响顾客购买的重要因素。顾客满意是企业的无形资产，它可以按“乘数效应”向有形资产转化，从而增强企业竞争力。

（2）节省资源，保护环境，塑造良好的企业形象。进入网络经济时代，人们的生活水平和文化素质有了很大提高，环境保护意识也日益增强，为了在消费者心中赢得良好的声誉，许多企业纷纷采取退换货逆向物流战略，以减少产品对环境的污染及对资源的浪费。退换货逆向物流对产品进行再加工或报废处理，从而实现环保。企业不仅仅要重视经济效益，还要注重社会效益。

（3）促进企业优化与整合自身管理系统。逆向物流恰好处于企业管理活动的检查和改进两个环节上，承上启下，作用于两端。企业在退换货中暴露出的问题，将通过逆向物流信息系统不断传递到管理层，为企业降低退换货与维修比例提供参考依据，良好的逆向物流系统还能帮助企业分析退换货产品，为产品的改进设计提供反馈信息，使企业可以设计制造富有特色的产品，提高产品竞争力，根除产品隐患。

（4）可观的社会效益和经济效益。企业实施逆向物流可以在最大程度上利用资源，降低企业成本，产品符合环保的要求，可以提高企业产品的竞争力，扩大产品市场份额，获得最大利润。回收所生产、销售的产品，运用专业技术与设备对其进行集中报废销毁或再次回收利用，是企业节省社会资源与保护环境直接和有效的行为，能为企业赢得良好的声誉。

（5）借助互联网获取有效信息。在互联网环境下可以通过电子邮件或销售网站问卷等方式收集消费者信息、退换货信息记录、有害产品的召回、过期产品的提醒等数据，以便企业能够及时掌握产品的销售、使用状况以及消费者预期等信息，从而进行科学分析，做出相应的经营决策。

当然，逆向物流在给电子商务带来竞争优势的同时，也给电子商务提出了特殊的挑战。退换货的增加造成正向物流产生的效益被不合理的逆向物流支出抵销。

三、逆向物流的一般活动

1. 产品的逆向物流

逆向物流中的产品包括生产过程中的边角料、废品、缺陷或损坏产品、退回产品、经完全使用后需处理的产品。

产品的逆向物流主要指产品的回收，在企业管理中往往与企业的售后服务联系在一起。

2. 产品逆向物流的一般活动

产品逆向物流的一般活动主要包括四大类：直接出售、产品恢复、捐赠给慈善机构和处理废品（填埋或焚烧）。产品恢复包括修理、整修、再制造、分拆产品和原料再利用。

（1）直接出售。如果回流产品没有使用过，或者根本没有拆封，或者产品状态良好，零售商就可以把它再次投放市场，进行再次销售。它们很可能是那些没有售出的商品，或有些顾客买了之后就把它退回，有些则是使用后退回。一些在逆向物流方面领先的高科技企业，正在积极地再次利用自己的售出返还产品。

（2）修理。往往这类退回产品因有缺损而影响使用，被消费者或分销商退回，经过修理即可使用。对于这类商品的处理一般在生产商指定的修理点或设在仓库中的修理处进行。

修理需要额外的零部件来替代损坏的零部件。零部件通常周期性地从仓库运到修理点。零部件从订货至交货的时间比较长，由于零部件需求无法预测，因而修理点的零部件库存经常不够。因此，修理点需要备足库存来保证维修服务。

（3）整修。需要整修的产品一般是已使用过的产品，质量不如新产品好。这类产品须先拆卸成零部件，然后差的零部件用质量和技术更优的零部件替代。通过整修后的产品质量大大提高，生命周期得以延长。一般这类产品需运到生产商的工厂进行处理。

有时，整修过产品通过用先进的零部件替代过时的零部件来实现技术升级，其产品质量甚至高于同类的新产品。整修过的产品一般流入一级市场进行销售。

（4）再制造。再制造指拆卸旧产品，检查、修理所获得的零部件，必要时采用更先进的零部件，并将它们组装成新产品的过程。对产品进行再次制造已经不是一个新的概念，但是却越来越引起人们的注意。缺乏最新功能，但是仍处于可用状态并且可以实现功能恢复的设备，可以重新制造以再次使用。设备功能再生的生产制造成本低于制造新品。

再制造的潜在利益表现为降低零部件和模具的原材料成本，降低能源成本，降低废品处置成本，减少对环境的污染。

再制造一般有两种形式：增加新技术的再制造和不增加新技术的再制造。增加新技术的再制造是用先进的零部件来替代过时的零部件，或增加新的软件，或增加控制系统。技术升级的再制造通常在引入先进技术产品时运用。

为便于再制造，对产品设计的要求包括产品分拆、零部件标准化、对产品和零部件进行编码、组合设计。这些要求与原料再利用的要求相似，但其中最大的区别在于再制造关注零部件，而原料再利用关注原材料。零部件标准化使得一个使用过的零部件可以再次运用于几种不同的产品。对产品和零部件进行编码有利于对产品和零件的状态进行监控，并能识别零件再利用的次数。组合设计可以方便产品分拆。

（5）分拆产品。这类退回产品不能使用，而且大部分零部件也不能再利用，唯有小部分零件可以用在其他同类产品中。这个过程也在生产商的工厂完成。

分拆产品、提供各种零部件主要是为了减少对新的备用零部件的需求和减少不能再次利用废品的数量。这个过程非常简单，主要包括对使用过的产品进行分拆、筛选零件、对选出零件进行检查，看是否可以再次使用。通过分拆产品所减少的废品是有限的，通常，绝大多数的零部件还是要作为废品处置。

（6）原料再利用。这类产品和其零部件失去了功能和特性，只能将其分拆，然后按不同的原料归类，运回原料供应商处重新加工后再利用。

为便于原材料再利用，对产品设计的要求包括产品分拆、原材料标准化、增加产品和零部件内可以再次利用的原料。制成产品的原材料种类越少，越有利于原材料的再次利用。

（7）捐赠给慈善机构。如果产品只是表面轻微破损，但仍然可以使用，零售商和制造商可能会决定把这些商品捐赠给慈善机构。商家通常不会对这些商品收任何费用，然而它会因此而获得税收优惠。

（8）填埋或焚烧。如果企业没有找到合适的方法对回收产品进行处理，这些回收物品要么在垃圾场进行掩埋处理，要么进行焚烧。即使如此，这也不是一个简单的处理方法。在大多数工业化国家里，被认作危险品的产品必须与其他物品区别开来，并进行负责任的处理。如果不这样做会造成高额的成本，因为处置者要对这些废品终身负责。

思政园地

加快发展方式绿色转型

加快发展方式绿色转型，实施全面节约战略，发展绿色低碳产业，倡导绿色消费，推动形成绿色低碳的生产方式和生活方式。深入推进环境污染防治，持续深入打好蓝天、碧水、净土保卫战，基本消除重污染天气，基本消除城市黑臭水体，加强土壤污染源头防控，提升环境基础设施建设水平，推进城乡人居环境整治。提升生态系统多样性、稳定性、持续性，加快实施重要生态系统保护和修复重大工程，实施生物多样性保护重大工程，推行草原森林河流湖泊湿地休养生息，实施好长江十年禁渔，健全耕地休耕轮作制度，防治外来物种侵害。积极稳妥推进碳达峰碳中和，立足我国能源资源禀赋，坚持先立后破，有计划分步骤实施碳达峰行动，深入推进能源革命，加强煤炭清洁高效利用，加快规划建设新型能源体系，积极参与应对气候变化全球治理。

项目小结

电子商务物流是属于一般意义上的物流的一个组成部分。认知电子商务物流，首先要熟悉一般意义上的物流的概念、分类、功能等基本知识，在此基础上，正确理解电子商务物流的含义，掌握电子商务物流的一般作业过程：订购（采购）、运输、储存、装卸搬运、流通加工、包装和配送等，同时对电子商务物流模式有一定的认识。逆向物流是指企业委托第三方物流公司将交寄物品从用户指定所在地送达企业所在地的过程。逆向物流大致可以分为回收逆向物流和退换货逆向物流。电子商务中的逆向物流大多数是指退换货逆向物流。

思考练习

一、单选题

1．产品的逆向物流活动主要包括直接出售、捐赠给慈善机构、处理废品（填埋或焚烧）和（　　）。

A．产品恢复　　B．新生资源

C．再生资源　　D．社会运作

2．中小型电商企业采用的物流模式是（　　）。

A．自营物流模式　　B．第三方物流模式

C．战略联盟模式　　D．第四方物流模式

3．电子商务中逆向物流产生的影响因素主要有法律法规、信息不对称、（　　）等几方面。

A．消费者驱动　　B．换季

C．物流因素　　D．品牌更换

4．中国速递服务的最早供应商是（　　）。

A．顺丰速运　　B．邮政速递

C．圆通速递　　D．申通快递

二、多选题

1．按照逆向物流的回收方式划分，可将逆向物流划分为（　　）的结合。

A．再使用　　B．再创造

C．再循环　　D．销毁处理

2．逆向物流大致可以分为（　　）。

A．回收逆向物流　　B．退换货逆向物流

C．再循环物流　　D．再创造物流

3．产品的逆向物流活动主要包括（　　）。

A．直接出售

B．产品恢复

C．捐赠给慈善机构和处理废品（填埋或焚烧）

D．再使用

4．电子商务环境下物流配送流程包括接单、揽件、接收、分拣、封发、（　　）。

A．发运　　B．派送

C．签收　　D．回收

三、思考题

1．简述企业选择物流模式的影响因素。

2．简述逆向物流产生的原因。

实训项目

1．本市第三方物流调研

收集在本市提供服务的第三方物流企业名单，从中选择三家具有代表性的物流企业（例如覆盖区域大小，国有、民营或外资等），了解三家物流企业在本市的网点布局、作业流程、发展现状等，并对三家物流企业进行比较分析，整理相关材料，完成调研报告的撰写。

2．电子商务退换货物流调研

运用本项目所学的知识及网络工具在教师指导下进行调研。选择一家自己熟悉的电子商务企业，了解该企业的退换货制度、退换货流程，分析该企业的售后服务、退换货物流模式，分析其优缺点，并给出改善建议。撰写实训报告。

项目五 做有创意的网络营销

学习目标

知识目标	掌握网络营销的含义，理解网络营销的八大职能，了解常见的网络营销工具，了解搜索引擎营销、短视频营销、直播营销以及新媒体营销的相关知识
能力目标	能够区分搜索引擎营销和新媒体营销，能够利用营销工具对营销效果进行跟踪和分析，为优化营销策略提供数据支持
素养目标	了解国家出台的有关网络营销的政策法规，培养在开展电子商务活动中的诚信服务意识，树立正确的价值观

引导案例

阿里巴巴的网络营销

阿里巴巴的网络营销极具特色和影响力，淘宝、天猫等平台频繁推出各类促销活动，如“双11”“618”等，这些活动不仅吸引了海量用户参与，更成为全民购物狂欢节，极大地提升了品牌知名度和销售业绩。以下是几个比较成功的营销案例。

2024年天猫径山茶推广活动：杭州径山茶发展有限公司携手阿里巴巴数字乡村打造首届2024年天猫径山茶推广活动，结合阿里平台资源优势，以品牌化、年轻化、社交化的内容全面造势，借助互联网高效传播的能力，通过会场营销、直播营销、话题营销等数字化营销以及线下活动营销的方式助力宣传径山茶，通过联合营销方式提升品牌影响力。

支付宝“五福节”：支付宝“五福节”是支付宝推出的一项春节活动，通常在每年的春节期间举行。2024年支付宝“五福节”在原来的AR扫福、浇水得福等传统玩法基础上，进行了一系列“玩法上新”。借助飙戏小剧场、会说话红包、时空照相馆、大家来找福等四大AI玩法，吸引了众多用户参与使用。

阿里巴巴普惠体3.0：阿里巴巴锁定了50句带有生僻字的方言，创造了《方言生僻字典》，并设计了50张海报，通过先锋的插画以及幽默的文案诠释生僻字的含义。读图形式让信息简明易懂，设计直接且抓人眼球。2023年6月1日，杭州国际博览中心3C举办了一场线下展览，现场展出50张海报，呼吁大家下载普惠体3.0，在社交平台上多写生僻字，多用生僻字，让中国的汉字文化得以传承。

思考

什么是网络营销？网络营销的策略有哪些？

任务一 了解网络营销

一、网络营销的含义

1. 什么是营销

“营销”是一个耳熟能详的词汇，任何一个稍具规模的企业都会有这样一个部门或者专门的人员队伍。在互联网时代，越来越多的企业注重线上营销与线下营销的融合。什么是营销呢？营销是在创造、沟通、传播和交换产品中，为顾客、客户、合作伙伴以及整个社会带来经济价值的活动、过程和体系，主要是指营销人员针对市场开展经营活动、销售行为的过程。

开展营销工作的基本流程为：市场机会分析、市场细分、目标市场选择、市场定位、确定营销组合策略和营销活动管理。

（1）市场机会分析。为构建全国统一大市场，要完善产权保护、市场准入、公平竞争、社会信用等市场经济基础制度，优化营商环境。那么，对于当前市场上存在哪些显性或隐性的需求，企业需进行准确分析，以便自己找到内外结合的最佳点，从而组织和配置资源，有效地提供相应产品或服务，达到企业的营销目的。

什么是网络营销

（2）市场细分。企业由于受到自身实力的限制，不可能向市场提供能够满足一切需求的产品和服务，企业只能满足部分消费者的部分需求，所以企业必须对总体市场进行划分，从而找出适合企业做的那部分市场。市场细分就是进行市场划分的工具，它按照消费者欲望与需求把因规模过大导致企业难以服务的总体市场划分成若干具有共同特征的子市场，不同子市场之间需求存在着明显差别，处于同一子市场的消费群被称为目标消费群，相对于大众市场而言这些目标子市场的消费群就是分众了。市场细分是选择目标市场的基础。

（3）目标市场选择。目标市场是指企业决定进入的、具有共同需要或特征的购买者集合。选择目标市场就是要明确企业应为哪一类用户服务，满足他们的哪一种需求。根据所选择的细分市场数目和范围，目标市场选择策略可以分为集中性目标市场策略、差异性目标市场策略、无差异目标市场策略三种方式。

（4）市场定位。通常情况下，在企业选择的目标市场上仍然有多家同行企业在做，市场定位就是为了让消费者觉得企业的产品与同行企业的产品不一样。市场定位是根据竞争者现有产品在市场上所处的位置，针对消费者或用户对该种产品的某种特征、属性和核心利益的重视程度，强有力地塑造出本企业产品与众不同的鲜明特色或形象，并通过一套特定的市场营销组合把这种形象迅速、准确而又生动地传递给顾客，影响顾客对该产品的总体感觉。

市场细分（market segmentation）、目标市场（market targeting）、市场定位（market positioning）是企业营销战略的核心三要素，被称作“STP营销”。

（5）确定营销组合策略。营销组合是指企业在选定的目标市场上，将环境、能力、竞争状况等，企业自己可以控制的因素，加以最佳组合和运用，以完成企业的目的与任务。企业可以控制的营销因素主要包括产品（product）、价格（price）、渠道（place）和促销（promotion），简称“4P”；产品策略（product strategy）、价格策略（price strategy）、渠道策略（place strategy）和促销策略（promotion strategy）的组合运用被称为“4PS”。一次成功和完整的市场营销活动，意味着以适当的产品、适当的价格、适当的渠道和适当的促销手段，将适当的产品和服务投放到特定市场。

（6）营销活动管理。营销活动管理就是进行营销计划的制订、组织执行、控制。既要制定较长期战略规划，决定企业的发展方向和目标，又要有具体的市场营销计划。营销计划需要一个强有力的营销组织来执行，根据计划目标，组建一个高效的营销组织结构，对组织人员实施筛选、培训、激励和评估等一系列管理活动。在营销计划实施过程中，需要控制系统来保证市场营销目标的实施，营销控制主要有企业年度计划控制、企业盈利控制、营销战略控制等。

如果上述流程每个环节都能够处理得好，营销通常都是成功的；如果哪个环节出了问题，企业就会面临生存危机。

2. 网络营销的定义

作为企业整体营销的一个组成部分，网络营销是指借助于互联网、现代通信技术和数字交互式媒体来满足消费者需求，实现企业营销目标的一系列营销活动。网络营销产生于20世纪90年代，也被称为网上营销、互联网营销、线上营销、数字营销等。网络营销的真正意义和目的在于通过利用各种互联网工具为企业营销活动提供有效的支持。为了更好地认识网络营销，有必要对以下问题进行说明。

（1）网络营销是企业整体营销战略的组成部分。网络营销一方面包括传统营销活动在网络环境下的应用和实现过程；另一方面包括网络环境下特有的、以数字化形式的产品及无形服务为核心内容的各种营销活动。网络营销与传统市场营销并存，两者同时在营销实践中得到应用与发展，共同为实现企业的营销目标而努力。

（2）网络营销不是网络销售。网络销售是企业在网络平台上与消费者开展网上交易的过程，而网络营销则贯穿于企业进行网上经营的整个过程，包括网站推广、信息发布、顾客服务、网上调研、销售促进和网络销售等内容。网络销售只是网络营销的环节之一。

（3）网络营销不等于电子商务。网络营销与电子商务存在密切的联系，但两者也有一定的区别。网络营销是一种营销模式，注重通过开展借助网络平台的营销活动来促进商品交易、提升企业的品牌价值、加强与顾客的沟通及改善对顾客的服务等。电子商务的内涵很广，其核心是基于网络的交易方式和交易过程，比如网上支付、网上交易的安全与法律等，而这些不是网络营销重点研究的内容。

（4）网络营销不只是建立企业网站。谈到网络营销，许多人会想到建立网站。一般来说，建立网站是很多企业开始进行网络营销的第一步，而不是网络营销的全部。

二、网络营销的特点

互联网是开展网络营销的基础，互联网的某些特性使得网络营销呈现出以下特点。

1. 跨时空

互联网具有跨越时间和空间来进行信息交换的特点。基于互联网的网络营销也不再受时间和空间的限制，它使跨时空交易成为可能。借助互联网，企业可以全天候地向世界各地的消费者提供产品和服务。

2. 多媒体

通过互联网传递的信息不仅仅是文字，人们利用多媒体技术还可以传递声音、图像、动画等。这些信息通过多媒体被有机地融为一体，以超文本的形式生动地展现给顾客，从而提高网络营销对顾客的影响力。

3. 成长性

随着经济的快速发展，居民的收入水平及消费水平也在不断提高，越来越多的居民开始使用互联网；与此同时，越来越多的企业建立了自己的网站，开始尝试通过网络开展营销活动。网络营销的成长性得到广泛认可。

4. 整合性

网络营销从消费者需求出发，根据消费者需求设计产品或服务，并将产品送达消费者。开展网络营销需要企业对营销活动进行统一的规划和布置，有效整合企业内部及外部资源，以统一的传播资讯向消费者传达信息，满足消费者需求。

5. 技术性

网络营销以网络平台为基础，而搭建网络营销平台需要通信技术的支撑。企业要想开展网络营销必须有相应的技术投入和技术支持，同时还需要拥有营销知识、掌握网络通信技术的复合型人才，人才是第一资源。

三、网络营销的职能

实践证明，网络营销可以在八个方面发挥作用：网上调研、信息发布、销售促进、网络销售、顾客服务、顾客关系、网站推广和网络品牌，这八种作用也就是网络营销的八大职能，网络营销策略的制定和各种网络营销方式的运用也以发挥这些职能为目的。

1. 网上调研

调研是营销工作的基础。网上市场调研具有调查周期短、成本低的特点。网上调研不仅为制定网络营销策略提供支持，也是市场研究活动的辅助手段之一，合理利用网上市场调研手段对于制定市场营销策略具有重要价值。网上市场调研与网络营销的其他职能具有同等地位，既可以依靠其他职能的支持而开展，同时也可以相对独立进行，网上调研的结果反过来又可以为其他职能更好地发挥提供支持。

2. 信息发布

网络营销的基本方法就是将发布在网上的企业营销信息以高效的互联网手段传递到目标用户、合作伙伴、公众等群体，离开有效的企业网络信息源，网络营销便失去了意义。因此，信息发布就成为网络营销的基本职能之一。发布信息渠道包括企业资源（如官方网站、官方微博、官方App、官方社交网络等）以及第三方信息发布平台（如开放式网络百科平台、文档共享平台、B2B信息平台等），充分利用企业内部资源及外部资源发布信息，是扩大企业信息网络可见度，实现网络信息传递的基础。

3. 销售促进

市场营销的根本目的是为最终增加销售提供支持，网络营销也不例外，各种网络营销方法大都直接或间接具有促进销售的效果，同时还有许多针对性的网上促销手段（如网络优惠券、团购、积分等）。这些促销方法并不限于对网络销售的支持，事实上，网络营销对于促进线下销售同样很有价值，这也就是为什么一些没有开展网络销售业务的企业一样有必要开展网络营销的原因。

4. 网络销售

网络销售是企业销售在互联网上的延伸，也是直接的销售渠道。一个企业无论是否拥有实体销售渠道，都可以开展网络销售。网络销售渠道包括企业自建的官方网站、官方商城、官方App，以及建立在第三方电子商务平台上的网上商店、通过社交网络销售及分销的微店，参与团购、加盟某O2O（online to offline，线上到线下）网络成为供货商等。与早期网络营销中网络销售处于次要地位相比，当前的网络销售发挥着越来越重要的作用，许多新兴的企业甚至完全依靠在线销售。

5. 顾客服务

互联网提供了方便的在线顾客服务手段，从形式简单的常见问题解答，到电子邮件、邮件列表，以及聊天室、在线论坛、即时信息、网络电话、网络视频等，均具有不同形式、不同功能的在线沟通和服务的功能。在线顾客服务具有成本低、效率高的优点，在提高顾客服务水平、降低顾客服务费用方面具有显著作用，同时也直接影响到网络营销的效果，因此在线顾客服务成为网络营销的基本组成内容。

6. 顾客关系

网络营销的基础是连接，尤其在网络营销的粉丝思维及生态思维模式下，顾客是社交关系网络中最重要的环节，对于促进销售及开发客户的长期价值具有至关重要的作用。建立顾客关系的方式，从早期的电子邮件、邮件列表、论坛等到目前的微博、微信、微社群等社会化网络，连接更为紧密，沟通更加便捷。顾客关系资源是企业网络营销资源的重要组成部分，也是创造顾客价值、发挥企业竞争优势的基础保证。

7. 网站推广

企业网站获得必要的访问量是网络营销取得成效的基础，尤其对于中小企业，由于经营资源的限制，发布新闻、投放广告、开展大规模促销活动等宣传机会比较少，因此，通过互联网手段进行网站推广的意义显得更为重要，这也是中小企业对于网络营销更为热衷的主要原因。即使对于大型企业，网站推广也是非常必要的，事实上许多大型企业虽然有较高的知名度，但网站访问量并不高。因此，网站推广是网络营销基本的职能之一，是网络营销的基础工作，在PC网络营销流量思维导向下，网站推广显得格外重要。在移动网络营销环境下，网站推广还需要进一步扩展到企业其他官方信息平台的推广，如官方App推广、官方SNS账号的推广等，实现流量思维与粉丝思维的同步发展。

8. 网络品牌

当网络营销上升到一定层次后，它就不再关注短期销售，而是关注品牌推广。网络营销为企业利用互联网建立品牌形象提供了有利的条件，无论是大型企业还是中小企业都可以用适合自己的方式展现品牌形象。传统的网络品牌建设以企业网站建设及第三方平台信息发布为基础，通过一系列的推广措施，达到顾客和公众对企业的认知和认可。移动互联网的发展为网络品牌提供了更多的展示机会，如建立在各种社交网络平台的企业账户、企业App等。网络品牌价值是网络营销效果的表现形式之一，通过网络品牌的价值转化实现持久的顾客忠诚和更多的直接收益。

网络营销的各个职能之间并非相互独立的，而是相互联系、相互促进的，网络营销的最终效果是各项职能共同作用的结果。

四、网络营销工具介绍

网络营销的工具有很多，这里主要介绍五类工具，分别是搜索引擎、社会化媒体、网络视频、直播和其他工具。

（一）搜索引擎

搜索引擎是指根据一定的策略、运用特定的计算机程序从互联网上搜集信息，在对信息进行组织和处理后，为用户提供检索服务，将用户检索出的相关信息展示给用户的系统。

搜索引擎营销是网络营销的一项重要工具，百度就是一个很强大的网络营销搜索引擎工具。除了百度之外，互联网上还有许多常用的搜索引擎工具，如谷歌、搜狗等。搜索引擎可以为企业带来更多的点击量与关注量，有助于树立企业品牌形象，提升品牌知名度，提高网站的曝光度。

（二）社会化媒体

社会化媒体一般是指社交媒体，简单来说，就是互联网上基于用户关系而产生的内容生产与交换平台。常见的社会化媒体营销平台包括社交网站、微信、微博、论坛等。通过社会化媒体可以提升品牌的曝光度和知名度、维护客户关系等。

（三）网络视频

网络视频是指以计算机或者移动设备为终端，利用QQ、微信等即时通信工具或短视频平台，进行可视化聊天或视频展示的一项技术或应用。网络视频作为一类网络营销工具，以视频的形式依托互联网平台向广大用户展示企业的品牌优势和产品的功能特点，以达到营销宣传的目的。目前，主流的网络视频营销平台有抖音、快手等。

（四）直播

直播原来是指广播电视节目的后期合成、播出同时进行的一种播出方式，目前所说的直播多指网络直播。

网络直播以直播平台为载体，达到企业树立品牌形象及销量增长的目的。近年来比较火爆的网络直播平台有淘宝、快手、抖音等。

（五）其他工具

除了上述四种工具外，网络营销还有其他许多类型工具，这里统一归为其他工具，主要包括企业官方网站、第三方电子商务平台、网络广告、电子邮件等。

任务二 搜索引擎营销

一、搜索引擎营销的定义

搜索引擎营销（search engine marketing，SEM）的基本思路是在用户使用搜索引擎查找需要的信息时，让用户发现企业的信息，并点击进入企业网站或网页进一步了解相关信息，达到营销目的。搜索引擎营销可以定义为根据用户使用搜索引擎的方式，利用用户检索信息的机会，尽可能将营销信息传递给目标用户。

搜索引擎营销

二、搜索引擎营销的特点

1. 搜索引擎营销方法与企业网站密不可分

企业网站推广是搜索引擎营销的主要目的之一，因此，专业的企业网站是企业有效地开展搜索引擎营销的主要依托，企业网站的专业性以及搜索引擎的友好性会对搜索引擎营销的效果产生直接的影响。

2. 搜索引擎营销是一种用户主导的网络营销

使用搜索引擎检索信息的行为是由用户主动发起的，用户检索什么信息或服务也完全是由自己的需要和意愿决定的，而且用户在搜索结果中选择哪些信息也是有自己的偏好和判断的，并不受其他因素的影响。因此，搜索引擎营销是由用户所主导的，营销活动本身对用户的影响被降到了最低限度。

3. 搜索引擎营销可以实现较高程度的定位

网络营销的主要特点之一是可以对用户行为进行准确分析并实现高精度定位，尤其是搜索结果页面的关键词广告，完全可以实现与用户所检索的关键词高度相关，从而提高营销信息被关注的程度，最终达到网络营销的目的。

4. 搜索引擎营销的效果主要表现为营销网站访问量的增加

以企业网站推广为目的的搜索引擎营销的主要任务是提高网站的访问量，至于访问量的增加最终是否能转化为收益的增加，还取决于其他一些因素，这是搜索引擎营销活动所无法决定的。

5. 搜索引擎营销需要适应网络服务环境的发展变化

搜索引擎营销是在具体的网络环境下对搜索引擎的具体应用，因此，对搜索引擎的工作原理和服务模式等网络环境的依赖性较高。当搜索引擎的检索方式和服务模式改变时，搜索引擎营销也应该做出相应的改变，搜索引擎营销应保持与网络营销服务环境的协调一致。

三、搜索引擎营销方式

搜索引擎营销的基本方法有搜索引擎登录、搜索引擎优化和搜索关键字广告。搜索引擎登录是将企业网站在主要的搜索引擎进行注册，目的是让这些搜索引擎把企业网站收录到数据库中。搜索引擎登录已经不是主要的搜索引擎营销方法，因此下文重点介绍搜索引擎优化和搜索关键字广告。

（一）搜索引擎优化

搜索引擎优化（search engine optimization，SEO）是利用搜索引擎的规则提高网站在有关搜索引擎内的自然排名。

互联网上的网页浩如烟海，当在搜索引擎中输入搜索请求（即关键字）时，搜索引擎马上就会给出搜索结果。比如用户在百度中，输入关键字“搜索引擎优化与站优云”，返回的搜索结果如图5-1所示。

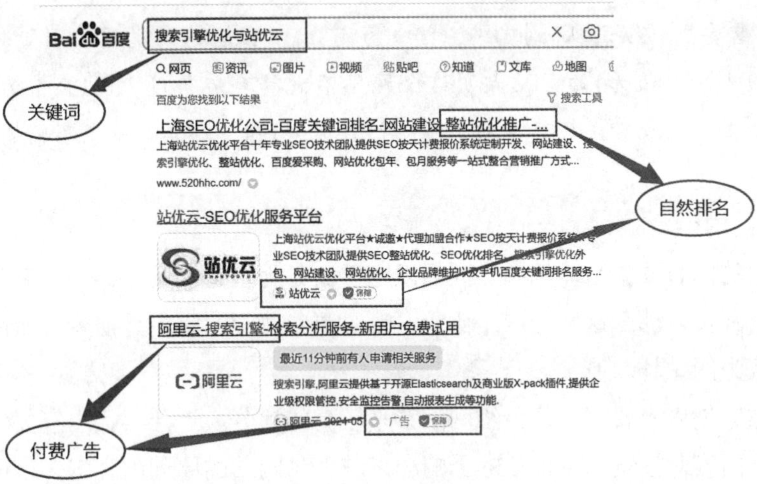

图5-1　关键字、自然排名、付费广告示意图

搜索引擎给出的搜索结果不是随机乱排的，而是根据算法，经过机器运算后得出的。搜索引擎排名的算法十分复杂，也从来没有哪家搜索引擎公司把排名算法完整地公开过。但搜索引擎排名会遵循两个原则：一是搜索引擎总是希望把最好最优秀、对用户最有用的网站往前面排；二是搜索结果的排序不是由人工审核，而是由机器根据规则和算法自动完成。为什么让机器来排，不让人工来排，这是因为，一方面，网络上的信息量实在太大，人工审核根本做不完；另一方面，人工审核容易带有个人的感情色彩，不利于结果的公正，所以搜索引擎公司只会制定规则和算法，按照它所制定的规则和算法由机器自动完成排序。影响搜索引擎自然排名的因素有以下几种。

1. 网站服务器

影响搜索引擎排名的服务器因素主要有两点：首先，服务器的地区分布影响排名。有研究结果表明，对相同的英文关键字，用相同的方法，总是服务器放在美国的网站排到第一页的速度快，放在国内服务器上的慢。所以如果做英文网站，尽可能放在国外。其次，服务器的速度和稳定性也非常重要。无论是百度，还是谷歌都不断强调，搜索引擎也是一个普通的用户。作为一个用户，如果出现服务器不稳定，搜索引擎的“蜘蛛”就不能正常地抓取网站的网页。同时，如果访问速度比较慢，搜索引擎的“蜘蛛”就不能顺畅地到达网站所在的空间。如果服务器稳定性高，访问速度快，搜索引擎的“蜘蛛”就会顺利地到达网站所在的空间，快速地抓取网页，这对网站的收录和PR（page rank）值的评定会起到不可估量的作用，这也就是为什么网站更换了好的服务器，出现PR值提升的原因。

小知识

PR值

PR值全称为page rank，PR值是谷歌排名运算法则（排名公式）的一部分，用来标识网页的等级/重要性。级别从0到10级，10级为满分。PR值越高说明该网页越受欢迎（越重要）。例如：一个PR值为1的网站表明这个网站不太具有流行度，而PR值为7～10则表明这个网站非常受欢迎（或者说极其重要）。一般PR值达到4，就算是一个不错的网站。

2. 网站的内容

（1）网站的内容要丰富。例如，同为以电子商务为主题的网站，一个有几万个网页，另一个仅有一个网页，那么这两个网站比较，哪个更专业呢？肯定是前者，所以内容越丰富，搜索引擎会认为网站越专业。

（2）网站原创内容要多，这会给网站带来较高的评分。近几年，内容欠佳的网站越来越多，所以原创内容对搜索引擎优化的影响越来越大，网站的原创内容越多，搜索引擎就会认为网站越专业。

（3）要用文字来表现内容。避免用图片、Flash等方式来表现网页中重要的内容，因为搜索引擎是看不到的。越是重要的内容越要用文字来表现。

3. Title（标题）和Meta（标签）设计

每个页面的Title和Meta都要不同，并且要与该页面的内容相符合。Title和Meta的长度要控制合理，Title设计越简洁明了越好，尽量不要超过25个汉字，网页描述Meta不要超过100个汉字。至于Title和Meta中的关键字密度，Title中合理突出1～2个关键字就可以了，网页描述Meta核心关键字合理出现4次左右。Title和Meta设计常见的错误有Title中堆积一大堆关键字，整个网站所有网页的Title和Meta都相同。

4. 网页的排版

（1）大标题要用<hl>，hl的作用类似Title，主要是告诉搜索引擎，这个网页的核心内容是什么。

（2）文本中的关键字用<b>加粗或者加重。如果文本中出现的关键字比较多，只要加粗1~3次，合理突出一下即可，不要过度使用。

（3）网页中的图片要加上Alt注释。加Alt注释的图片，通常是网页中的重要图片，比如产品图片、明星图片等。网页中的修饰图片不要乱加，除非是为了说明图片的内容。企业如果做好这个细节，图片搜索引擎就可能会给网站带来大量的流量。

5. 域名、文件名、URL路径

（1）域名。如果做英文网站，直接采用包含关键字的域名非常有助于排名。比如想突出“china tour”这个关键字，那么选用域名“chinatour.com”，很快就可以获得好的排名。如果是中文网站，可以考虑一下全拼的域名，因为各大搜索引擎都可以很好地识别拼音，这样对网站排名也非常有利。

（2）文件名。中文网站影响不大，如果做英文网站，文件名要用关键字，并且各个单词之间要用中横线“–”分开，不要用下横线。

（3）URL路径。顶级域名比二级域名有优势，二级域名比栏目页有优势，栏目页比内页有优势，静态路径比动态路径有优势。网页的目录层次越浅越好，最好不要超过三级目录。

6. 网站的导航结构

网站的导航结构要清晰明了，能够让用户在最短的时间内找到自己需要的信息，这样不仅用户会非常喜欢，同时搜索引擎也会喜欢。

超链接要用文本链接。网页中的超链接不要使用Flash按钮或者图片链接，最好使用文字来做链接，这样对排名有帮助。

各个页面之间要有相关链接，也就是让网站的每个网页都要有与网站相关的其他网页的链接，这样非常有利于搜索引擎对整个网站的收录和更新。

7. 关键字的密度和分布

通常情况下，关键字密度在3%~5%为宜，不要刻意追求关键字的堆积，否则会触发关键字堆砌过滤器，被搜索引擎处罚。

怎样让关键字密度合理呢？关键是做好分布，分布妥当，密度自然就会合理了。一个关键字，需要在一个网页的哪些地方合理出现呢？主要在六个地方：Title、Meta、网页大标题、网页文本、图片Alt注释以及网页底部超链接文本。在一个网页中，关键字能够在以上6个地方合理出现就可以了。

8. 反向链接因素和PR值

PR值的高低是由网页的反向链接的多少和质量来决定的。反向链接数量越多，质量越高，那么这个网页获得的PR值就越高，PR值越高，对排名越有利。反向链接是指如果A网页上有一个链接指向B网页，那么A网页就是B网页的反向链接。需要特别强调的是，反向链接是网页和网页之间的关系，而不是网站和网站之间的关系。站内各个网页之间的反向链接，被称为内部链接。站外的网页给站内的网页做的反向链接，叫作外部链接。增加反向链接的方法主要包括调整网站内部结构、友情链接交换、利用原创文章被转载以及利用专业的工具软件。

（二）搜索关键字广告

搜索关键字广告是指企业通过搜索引擎公司购买关键字，当用户用此关键字搜索时，该企业的信息就会出现在搜索页上，以吸引用户点击链接进入商家的网站，促进交易的实现。

搜索引擎优化是基于搜索引擎自然检索的营销推广方法，并不是每个网站都可以通过搜索引擎优化获得足够的访问量。尤其在竞争激烈的行业中，大量的企业网站都在争夺搜索引擎检索结果中有限的用户注意力资源时，很多企业会受到搜索引擎自然检索推广效果的限制，因此企业的搜索引擎营销策略往往是各种搜索引擎营销方法的组合。采用付费的方式，参与搜索引擎公司推出的关键字竞价排名，从而获得企业希望的展示位置，因其更加灵活和可控性高等特点受到企业的认可，成为搜索引擎营销的重要方法。

1. 搜索关键字广告的特点

（1）用户定位程度高。由于推广信息出现在用户检索结果页面，与用户获取信息的相关性强，因而搜索关键字广告的用户定位程度远高于其他形式的网络广告。并且，用户是主动检索并获取相应的信息的，具有更强的主动性，更加符合网络时代用户决定营销规则的思想。

（2）按点击付费，广告预算可以自行控制。按点击付费是搜索关键字广告模式最大的特点之一，对于用户浏览而没有点击的信息，不必为此支付展示费用。相对于传统网络广告按照千人印象数收费的模式来说，更加符合广告主的利益，使得网络推广费用可以自行控制。用户还可以自行设定每天、每月的最高广告预算，这样就不必担心选择过热的关键字而造成广告预算的大量增加，或由于其他原因使得推广预算过高，并且这种预算可以方便地进行调整，为控制预算提供了极大方便。

（3）关键字广告形式简单，制作成本降低。关键字竞价的形式比较简单，一般包括标题、描述、访问URL和显示URL，如图5-2所示，有的学习资源中把展现在用户面前的推广内容统称为创意。关键字不需要复杂的广告设计，因此降低了广告设计的制作成本，使得小企业、小网站、个人网站、网上店铺等都可以方便地利用关键字竞价方式进行推广。

图5-2　搜索关键字广告内容组成

（4）广告信息可以方便地进行调整。出现在搜索结果页面的推广信息都是广告主自行设定的，并且可以方便地进行调整，这与搜索引擎自然检索结果中的信息完全不同。自然检索结果中显示的网页标题和摘要信息取决于搜索引擎自身的检索规则，企业只能被动适应。如果网页的搜索引擎友好性不太理想，则显示的摘要信息可能对用户没有吸引力，将无法保证推广效果。

（5）关键字广告投放效率高。关键字广告推广信息不仅形式简单，而且整个投放过程非常快捷，大大提高了投放广告的效率。

（6）广告信息出现的位置可以进行选择。在进行竞争状况分析的基础上，网站通过对每次点击价格和关键字组合的合理设置，可以预先估算出推广信息可能出现的位置，从而避免了网络广告的盲目性。

（7）可引导潜在用户直达任何一个期望的目的网页。由于关键字广告信息是由企业自行设定的，当用户点击推广信息标题链接时，可以引导用户来到任何一个期望的网页。在自然检索结果中，搜索引擎收录的网页和网址是一一对应的，即摘要信息的标题就是网页的标题（或者其中的部分信息），摘要信息也是摘自该网页，而在关键字广告中可以根据需要设计更有吸引力的标题和摘要信息，并可以让推广信息链接到期望的目的网页，如重要产品网页等。

（8）可以随时查看广告效果统计报告。当购买了关键字竞价排名服务之后，服务商通常会为用户提供一个管理入口，可以实时在线查看推广信息的点击情况以及已经支出的费用。通过经常对广告效果统计报告进行记录和分析，对于网站积累竞价排名推广的经验，进一步提高推广效果具有积极意义。

（9）关键字广告是搜索引擎优化的补充。一般的网站不可能保证通过优化设计使得很多关键字都能在搜索引擎结果中获得好的排名，尤其是对于一个企业拥有多个产品线时，这时采用关键字广告推广是对搜索引擎自然检索推广的有效补充。

2. 关键字广告的投放策略

（1）选择合适的时间、区域进行关键字广告的投放。关键字广告的特点之一是灵活方便，可以在任何时间、任何区域投放，也可以将任何一个网帧作为广告的着陆页面。因此，如果需要，可以在网站推广运营的任何阶段投放关键字广告。不过，在网站运营的特定阶段采用关键字广告策略则显得更为重要，例如：网站发布初期；有新产品发布并且希望得到快速推广时；在竞争激烈的领域进行产品推广时；当与竞争者网站相比，企业网站在搜索引擎检索结果效果不太理想时；希望对某些网页进行重点推广时。

（2）选择关键字广告平台。如果有充足的广告预算，选择在所有主流搜索引擎上同时投放广告；如果希望自己的广告内容向尽可能多的用户传递，那么选择不同搜索引擎的组合；如果潜在用户群体特征比较明显，选择与用户特征最为吻合的搜索引擎。

（3）选择关键字组合。关键字组合的选择是搜索关键字广告中最重要也是最有专业技术含量的工作内容，直接决定了广告的投放收益率。

关键字分为三大类：核心关键字、关键字组合、语意扩展关键字（同义词、否定词、语意关联词等）。要挖掘出自己网站的系列关键字，最好借助由搜索引擎提供的关键字分析工具。一般来说，通用性关键字用户检索量大，但并不一定转化率高，转化率高的关键字往往是比较专业或者是多个关键字组合的检索。例如“律师”属于通用关键字，而“北京商标纠纷律师”属于专业关键字。通过“律师”进行检索到达网站的访问者与通过“北京商标纠纷律师”进行检索到达网站的访问者相比较，显然后者的转化率更高。

选择合适的关键字及关键字组合依赖于搜索引擎营销人员的丰富经验，对该行业产品特点和用户检索行为的深入理解，也可借助搜索引擎服务商提供的相关工具和数据进行分析。

（4）广告文案及广告着陆页面设计。选择合适的关键字后，需要对广告文案（即创意）和着陆页进行专业设计。好的关键字广告文案能吸引潜在客户点击，广告文案的质量决定了广告文案的点击率。在设计广告着陆页时，要注意与关键字的相关性，还要考虑用户体验以增强广告效果，达到让用户通过有限的信息而去关注并点击广告链接来到网站获取详细信息。保证用户点击进入后能够获得用户想要的信息。

（5）关键字广告预算控制。制定推广预算是关键字广告推广必不可少的内容，用户可以自行控制费用。当广告预算消费过于缓慢时，可以通过增加相关关键字的数量，或者适当提高每次点击价格等方式获得更多的广告展示机会；如果广告花费过高，则通过降低每天的广告费用限额或者减少关键字等方式进行费用控制。

（6）关键字广告效果分析和控制。付费搜索引擎服务商如百度、谷歌都会提供关键字管理后台，上面的各项数据是分析关键字广告的基础。这些数据包含关键字已经显示的次数、被点击的次数、点击率、关键字的当前价格、每天的点击次数和费用、累计费用等。网站还可以结合网站流量数据进行对比分析。除此之外，还可监测访问转化情况和详细的投入产出比来对关键字效果进行分析。如果发现某些关键字的点击率过低，网站有必要对这些关键字进行更换，当发现某些关键字广告点击率数据异常时，要进行关键字广告效果分析与网站流量对比分析。

四、搜索引擎营销的目标层次

无论是进行搜索引擎优化还是投放搜索关键字广告，都是为了实现企业的网络营销目标。为了更好地理解并最终实现网络营销目标，可以把搜索引擎营销目标分解为不同层次的营销目标。

第一层是搜索引擎营销的存在层，其目标是在主要的搜索引擎中获得被收录的机会，这是搜索引擎营销的基础。离开这个层次，搜索引擎营销的其他目标也就不可能实现。搜索引擎登录包括免费登录、付费登录等形式。存在层的含义就是让网站中尽可能多的网页获得被搜索引擎收录，而不仅仅是网站首页，也就是为了增加网页的搜索引擎可见性。

第二层是搜索引擎营销的表现层，其目标是在被搜索引擎收录的基础上尽可能获得好的排名，即在搜索结果中有良好的表现，因而可称为表现层。因为用户关心的只是搜索结果中靠前的少量内容，如果利用主要的关键字检索时网站在搜索结果中的排名靠后，那么还有必要利用关键字广告作为补充手段来实现这一目标。

第三层是搜索引擎营销的关注层，其目标直接表现为网站访问量指标，也就是通过搜索结果点击率的增加来达到提高网站访问量的目的。由于只有受到用户关注，经过用户选择后的信息才可能被点击，因此可称为关注层。从搜索引擎的实际情况来看，仅仅做到被搜索引擎收录并且在搜索结果中排名靠前还是不够的，这样并不一定能增加用户的点击率，更不能保证将访问者转化为顾客。要通过搜索引擎营销实现访问量增加的目标，则需要从整体上进行网站优化设计，并充分利用关键字广告等有价值的搜索引擎营销专业服务。

第四层是搜索引擎营销的转化层，其目标是将访问量的增加转化为企业最终收益的提高。转化层是前面三个目标层次的进一步提升，是各种搜索引擎方法所实现效果的集中体现。从各种搜索引擎策略到产生收益，其间的中间效果表现为网站访问量的增加，从访问量转化为收益则是由网站的功能、服务、产品等多种因素共同作用而决定的。因此，第四个目标在搜索引擎营销中属于战略层次的目标，其他三个层次的目标则属于策略范畴，具有可操作性和可控制性的特征。实现这些基本目标是搜索引擎营销的主要任务。

小知识

表5-1 搜索引擎营销效果评估指标体系

指标名称	指标构成
跳出率	最能反映广告媒介质量的KPI度量（相对数值）
网站平均停留时间	绝对数值
展现量	推广商户的推广创意展现在搜索结果页上面的次数（绝对数值）
点击量	推广创意被点击的次数（绝对数值）
点击率	点击数/展现量×100%（相对数值）
访问数	实际有多少潜在受众通过点击推广创意到达推广商户的页面，且页面被完全打开的次数（绝对数值）
转化次数	有多少到达页面的潜在受众发生了商户希望他们发生的行为
转化率	转化量/点击数×100%（相对数值）
平均点击价格	指定关键字范围和时间段点击费用的平均值（绝对数值）
平均转化成本	每次点击费用×点击数/转化量（相对数值）

任务三 短视频营销

一、什么是短视频营销

1. 短视频营销的含义

短视频营销是指企业借助短视频这种媒介形式进行社会化营销的一种方式。近年来，各种短视频平台纷纷崛起，无论是普通百姓还是影视演员，都纷纷加入短视频拍摄大军。短视频能拉近偶像与粉丝之间的距离是短视频App流行起来的重要原因之一，在巨额资金与海量内容生产背后是相当可观的用户注意力和流量，它们成为短视频营销变现的重要保障。

短视频营销

2. 短视频营销的特点

短视频不同于文字、音频单一的内容模式，其融合了文字、音频和视频，能让用户接收的内容更加多元。同时，优质的短视频内容也可借助社交媒体的渠道优势实现“病毒式”传播。短视频营销具有以下两个显著特点。

（1）搜索引擎优化目标精准。不同用户偏好的内容有所差别，有人喜欢励志情感，有人喜欢科技产品，还有人喜欢美食等。短视频内容多种多样，营销人员通过视频标签化、垂直运营等手段，可以确定目标用户，实现精准营销。

（2）传播速度快。简洁的短视频符合人们在移动互联网环境下碎片化的阅读习惯，深受用户青睐。富有创意、内容实用、能引起用户情感共鸣的优质短视频能够被广大网友转发，得到迅速传播。

二、短视频营销常用的平台

短视频的爆发式增长，催生了众多短视频平台。目前主流的短视频平台有抖音、快手和小红书等。

1. 抖音

抖音是由字节跳动公司孵化的一款音乐创意短视频社交软件。该软件于2016年9月20日上线，是一个面向全年龄段的短视频社区平台，其主要运营内容如下。

（1）定位目标用户。在进行抖音运营之前，必须先明确自己所想要吸引的用户群体。可以通过分析行业情况、分析竞品等方式来确定目标群体，进而做出一系列的运营策略。

（2）制定运营策略。针对不同的目标用户群体，需要制定不同的运营策略。例如，对于年轻女性用户，可以发布美妆、服装搭配、美食等吸引人的内容。而对于年轻男性用户，则可以发布更加有趣、幽默的视频内容。

（3）视频制作与剪辑。抖音作为一个短视频分享平台，视频内容的质量非常关键。因此，制作有吸引力且内容有趣的视频是非常重要的。在制作视频时，可以加入流行的音乐、特效等元素，同时还要注意视频的拍摄角度以及画面的稳定性等。

2. 快手

快手是一个基于GIF图制作工具发展起来的短视频社区，软件操作简单，可以十分方便地分享自己有趣的生活瞬间，也可以发现其他人的有趣生活，其主要的业务类型如下。

（1）线上营销服务是快手的主要收入来源，主要包括广告服务及“快手粉条”。

（2）直播业务收入是指用户在直播间为主播购买虚拟礼物给主播进行打赏时，快手平台所获得的抽成。

（3）其他服务主要指快手的电商服务，用户在快手直播、短视频或者用户资料页面中购买产品后，快手平台收取的佣金。

3. 小红书

小红书是一个生活方式平台和消费决策入口，通过机器学习对海量信息和用户进行精准、高效匹配，主要的运营方式如下。

（1）明确目标受众。明确所要推广的产品或服务的受众群体，然后针对这一群体制定相应的营销策略，比如精准投放广告或利用用户口碑传播等方式。

（2）内容运营。小红书用户喜欢有价值、高质量的内容，需要投入大量时间和精力来制作优质内容，例如美食、化妆品、美容健身等方面的文章或视频。

（3）互动建立信任。与用户互动，回答用户的问题和提供有益信息，能够帮助建立品牌信任和形象。同时，为用户提供诚信、专业和耐心的服务，为品牌留下良好的口碑。

（4）利用社交元素。小红书的社交特性使得用户可以方便地分享有关生活的内容。可利用小红书这个平台来扩大品牌或产品的影响力，建议利用小红书的分享按钮吸引其他用户来参与互动，在社交媒体上扩大品牌或产品的可见度和影响力。

三、短视频营销方式

作为网络营销中常用且有效的营销渠道，短视频可以在短时间内实现大范围、低成本的快速传播，为企业带来巨大的营销价值。常见的短视频营销方式有以下几种。

1. 短视频电商

短视频电商是一种新型电商模式，它通过短视频平台向消费者展示产品，并引导消费者购买产品。短视频电商通常以短视频的形式呈现，这些短视频内容丰富、有趣，能够吸引消费者的注意力并激发他们的购买欲望。短视频电商的优势在于它能够让消费者更直观地了解产品，同时提供更多的购物选择和便利。目前，我国短视频电商市场已经取得了较好的发展，各大短视频平台都在积极推广这一新型电商模式。

例如，用户在抖音或者快手观看短视频时，有时短视频下方会显示对应产品的链接。如图5-3和图5-4所示分别为抖音、快手产品链接，产品来源于抖音小店、快手小店或者其他电商平台，用户点击链接即可进行购买。

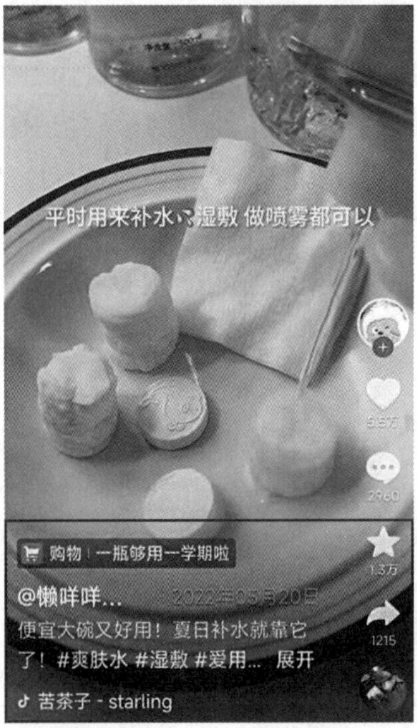

图5-3 抖音产品链接

图5-4 快手产品链接

短视频电商注重结合使用场景、体验场景、情绪场景等各类场景来展示产品的卖点、细节，营销人员进行短视频电商带货时，需要精心设计视频内容，将产品与各类场景相融合，让用户直观地感受产品特点，为后续的交易提供支持。实际运营中，营销人员通常将短视频电商与直播相结合，短视频更多起到为直播引流的作用。

2. 品牌植入

品牌植入是一种新型的营销方式，它通过将品牌或产品植入电影、电视剧、综艺节目等娱乐内容中，来提高品牌或产品的知名度和认可度。品牌植入能够让消费者在观看娱乐内容的同时，自然地接触到品牌的产品信息，强化消费者对品牌的印象，增加其购买意愿。品牌植入是一种综合营销模式，它能够结合广告、公关、促销等多种营销手段，为品牌或产品带来更全面、更持久的营销效果。比如在综艺节目《向往的生活4》中，小米手机就进行了品牌植入。节目中的嘉宾使用小米手机拍摄照片和视频，并在社交媒体上分享，从而提高了小米手机的知名度和品牌形象。此外，在抖音、快手等短视频平台上，也有很多小米手机品牌植入的案例，比如在短视频中展示小米手机的性能、拍照效果、用户评价等，来提高消费者对小米手机的认知和购买意愿。

3. “短视频+线下活动”营销

“短视频+线下活动”营销是一种结合了短视频和线下活动的营销方式。通过短视频的传播，可以吸引更多的用户关注和参与线下活动，同时也可以通过线下活动来增强品牌与用户之间的互动和联系。

4. 短视频互动营销

短视频互动营销是指利用短视频的传播和分享以及与用户的互动，达到提升品牌知名度、推广销售的目的。图5-5所示为红牛在短视频平台上发布的创意视频中的截图，红牛通过包含运动、特技表演等内容的创意视频，成功地吸引了年轻消费者，并成为他们心目中的潮流饮品。

图5-5　红牛短视频广告

5. 短视频创意定制营销

短视频创意定制营销是指按照品牌方的要求进行短视频内容定制，以实现高转化效果的营销方式。创意内容加上短视频形式，可以最大限度发挥PUGC（专业用户生产内容）的内容价值，让品牌植入更加原生态和自然。例如，某美食短视频账号凭借“针织方便面”“瓷砖烤牛排”等一系列富有创意的美食短视频快速树立了其个性化、创意化的账号形象，引起了华为、九阳等品牌的关注，让其为品牌产品创作了一些创意定制的短视频。例如，将华为手机作为案板处理食材、用水冲洗，用九阳小黄人豆浆机制作香蕉豆奶等。

四、短视频实施

短视频实施是短视频营销过程中最重要的一环，以下是关于短视频营销实施的三个关键过程。

（1）策划。首先要明确运营短视频的目的和目标，确定目标人群，制订详细的运营计划，包括内容策划、播放量目标、曝光渠道、推广方式等。

（2）制作。在制作阶段，需要编写短视频脚本并进行拍摄。拍摄时，需要考虑灯光、音乐、角度等多个因素，以保证视频质量。然后进行后期制作，包括视频剪辑、特效处理、字幕制作等。

（3）发布与推广。在发布阶段，可以通过各大平台发布短视频、推广短视频，增加短视频的曝光度。

任务四 直播营销

一、直播营销的相关概念

1. 直播营销的含义

直播营销是指运用数码技术将产品营销现场实时地通过网络传输到观众的眼前。它是网络视频营销的延伸，使观众能实时地接收企业信息并与企业进行即时对话，让用户有与企业零距离接触的感觉，并能使企业形象深入人心。这种“即时视频”与“互联网”的结合，是一种对企业非常有用的营销方式。

2. 直播营销的特点

随着互联网的发展，直播营销以其直播即时、设备简单和直达观众的特点广受企业营销人员的青睐。

（1）直播即时。直播营销可以实现信息即时共享，为用户带来直观的场景化体验，使用户产生沉浸感，让用户更真切地感受产品的外观、功能、使用效果等。

（2）设备简单。直播营销的设备很简单，常见的有智能手机、电视机、计算机等。基于互联网的直播营销，可以直接通过智能手机来接收与传播。营销的传播范围更广、传播速度更快，营销所达到的效果也更加明显。

（3）直达观众。直播营销不会对直播内容进行剪辑和加工，播出的内容与观众看到的内容是完全一致的。真实、直观的展示方式更易打动观众，激发其购物欲望。因此，直播营销时应当注重直播流程与设备维护，避免出现直播失误而给观众留下不好的印象。

二、直播平台的分类

直播平台的选择对于直播营销来说非常重要，合适的平台能够对营销效果起到事半功倍的效果。同时，直播营销也带来了巨大的营销效果，促使各类平台纷纷布局直播，催生出了众多直播平台。目前，常见的直播平台有娱乐类直播平台、游戏类直播平台、电商类直播平台、短视频类直播平台、社交类直播平台和教育类直播平台等。

（1）娱乐类直播平台。娱乐类直播平台兴起于PC端的秀场直播，是直播行业中发展较早的平台类型，入驻门槛低、用户流量大、主播数量较多。娱乐类直播平台直播类目以休闲娱乐、社交互动为主，涵盖才艺展示、聊天互动、户外活动、美食、体育、科技等内容。

（2）游戏类直播平台。游戏类直播平台是以实时直播游戏为主要内容的平台类型。全球电竞业的发展促进了游戏直播行业的发展，游戏直播成为直播产业中不可忽视的力量。游戏类直播趣味性强，颇受游戏爱好者的喜爱。

（3）电商类直播平台。电商类直播平台是由电商平台孵化而来的，作为电商平台吸引流量、提高转化率的工具，帮助实现企业边直播边销售、用户边观看边购买的营销目的。电商类直播平台的直播内容以直播带货为主。

（4）短视频类直播平台。短视频平台主要以输出短视频为主，但随着直播行业的发展，很多短视频平台适时推出了直播功能，平台上的用户除了可以上传、发布短视频内容外，还可以直播。与电商类直播平台专注于直播带货不同，短视频类直播平台的直播场景更丰富、直播内容更多元。

（5）社交类直播平台。社交平台是互联网上基于用户关系的内容生产与交流平台，用户在社交平台可以分享各类信息。在直播营销飞速发展的形势下，微信、微博等社交平台也上线了直播功能，搭建起了社交直播营销内容生态。

（6）教育类直播平台。目前，教育类直播平台可以分为两类：一类是在传统教育平台的基础上增加直播功能的平台，如网易云课堂等；另一类是独立的教育类直播平台，如小鹅通等。除了支持实时互动、分享知识之外，教育类直播平台还提供教学服务，包括课后答疑、作业批改、出题考试，甚至就业帮助等。

不同类型的直播平台的目标用户不一样，输出的内容也不同。营销人员在开展直播营销时，应根据企业的营销目的、品牌的特征，并结合直播平台的类型、用户特征等选择直播平台。

思政园地

乡村振兴背景下的电商助农发展的意义

党的二十大报告中明确指出：“为全面推进乡村振兴。”“坚持农业农村优先发展，坚持城乡融合发展，畅通城乡要素流动。加快建设农业强国，扎实推动乡村产业、人才、文化、生态、组织振兴。”乡村振兴战略的全面实施，催生着农村经济发展的新业态新模式不断涌现，其中电商助农模式成为促进乡村经济发展效率提升的重要动力。

（1）打破地理空间限制。电商平台可以通过互联网技术打破地理空间限制，让农产品更容易进入全国甚至全球市场，扩大销售范围和渠道。

（2）提高农产品附加值。通过电商平台，农民可以将原本散落在各个乡村的农产品进行整合包装，实现品牌化营销，提高其附加值。同时，电商平台还能够提供精准的营销手段和推广渠道，帮助农民打造自己的品牌形象，并吸引更多消费者。

（3）促进乡村经济发展。电商助农发展不仅为农民拓宽了收入来源渠道，更为乡村经济带来了活力。通过电商平台，乡村中的小企业和个体经营者也能够参与到线上销售中，推动当地产业发展和就业增长。

（4）加快农业现代化进程。通过电商平台，农民可以获得先进的种植技术、生产管理方法和市场营销知识，提高生产效率和产品品质。同时，电商平台还为农民提供便捷的采购渠道，加快农业现代化进程。

三、直播营销的常见方式

直播营销的方式在很大程度上影响直播的效果。对于企业来说，要根据营销的目的、前期的策划来选择合适的直播营销方式。常见的直播营销方式主要有以下五种。

1. 直播电商

直播电商是直播和电商相结合的产物，是一种以直播的方式销售实体产品和虚拟产品的营销活动。直播带货便是直播电商的典型，直播带货也是企业较为常态化的直播营销手段。与传统电商主要通过产品详情页引导用户购买产品不同，直播电商中，主播可以把产品的优缺点、使用效果等都通过直播直观地展现出来，实现实时互动，完成导购。

目前根据主播主体的不同，直播电商可分为企业自播和达人直播。越来越多的企业开始搭建自运营团队进行产品和品牌推广，企业自播将成为未来直播电商的发展趋势，其背后的原因主要有以下几点：一是企业与“达人”主播合作需要缴纳佣金或坑位费，佣金根据主播的级别和产品类别的不同而不同，坑位费则是指企业要让产品出现在主播的直播间，需要向主播缴纳的产品上架费。企业缴纳坑位费后，主播只保证在直播间销售产品，不保证最终的销量。二是面对热门主播，企业通常需要面临严格的选品环节，其结果往往是经过主播推荐的产品能够取得不错的销量，而未经主播推荐的产品则销量不佳。三是“达人”主播的粉丝对品牌缺少忠诚度，难以将观看直播的用户转化为品牌粉丝，不利于企业的品牌建设和品牌影响力的传播。

从平台的用户活跃数和直播带货能力上看，在直播电商行业，点淘、抖音、快手是表现不错的直播平台。如图5-6、图5-7和图5-8所示分别为点淘、抖音、快手直播带货界面。

2. 直播+广告植入

“直播+广告植入”是指在直播过程中主播自然而然地推荐产品或品牌，摆脱广告的生硬感，从而获得用户好感的直播营销方式。例如，很多主播通过直播给用户分享化妆技巧，然后在分享的过程中植入面膜、保湿水、洁面乳等护肤产品的广告，这样更容易使用户接受。在植入广告的过程中，还可以附上购买链接，促进产品的成交转化。

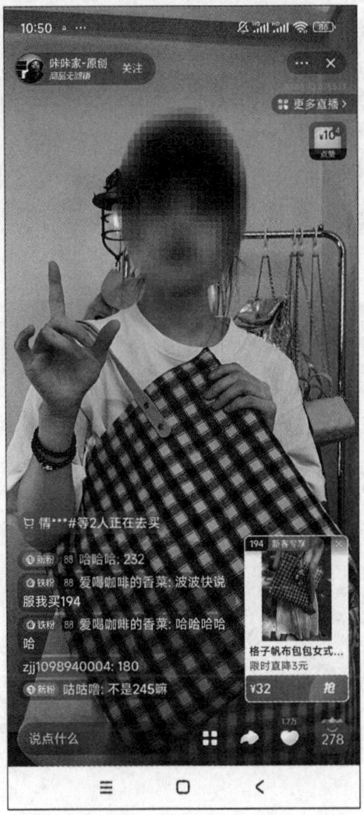

图5-6　点淘直播带货

图5-7　抖音直播带货

图5-8　快手直播带货

小知识

企业自播和“达人”直播

企业自播是指由企业组建直播团队进行直播营销，其特点如下。

（1）主播一般由企业内部人员如导购担任，也可以招聘专职主播。

（2）观看直播的用户多是品牌的粉丝，他们对品牌有一定的忠诚度，对品牌的产品有一定的需求。

（3）依托自身品牌效应，可以将非粉用户转化为品牌粉丝。

（4）产品展示方式模式化，直播内容较单一。

（5）可由多人轮流直播，以实现24小时在线直播。

“达人”直播是指由“达人”担任主播介绍各类产品，其特点如下。

（1）主播一般没有自己的货源，需与企业做好对接，才可在直播间内直播销售企业产品。

（2）直播产品品牌多样，产品上新速度较快，但受限于企业提供的产品款式。

（3）主播需要凭借自身能力实现流量的转化。

（4）用户购买产品主要基于对主播的信任。

（5）单人直播，直播时长有限。

3. 直播+发布会

“直播+发布会”是品牌常用的直播营销方式之一。直播地点不再局限于直播间，互动方式也更多样和有趣。“直播+发布会”可以对产品进行直观展示和充分说明，结合电商平台等，直接变现直播流量。例如，小米14 Ultra是小米公司于2024年2月22日发布的一款旗舰手机，在外观设计上，采用了专业设备轻量化的设计，背部线条变为直线，小米14 Ultra发布会面向国人同步直播，如图5-9所示。

图5-9 小米14 Ultra直播发布会

4. 直播+企业日常

在社交时代，直播营销强调人性化。企业可以分享日常生活，与用户建立密切的联系。例如，华为全联接大会是华为公司每年举办的大型活动，通过线上直播的形式进行。

5. 直播+访谈

“直播+访谈”营销方式下，访谈对象可以是企业的高层管理人员，由企业内部管理人员分享企业文化、发展战略、企业动态等，可信度较高，同时企业的高层管理人员一般是知名公众人物，影响力较大；访谈对象也可以是行业意见领袖、特邀嘉宾、专家、路人等，从第三方的角度来阐述观点和看法，可以增加直播的可信度，对于传递企业文化、提高品牌知名度、营造良好的企业形象有着促进作用。

四、直播营销实施

直播营销是一种高效且富有吸引力的营销方式，通过直播平台与观众进行实时互动，以此推销产品或服务。以下是关于直播营销实施的7个步骤。

1. 直播策划

在开始直播营销之前，首先需要明确目标受众和营销目标。这可能涉及品牌推广、销售额提升或是用户参与度的提高等。接下来，制订详细的营销计划和时间表，包括直播的频率、时间、主题等。为了增强直播的吸引力，需要创建独特且与品牌形象相符的直播主题和形式。

2. 内容创意

确定直播的内容和主题，这是非常关键的一步。丰富多样的直播内容能吸引各种类型的观众。在策划直播内容时，要确保其与品牌战略一致，同时注重创新，避免与竞争对手的直播内容雷同。可以利用社交媒体等渠道进行宣传推广，吸引更多的观众。

3. 营销策略

分析目标受众的特征和需求，以便制定具有针对性的营销策略。例如，针对年轻人群体，可以在直播中加入更多潮流元素，或是邀请他们喜欢的网红、明星作为嘉宾。同时，通过直播互动提升营销效果，例如观众提问、抽奖活动等，让观众获得参与感。

4. 产品推广

直播营销不仅可以用来推广产品，还可以进行卖点推荐和新品发布。可以在直播中展示产品的特点、使用方法和优点，让观众更直观地了解产品。同时，可以配合营销奖励活动，如限时折扣、购买赠品等，提高观众的购买意愿。

5. 与观众互动

在直播过程中积极与观众互动，可以通过回答观众提问、进行互动游戏等方式增强观众参与感。同时，可以建立客户档案，记录客户的购买记录、喜好等信息，以便提供个性化建议和资讯，增强客户黏性和活跃度。

6. 数据分析

在直播结束后，收集并分析用户数据，包括观看人数、观看时长、弹幕评论等，以了解观众对直播内容的反应。通过深入挖掘用户需求和兴趣点，可以优化未来的直播内容和策略。

7. 效果评估

最后，需要对直播营销的效果进行评估。统计直播的流量数据和营销效果指标，如销售额、观看人数、点赞数等，以衡量直播营销的成功程度。同时，需要分析直播营销的效果，总结经验教训，以便不断优化未来的直播营销策略和内容。

五、直播营销粉丝维护

营销人员如果想把通过直播活动获取的粉丝转化为忠实粉丝，就需要细心维护，常用方法包括开展线上活动与线下活动、分享信息、邀请粉丝参与直播策划等。

1. 开展线上活动与线下活动

线上活动包括折扣促销、抽奖、有奖问答等。常见的线下活动主要有聚会、观影等，在开展线下活动时可以给予参加活动的粉丝一些福利，如试用新品、优惠券等，同时利用这种面对面的交流机会获取粉丝的反馈意见，为企业下一阶段的直播营销策划做好准备。

2. 分享信息

粉丝比普通用户具有更强的消费能力。营销人员可以及时将企业的营销信息告知粉丝，并提供一些专属服务，如在粉丝群中分享企业最新资讯、专属折扣链接等，让粉丝感受到企业的诚意，增加粉丝的忠诚度。

3. 邀请粉丝参与直播策划

邀请粉丝参与下一场直播的策划，将粉丝的意见与创意融入策划中，这样既可以缓解企业营销人员的压力，又可以让粉丝产生参与感和归属感。一般来说，在直播的筹备阶段，粉丝可以参与选题、文案策划、海报设计等环节。

任务五 新媒体营销

新媒体营销就是利用社会化网络、在线社区、百度百科、短视频、微博、微信、今日头条、搜狐、凤凰、UC等平台或者其他互联网协作平台和媒体来传播和发布信息，从而形成的营销、公共关系处理和客户关系服务及开发的一种方式。本任务主要介绍微信营销和今日头条营销的相关内容。

一、微信营销

1. 微信营销的概念

微信营销是网络经济时代伴随微信的火热而兴起的一种网络营销方式。用户注册微信后，可与周围同样注册的“朋友”形成联系，用户订阅自己所需信息，商家通过提供用户需要的信息推广自己的产品，从而形成点对点的营销。

微信营销

2. 微信营销的特点

微信营销的特点主要表现在以下三个方面。

一是实现点对点的精准营销。微信拥有庞大的用户群，可以借助客户端将每条消息精准推送到相应的用户手机中，真正实现了点对点的交流、沟通，有助于商家企业直接经营用户、管理用户。

二是提供灵活多样的营销方式。微信功能非常丰富，例如二维码、扫一扫、公众号、小程序等，这些功能能够方便企业创造更多灵活多样的营销方式。

三是强关系机制。微信的点对点模式，可以将普通关系升级为强关系，企业能够通过互动的形式与用户建立联系，缩短距离，最终实现以朋友身份进行营销。

3. 微信营销的方式

微信营销的方式有很多，这里主要介绍微信个人号营销、微信公众号营销和微信小程序营销。

（1）微信个人号营销。微信个人号营销可以实现点对点营销，为目标用户提供更精准的服务。微信个人号营销对建立个人品牌、促进产品销售、维护用户关系都大有帮助。一些企业也常以“公众号+个人号”的形式开展微信营销。而要通过微信个人号为个人或企业带来良好的营销效果，营销人员必须合理管理和运营微信个人号，如图5-10所示为微信个人号营销。

图5-10　微信个人号营销

小知识

职业素养

在进行微信个人号营销时，营销人员与微信好友日常互动时要保持基本素养：有礼貌、用语文明、措辞恰当。同时，保护好微信好友的隐私，不要泄露给他人，也不要频繁给微信好友发送信息，以免打扰其日常生活。

（2）微信公众号营销。微信公众号是在微信App基础上开发的平台，可用于推送消息和提供交互服务。通过微信公众号平台，个人或企业都可以打造专属于自己的特色公众号，并在公众号上通过文字、图片、音频、视频等形式，宣传品牌或产品，如图5-11所示为微信公众号营销。

图5-11　微信公众号营销

（3）微信小程序营销。微信小程序是一种轻量级应用程序，用户无须下载安装即可使用。基于微信的社交属性和庞大用户群体，小程序已经成为移动互联网应用市场中的一股重要力量，越来越多的企业、商家和个人开始将目光投向了小程序开发，以期获得更好的品牌曝光、更高的用户留存和更好的用户体验。微信小程序营销是微信平台上一种新型的营销方式，商家可以通过开发小程序，在微信平台上进行销售和推广，吸引用户关注和购买，如图5-12所示。微信小程序营销具有低成本、快速、便捷、高效、个性化等特征。

图5-12　微信小程序营销

二、今日头条营销

1. 今日头条简介

今日头条是字节跳动旗下的一款推荐引擎产品。它基于个性化推荐引擎技术，根据每个用户的兴趣、位置等多个维度进行个性化推荐，推荐内容不仅包括狭义上的新闻，还包括音乐、电影、游戏、购物等资讯。

2. 今日头条营销原理

与百度搜索引擎的传统营销模式不同，今日头条基于用户日常的浏览内容和搜索痕迹创建用户标签，通过机器分析用户的特征和文章的特征，将两者进行匹配，实现个性化精准推荐。因此，不同用户登录今日头条App所能看到的首页内容是不完全一样的。

3. 今日头条营销形式

今日头条的营销形式主要有开机全屏广告、信息流原生广告以及详情页广告三种。

（1）开机全屏广告。开机全屏广告是打开今日头条App直接使用户捕获到品牌信息的推广形式，其特点是具有强烈的视觉冲击力、瞬间捕获注意力、品牌信息充分曝光。

（2）信息流原生广告。信息流原生广告是今日头条App通过算法计算多维度定向投放广告信息的推广形式（图5-13），其近似内容资讯的方式，能够精准地传递品牌信息。

（3）详情页广告。详情页广告是用户在浏览完所选择的信息资讯内容后所看到的广告内容（图5-14），其特点在于投放方式更加定向和精准，瞄准的是文章的关键词和来源。

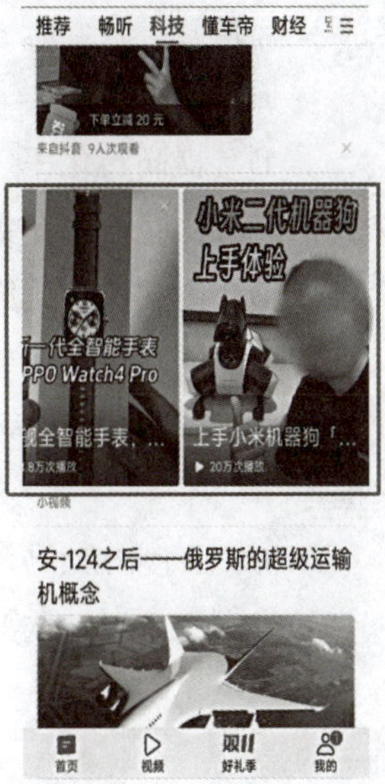

图5-13　信息流原生广告

图5-14　详情页广告

项目小结

网络营销是指借助于互联网络、现代通信技术和数字交互式媒体来满足消费者需求，实现企业营销目标的一系列营销活动，是企业整体营销的一个组成部分。网络营销的职能包括八个方面：网上调研、信息发布、销售促进、网络销售、顾客服务、顾客关系、网站推广、网络品牌。网络营销的工具有很多，包括搜索引擎、社会化媒体、网络视频、直播和其他工具。

搜索引擎营销的基本方法有搜索引擎登录、搜索引擎优化、搜索关键字广告。短视频营销是借助各种短视频平台的崛起，可以在短时间内实现大范围、低成本的快速传播，为企业带来巨大的营销价值。直播营销是指运用数码技术将产品营销现场实时地通过网络传输到观众的眼前，在“直播+”的发展模式下，直播平台与各种产业进行融合，发挥出直播的优势，从而带动电商的发展。新媒体营销借助“互联网+”和大数据分析，使其拥有更好的分众的效果，微信营销和今日头条营销是当前广受欢迎的两种新媒体营销的方式。

思考练习

一、单选题

1.（　　）是企业整体营销战略的一个组成部分。

A．网络销售　　B．电子商务

C．电子支付　　D．网络营销

2. 下列各项中，不属于网络营销的职能的是（　　）。

A. 品牌推广　　B. 信息搜索

C. 信息发布　　D. 提高转化率

3. 搜索引擎营销的基本方法有搜索引擎登录、（　　）、搜索关键字广告。

A. 搜索引擎优化　　B. 搜索引擎竞价排名

C. 网站内容　　D. 网站导航构架

4.（　　）是字节跳动旗下的一款推荐引擎产品，基于个性化推荐引擎技术，根据每个用户的兴趣、位置等多个维度进行个性化推荐。

A. 搜索引擎优化　　B. 百度SEM

C. 今日头条　　D. 网站导航构架

二、多选题

1. 近年来，企业使用的网络营销方式排名前三的是（　　）。

A. 即时聊天工具　　B. 搜索引擎推广

C. 微博营销推广　　D. 电子商务平台推广

2. 搜索引擎关键字广告形式简单，一般包括（　　）。

A. 标题　　B. 描述　　C. 标签　　D. URL

3. 短视频营销常用的平台有（　　）。

A. 微信视频号　　B. QQ群　　C. 豆瓣　　D. 抖音

4. 直播营销的特点包括（　　）。

A. 直观即时　　B. 设备简单　　C. 直达受众　　D. 销售量高

三、简答题

1. 网络营销的八项职能是什么？

2. 阐述网络营销策略的内容。

3. 搜索引擎营销的过程是怎样的？

实训项目

1. 撰写搜索引擎关键词广告

为所在学校招生撰写一则投放在百度上的关键词广告。

2. 调研平台推广方法

调研京东商城、苏宁易购平台，了解两个平台可以使用的推广方法，进行对比分析，并撰写调研报告。

项目六 跨境电子商务

学习目标

知识目标	掌握跨境电子商务的概念、分类，了解跨境电子商务主要平台的特点，了解跨境电子商务客服工作流程
能力目标	能够为跨境电子商务卖家选择合适的平台，能够做好跨境电子商务客户服务工作
素养目标	激发学生爱国主义情怀，增强商务意识

引导案例

亚马逊崛起的秘密——从一个卖书小平台到万亿跨境电商平台

近年来，随着全球贸易的日益开放和网络技术的迅猛发展，跨境电子商务逐渐成为新的增长点。本案例以“亚马逊”为例，探讨其如何在激烈的市场竞争中脱颖而出。亚马逊是一家成立于1994年的电子商务公司，总部位于美国西雅图，公司最初是一家在线书店，随着时间的推移，亚马逊逐渐扩大了业务范畴，包括销售电子产品、家居产品、食品等。亚马逊通过建立自己的国际跨境电商平台，成功进入多个国家和地区的市场。该平台为卖家提供了一个便捷的销售渠道，能将产品直接销售到全球各地。亚马逊成功的经验可以归结为以下几点。

数据驱动选品：亚马逊运用大数据和人工智能技术，分析全球消费者的购物习惯和偏好，实现精准选品，大大提高了商品的市场竞争力。

跨境电商物流优化：该公司建立了全球化的物流网络，通过智能仓储和配送系统，实现了快速、准确的订单处理和配送，极大地提升了客户体验。

多语言客户服务：为满足全球消费者的需求，亚马逊提供了多语言客户服务，让全球各地的消费者都能享受到专业、便捷的购物服务。

亚马逊或许不能像谷歌那样掌握大量互联网上的信息，但它可以知道消费者想买什么，在大数据时代这些宝贵的交易数据就是巨大的财富，通过电商平台上巨大的交易量，亚马逊可以收集每一位消费者的偏好进行精准的画像，依靠这些信息和数据，它就可以对消费者进行精准的广告投放，这也是如今亚马逊的另一个优势。

思考

亚马逊如何从一个卖书小平台到万亿跨境电商平台的?

任务一 了解跨境电子商务

随着互联网和电子商务在国际贸易中的快速发展，传统的国际贸易方式受到了极大的挑战，而新的国际贸易形式——跨境电子商务（简称“跨境电商”），在国家“一带一路”倡议和“互联网+”战略的带动下一直保持着高速度和高利润的迅猛发展态势，成为推动经济转型发展的重大抓手。

跨境电商与传统国际贸易

一、跨境电子商务的基础知识

1. 跨境电子商务的概念

跨境电子商务是指分属不同关境的交易主体，通过电子商务平台达成交易、进行支付结算，并通过跨境物流送达商品、完成交易的一种国际商业活动，其实质就是把传统国际贸易加以网络化、电子化。跨境电子商务有广义和狭义之分。广义的跨境电子商务，指的是分属不同关境的交易主体，通过电子商务的方式完成进出口贸易中的展示、洽谈和交易环节，并通过跨境物流送达商品、完成交割的一种国际商业活动。狭义的跨境电子商务基本等同于跨境零售，指的是分属不同关境的交易主体，借助计算机网络达成交易、进行支付结算，并采用快件、小包等方式，通过跨境物流将商品送达消费者手中的交易过程。

与传统国际贸易相比，跨境电子商务依托互联网技术而存在，在物流方式、交易流程结算方式等方面都大不相同。跨境电子商务与传统国际贸易的对比如表6–1所示。

表6–1 跨境电子商务与传统国际贸易的对比表

贸易方式	传统国际贸易	跨境电子商务
交流方式	面对面，直接接触	通过互联网平台，间接接触
运作模式	基于商务合同的运作模式	需借助互联网电子商务平台
订单类型	大批量、少批次、订单集中、周期长	小批量、多批次、订单分散、周期相对较短

续表

贸易方式	传统国际贸易	跨境电子商务
价格、利润率	价格高、利润率相对低	价格实惠、利润率高
规模、速度	市场规模大但受地域限制，增长速度相对缓慢	面向全球市场，规模大，增长速度快
交易环节	复杂（生产商—贸易商—进口商—批发商—零售商—消费者），涉及中间商众多	简单（生产商—零售商—消费者或者生产商—消费者），涉及中间商较少
支付	正常贸易支付	需借助第三方支付
运输	多通过空运、集装箱海运完成，物流因素对交易主体影响不明显	通常借助第三方物流企业，一般以航空小包的形式完成，物流因素对交易主体影响明显
通关、结汇	按传统国际贸易程序，可以享受正常通关、结汇和退税政策	通关缓慢或有一定限制，无法享受退税和结汇政策（个别城市已尝试解决）
争端处理	健全的争端处理机制	争端处理不畅、效率低

小知识

青海：首个跨境电商综试区

2020年1月14日，青海省政府召开新闻发布会宣布，青海首个跨境电子商务综合试验区——中国（海东）跨境电子商务综合试验区正式建设启动。

2. 跨境电子商务的特点

与传统的交易方式相比，跨境电子商务具有以下特点。

（1）全球性。网络是一个没有边界的媒介体，其具有全球性和非中心化的特征。依附网络发生的跨境电子商务也因此具有全球性和非中心化的特性。电子商务与传统的交易方式相比，一个重要的特点在于电子商务是一种无边界交易，失去了传统交易所具有的地理因素。

小知识

无货源铺货

顾名思义，无货源铺货指没有货源就大量地铺货，不需要囤货，这大幅度降低了成本，然后通过ERP软件，采集国内电商网站（如京东、淘宝、速卖通等）上面的商品信息，经编辑、修改、翻译之后，一键批量上传到你自己的亚马逊店铺，把商品卖到国外去，国外买家看到这个产品并“拍下”之后，我们可通过ERP后台订单系统，找到此产品的来源店铺，然后再去此店铺“拍下”产品，发货到国际中转仓，拆封、检查无误后，进行二次打包，报关出口，交由邮政物流或第三方物流公司通过国际运输至目的地国家后，接着运输至终端买家。

（2）数字化。跨境电子商务是数字化传输活动的一种特殊形式。数字化传输通过不同类型的媒介，例如数据、声音和图像，在全球化网络环境中集中进行，这些媒介在网络中以计算机数据代码的形式出现。与之相比，传统的国际贸易主要存在于实物产品或服务中，而随着网络的发展，一些数字化产品和服务的交易越来越多。

（3）多边性。传统的国际贸易以双边贸易为主，即使有多边贸易，也是通过多个双边贸易实现的，通常呈线状结构。跨境电子商务可以通过一国的交易平台，实现与其他国家的直接贸易，与贸易相关的信息流、资金流等由传统的双边逐步向多边方向演进，呈网状结构。

（4）直接性。传统的国际贸易要通过中介环节，即通过境内流通企业的多级分销，才能到达有需求的终端企业或消费者。通常情况下进、出口环节多、耗时长、成本高，会导致效率降低。跨境电子商务则免去了传统交易中的中介环节，可以通过电子商务交易与服务平台，实现多国企业之间、企业与最终消费者之间的直接交易。与传统贸易相比，其进出口环节少、时间短、成本低、效率高。

（5）小批量。跨境电子商务通过电子商务交易与服务平台，能够实现多国企业之间、企业与最终消费者之间的直接交易，更具有灵活性和即时性，因而一般是即时按需采购和销售，相对于传统贸易而言，跨境电子商务呈现小批量的特点，交易次数较多、频率较高。

（6）匿名性。跨境电子商务的全球性和数据化的特性，很难识别电子商务用户的身份和其所处的地理位置。交易双方主体可以随时随地利用网络进行交易，而且利用电子商务平台进行交易的消费者通常可以不暴露自己的真实信息。

（7）即时性。传统国际贸易中，交易双方多数是通过信函、邮件、传真等方式进行信息交流。而跨境电子商务对于信息的传输是即时的，不存在时间差。

（8）无纸化。在传统国际贸易中，从询价、议价、磋商、订立合同到货款结算都需要一系列的书面文件，并以这些文件为交易的依据。而在电子商务中，交易主体主要采用无纸化的操作形式，这是跨境电子商务不同于传统国际贸易的典型特征。

（9）快速演进。目前传统电商正向移动电商演进，随着5G技术的发展，跨境电商的演进、迭代将更加快速。

二、跨境电子商务模式

1. 按交易模式分类

按交易模式分类，跨境电子商务模式主要分为B2B跨境电子商务模式、B2C跨境电子商务模式、C2C跨境电子商务模式和O2O跨境电子商务模式。

（1）B2B跨境电子商务模式。B2B跨境电子商务模式是指商家对商家的跨境电子商务，即分属不同关境的企业，通过电商平台达成交易，进行支付结算，并通过跨境物流运送商品，完成交易的一种国际商业活动。从广义层面讲，B2B跨境电子商务模式指互联网化企业对企业的跨境贸易活动，即“互联网+传统国际贸易”。从狭义层面讲，B2B跨境电子商务指基于电子商务信息平台或交易平台的企业对企业的跨境贸易活动。

B2B跨境电子商务模式的核心不仅是建立一个网上的买卖者群体，它还为企业之间的战略合作提供了基础。常见B2B跨境电子商务模式有以下几种形式。

①垂直B2B模式。面向制造业或面向商业的垂直B2B模式，可以分为两个方向，即上游和下游。生产商或商业零售商可以与上游的供应商形成供货关系，生产商与下游的经销商可以形成销货关系。简单地说，这种模式下的B2B网站类似于在线商店，这一类网站其实就是企业网站，企业直接在网上开设虚拟商店。通过这样的网站，企业可以大力宣传自己的产品，用更快捷、更全面的手段让更多的客户了解自己的产品，促进交易。

②平台B2B模式。面向中间交易市场的平台B2B模式，将各个行业中相近的交易过程集中到一个“场所”，为企业的采购方和供应方提供交易机会，这一类网站既不是拥有产品的企业，也不是经营商品的商家，而是一个在网上将销售商和采购商汇集在一起的平台。

③自建B2B模式。自建B2B模式是指跨国公司或全球龙头企业基于自身的信息化建设程度，搭建的以自身产品供应链为核心的行业化电子商务平台。行业龙头企业通过自身的电子商务平台，串联起行业整条产业链，供应链上下游企业通过该平台实现信息发布和交易等。

④关联B2B模式。关联B2B模式是指某行业为了提升电子商务交易平台信息的广泛性和准确性，整合平台B2B模式和垂直B2B模式而建立起来的跨行业电子商务平台。平台B2B模式的优势在于内容更广，垂直B2B模式的优势在于内容更深，两者之间是竞争与合作的关系。关联B2B模式就是介于垂直B2B模式和平台B2B模式之间的一种模式，其所涉及的行业之间具有很强的关联性，行业之间的合作非常密切，是“水平”和“垂直”的完美结合。关联B2B模式的目的是为同一客户提供一套整合的行业解决方案，这种模式也可以称为“大垂直模式”，而这种模式也将成为未来B2B行业的主流模式。

（2）B2C跨境电子商务模式。B2C跨境电子商务模式是跨境电子商务中一种非常重要的商业模式。该模式是指分属不同关境的企业直接面向消费者个人进行产品和服务的在线销售，通过电商平台达成交易，进行支付结算，并通过跨境物流运送商品、完成交易的一种国际商业活动。这是一种新型的国际贸易形式。它同传统国际贸易交易过程相似，包括交易前的准备、交易谈判和签订合同、合同的履行和后期服务等整个过程。常见的B2C跨境电子商务模式有以下几种形式。

①直发/直运平台模式。直发/直运平台模式又称“drop shipping”模式。在此模式下，电子商务平台将接收的消费者订单信息发给厂家、批发商或零售商，后者按照订单信息以零售的形式向消费者发送货物。由于供货商是品牌商、批发（零售）商或厂商，因此直发/直运平台模式是一种典型的B2C模式，可以将其理解为第三方B2C模式（天猫国际是此模式的

典型代表）。直发/直运平台模式的部分利润来自商品零售价和批发价之间的差额。该模式的优势是对跨境供应链的涉入较深，后续发展潜力较大。

②自营B2C模式。自营B2C模式分为综合型自营跨境B2C平台和垂直型自营跨境B2C平台两类。目前，综合型自营跨境B2C平台的典型企业是亚马逊。亚马逊海外购已落户上海自贸试验区并已开展电子商务业务，其所出售的商品以保税进口（目前已暂停）或者海外直邮的方式入境。该模式要求跨境供应链管理能力强、后备资金充裕、有较为完善的跨境物流解决方案等，其劣势是业务发展受到行业政策变动的影响较大。垂直型自营跨境B2C平台是指平台在选择自营品类时会集中于某个特定的范畴，如食品、奢侈品、化妆品或服饰等。该模式的优势主要是供应链管理能力相对较强，其劣势是前期需要较大的资金支持。

（3）C2C跨境电子商务模式。C2C跨境电子商务模式是指分属不同关境的个人卖方对个人买方开展在线销售产品和服务，主要通过第三方交易平台实现个人对个人的电子交易活动，也有人称之为“海代”（即海外代购）。C2C可以满足用户碎片化、个性化的需求，并形成规模，但也有它固有的“痛点”，C2C平台销售的商品真假难辨，在获取消费者信任方面还有很长的路要走。从业务形态上看，海外代购模式大致可以分为以下两类。

①海外代购平台。海外代购平台的运营重点在于尽可能多地吸引符合要求的第三方卖家入驻，自身不会深度涉入采购、销售物流环节。入驻平台的卖家一般都是有海外采购能力或者跨境贸易能力的小商家或个人，他们会定期或根据消费者订单集中采购特定商品，在收到消费者订单后通过转运或直邮模式将商品发往消费者手中。海外代购平台走的是典型的跨境C2C平台路线。代购平台通过向入驻卖家收取入场费、交易费和增值服务费等获取利润。该模式的优势是为消费者提供了较为丰富的海外产品品类选择，用户流量较大，其劣势是消费者对于入驻商户的资质持怀疑态度。该模式的典型企业代表是淘宝全球购等。

②微信朋友圈代购。微信朋友圈代购是依靠熟人或半熟人社交关系从移动社交平台自主生长起来的原始商业形态。虽然社交关系对交易的安全性和商品的真实性起到了一定的“背书”作用，但受骗的例子并不在少数。随着海关政策的收紧，监管部门对朋友圈个人代购的定性很可能会从“灰色贸易”转为走私性质。

（4）O2O跨境电子商务模式。O2O跨境电子商务模式主要作用于商品消费领域。将线下的商业机会与互联网结合让互联网成为线下交易的前台，实现实体资源和虚拟资源的互通、互用。O2O跨境电子商务模式分为两大类：B2B跨境电子商务O2O和B2C跨境电子商务O2O。前者以出口为主，后者又分为跨境电子商务进口O2O和跨境电子商务出口O2O。

目前，B2B跨境电子商务O2O中的佼佼者为广交会电子商务平台。广交会电子商务平台是广交会官方唯一的电商平台，与广交会数据同源、资源共享，依托广交会的品牌资源、逾百万实名制采购商资源、海外推广资源等，开展国际电子商务及跨境贸易支付业务。广交会电子商务平台的实质是“电商+广交会”。B2C跨境电子商务O2O主要集中于进口电商领域，顾客到实体店体验商品，然后在网上下单。B2C跨境电子商务O2O模式（进口）主要有以下几种运作方式。

①线上下单，机场提货。该模式主要面向出国旅游购物者。消费者看中了海外机场免税店的商品后，可以在相关购物平台下单，回国后直接到机场免税店或就近地点自提货物，实现了轻松旅行。采用该模式的主要企业有天猫国际、乐天免税店等。

②前店后仓（保税仓库）。通过在部分区域设立保税仓库，与电子商务、海关、国税、外管、物流、快递等环节相连接，使整个网上购物过程可以在10分钟内完成。网上商店展示最新进口商品，仓库可以储存商品。采用该模式的企业有美市库、海岛网等。

③线下展示，线上购买。企业在闹市区开设门店，展示商品，顾客对有意向的商品可以网上下单，甚至扫码完成线上购物。采用该模式的企业有美悦优选、聚美优品等。

④与线下实体商家合作。电商平台利用线下实体商家的品牌影响力和客流量实现引流，顾客进入合作实体商家后通过手机扫码的方式下单，主要企业有蜜芽宝贝等。

⑤利用自身物流渠道设立社区便利店。企业借助自身在物流行业的庞大渠道，在各地设立社区便利店，用户可以在便利店中选购商品，通过扫二维码订购商品，选择快递自提服务提取货物。采用该模式的典型企业有顺丰等。

对于B2C跨境电子商务O2O模式（出口）来说，由于跨境电子商务的市场在海外，因此，电子商务公司需要在海外设立线下体验店，采用该模式的主要企业有大龙网和苏宁易购等。

2. 按商品流向分类

按商品流向分类，跨境电子商务模式可以分为进口跨境电子模式和出口跨境电子商务模式。

（1）进口跨境电子商务模式。进口跨境电子商务模式是海外卖家将商品直销给国内的买家，一般是国内消费者访问境外商家的购物网站选择商品，然后下单，由境外卖家发国际快递给国内消费者。由于货源组织供应、国际仓储物流等环节的不同选择，使进口跨境电子商务表现为众多商业模式。

①M2C模式。M2C即manufacturer to consumer（生产厂家对消费者），是生产厂家通过网络平台直接对消费者提供自己生产的产品或服务的一种商业模式。该模式的优势是用户信任度高，商家需有海外零售资质和授权，商品海外直邮，并且提供本地退换货服务，其缺点在于大多为代运营，价位高，品牌端管控力弱。采用这种模式的典型企业如天猫国际等。

②保税自营+直采模式。采用该模式的电商平台直接参与货源的组织、物流、仓储、买卖流程，采购商品主要以爆款商品为主，物流配送方面采用在保税区自建仓库的方式。该模式的缺点是品类受限，同时还有资金压力。典型企业如京东国际、聚美优品、蜜芽宝贝等。

③海外买手制。该模式中，海外买手（个人代购）入驻平台开店，从品类来看，以长尾非标品为主。

④内容分享/社区资讯模式。该模式借助海外购物分享社区和用户口碑提高转化率，以内容引导消费，实现自然转化，其优势在于该模式能够形成天然海外品牌培育基地，将流量转化为交易。采用这种模式的典型企业为小红书。

（2）出口跨境电子商务模式。出口跨境电子商务模式是国内卖家将商品直销给境外的买家，境外买家通过访问跨境电子商务交易平台与境内生产商或供应商磋商，在线下单购买并完成支付，由国内的商家发国际物流至国外买家。

①跨境大宗交易平台（B2B）模式。跨境大宗交易平台模式主要是依托自主网络营销平台，传递供应商或采购商等合作伙伴的商品或服务信息，最终达成交易的一种模式。这种模式的主要特点是订单较集中，批量也比较大，交易洽谈及货物的运输都在线下完成，与传统贸易联系较大，由海关负责贸易统计，会员费和营销推广费是网站的主要收入来源。这一模式的典型代表企业有阿里巴巴、中国制造网、环球资源网等。

②综合类跨境小额交易平台（B2C）模式。在此模式下（图6-1），网站平台仅是一个独立的第三方销售平台，买卖双方通过平台提供的商品信息下单成交。这种模式的主要特点是批量比较小，但是交易的频率比较高，多属于直接面向消费者的交易，订单比较分散，由快递公司或邮政间接负责货物的报关程序，而网站并不参与货物物流及货款的支付环节，其盈利方式主要是在成交价格基础上提取一定比例的佣金，此外还包括会员费、广告费等增值服务费。这一模式的典型代表企业有阿里速卖通等。

（3）垂直类跨境小额交易平台（独立B2C）模式（图6-2）。在此模式下，独立的跨境B2C平台可以通过自建的交易平台，利用自己的资源优势联系境内外企业，寻求供货商，进行独家代理或买断货源，将商品放在平台上销售。这种模式的主要特点是平台拥有自己的支付、物流、客户服务等体系，通过平台将采购到的商品销往国外，主要的收入来源于商品的销售收入，赚取差价。典型代表企业有兰亭集势、米兰网等。

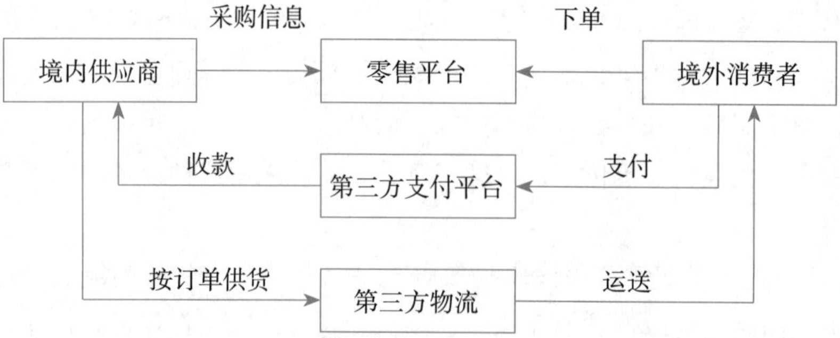

图6-1 综合类跨境小额交易平台（B2C）模式

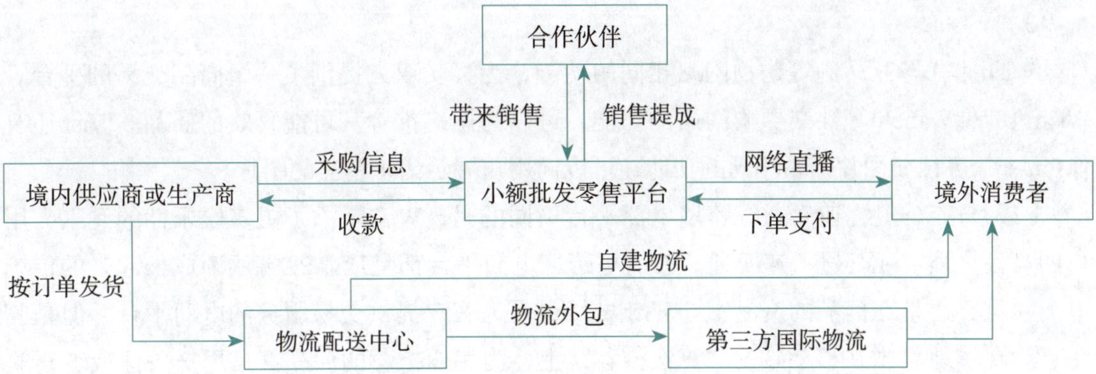

图6-2　垂直类跨境小额交易平台（独立B2C）模式

任务二　选择跨境电子商务平台

目前，跨境电商平台呈现巨头林立与百花齐放共存的局面。其中，进口跨境电商平台，天猫国际、京东全球购、苏宁海外购等传统电商已经牢牢占据大部分市场份额，而蜜芽宝贝等平台或通过细分市场发力，或通过率先布局物流等方式，先后斩获上亿美元融资，无论在品牌知名度、销售业绩，还是在服务质量上，都拥有了与巨头相抗衡的能力。

选择跨境电子商务平台

一、Wish 平台

1. Wish概述

Wish是一款基于移动端App的商业平台，买家通过移动端进行浏览和购物，这是该平台与其他电商平台最大的区别。Wish于2011年12月创建于美国，最初只是向用户推送信息，并不涉及商品交易，从2013年3月起升级为购物平台，同年6月推出移动端App，当年经营收入就超过1亿美元。

Wish主要销售服饰，同时也销售美妆、配饰、3C配件、母婴用品、家居产品等。Wish平台的设计倾向于让用户随意浏览，该平台60%以上的用户来自美国和加拿大，其余主要来自欧洲国家。在促销方面，Wish会根据买家的行为偏好数据，选择相应的商品信息推送给买家，以促成交易。根据用户在注册时填写的基本信息，加上后期的浏览、购买行为，该平台会为用户做标签，并且会根据客户的行为不断地更新标签，根据用户多维度的标签推算其可能感兴趣的商品。Wish平台淡化了店铺的概念，注重商品本身的区别和用户体验的质量。

2. Wish的特点

Wish拥有与亚马逊等购物网站相同的功能，为买卖双方提供了一个商品交易的平台。Wish也有像Wanelo等社交导购网站的功能，可以为用户推荐其可能喜欢的商品。Wish还有像Pinterest等社交图片网站相同的功能，可以向用户展示诸多精美的图片。

（1）与亚马逊、速卖通等跨境电商平台不同的是，Wish增添了更多娱乐性的元素，用户的黏性更强。亚马逊、速卖通、eBay等跨境电商平台都是依靠PC端逐渐成长起来的传统电商，重心还是在商品的交易上。Wish虽然也是为客户提供交易服务的电商平台，但是其注意力更多地集中在移动端的"算法推荐"上，为用户推荐的商品都是用户关注或者喜欢的，实现交易的可能性更大。

（2）与Wanelo等社交导购网站不同的是，Wish本身就可以进行闭环的商品交易，而不需要依附于其他购物网站。

（3）与Pinterest等社交图片网站不同的是，Wish可以直接提供购买服务。在Pinterest上，用户在浏览图片的过程中发现了自己喜欢的商品，需要到其他购买渠道去购买。而在Wish上，用户在浏览到喜欢的商品时，可以直接下单。

3. Wish的优势和劣势

（1）平台优势。良好的本土化支持；上架货品非常简单，主要运用标签进行匹配；利润率非常高、竞争相对公平；精准营销，点对点个性化地推送信息给客户；客户满意率较高。

（2）平台劣势。商品审核时间过长，短则2个星期，长则2个月；物流解决方案不成熟；平台的买卖纠纷规则模糊；费用较高，平台收取15%的商品成交费用和1.2%的提现费用。

4. 影响平台排名的因素

影响平台排名的因素包括标签准确性、产品数量、描述和图片以及产品价格。

标签准确性：产品标签需要准确无误地描述商品特点，以便算法正确识别并将商品推荐给潜在买家。

产品数量：卖家上传的产品数量也会影响其在平台上的曝光度，通常产品数量多的店铺更容易获得较好的排名。

描述和图片：清晰、高质量的商品图片以及详尽的商品描述可以优化用户体验，增加购买转化率，进而提升商品排名。

产品价格：在保证商品质量的前提下，具有竞争力的价格能够吸引更多买家的关注，提高商品的销量和排名。

5. 适用商户类型

Wish平台适合的商户类型主要是具有一定经验的贸易商、B2C企业以及品牌经销商。

贸易商：拥有一定国际贸易经验的贸易商可以利用Wish平台将商品推向国际市场，尤其是北美地区。

B2C企业：面向消费者的零售企业可以通过Wish平台的精准营销策略来吸引和维护客户。

品牌经销商：对于拥有正规授权的品牌经销商来说，Wish提供了又一个销售渠道来扩大品牌的市场影响力。

6. Wish平台规则及店铺运营策略

（1）Wish平台卖家必知规则。

①商家资质要求：Wish平台上的商家可以是生产者、零售商、品牌所有者、手工艺者、艺术家等，只要能够生产、制造或拥有批发、零售权力的商家都有资格在Wish上销售商品。

②禁售商品：通常情况下，在Wish平台上是不允许出售服务类商品的，除了定制的实物产品，比如定制一件礼服或者一幅绘画等，禁止出售无形的或需要通过电子形式发送的商品、实物或者电子购物卡，未经授权的商品、酒精、烟类商品或者其他类似商品。

③客户服务：若用户在下单之后询问订单或者修改送货地址、退换货等情况，卖家应该给予及时回复，帮助用户尽快解决问题，如果仅靠商家的能力解决不了可以寻求平台的协助。

（2）卖家注册Wish规则。卖家在Wish平台注册时需要准备相关企业认证资料，比如合法的营业执照、法人身份证、品牌授权书；寻找合适的货源和物流渠道，组建一支高效运转的团队，保证平台交易的顺利进行；充分准备能够满足Wish平台需要的产品资料，比如产品图片、文案或者价格等。

（3）Wish选品必知。Wish平台主要面向移动端客户，其中大部分的卖家都在移动端，大部分用户也是利用自己的碎片化时间（如坐公交车、喝下午茶的时间等）去购物平台上浏览商品。因此，卖家在选品时最好选择那些无须让消费者参考更多数据就可以下决心购买的产品，比如服装服饰、饰品配件、美妆产品、母婴类产品、3C配件等。此外，卖家在选择产品时还需要遵循Wish平台的卖家规则，对于禁止出售的产品要坚决排除。

（4）Wish上传产品必知。Wish是一个手机App购物平台，因此卖家在上传产品时不能照搬之前在其他PC端购物平台上的做法。Wish平台上采用的产品展示方法也区别于传统的产品展示形式，它基于用户的基本信息和浏览记录为用户贴上“标签”，并通过不断收集用户的信息来更正原有的信息，为用户创造多维度的兴趣标签，并在此基础上结合一定的算法为用户进行精准的产品推荐，提高产品交易的成功率。卖家在上传产品时一定要注意产品的标题、属性、价格、标签等问题，以提高产品的曝光率。

二、eBay 平台

1. eBay概述

eBay（EBAY，中文电子湾、亿贝、易贝）是一个可让全球民众在网上买卖物品的线上拍卖及购物网站。eBay于1995年9月4日由皮埃尔·奥米迪亚（Pierre Omidyar）以“Auctionweb”的名称创立于加利福尼亚州圣荷塞。人们可以在eBay上通过网络出售商品。其创立之初是一个拍卖网站，1997年正式更名为eBay。如今eBay在销售方式上依然延续了拍卖的模式，这是其与其他平台最大的区别。

拍卖和一口价为该平台的主要销售方式。网站根据这两种方式向卖家收取不同的佣金。拍卖模式是卖家通过设定物品的起拍价及在线时间开始拍卖物品，下线时竞拍金额最高者胜出。

目前eBay的站点已遍及以下国家：美国、英国、中国、阿根廷、奥地利、比利时、巴西、加拿大、德国、法国、爱尔兰、意大利、马来西亚、墨西哥、荷兰、新西兰、波兰、新加坡、西班牙、瑞典、瑞士、泰国、土耳其等。

2. eBay的特点

（1）eBay的开店门槛比较低，但是需要的材料和手续比较多，比如发票、银行账单等，需要对eBay的开店规则非常清楚。

（2）在eBay平台上开店是免费的，但上架一个产品需要收费。

（3）eBay的审核周期很长，一开始不能上传超过10个商品，而且只能拍卖，需要积累信誉才能越卖越多，因此“出业绩”和“出单”周期会比较长。

（4）遇到投诉则是最麻烦的事情，店铺被封在eBay平台上是经常发生的事情，所以卖家所卖产品的质量一定要过关。

（5）eBay操作比较简单，投入不大，适合有一定外贸资源的商家使用。

3. eBay的优势和劣势

（1）平台优势：在eBay平台上产品排名相对公平，且能得到平台专业的客服支持；新卖家可以靠拍卖来增加曝光率；在eBay平台上开店门槛比较低，但规则烦琐，需要仔细研究。

（2）平台劣势：买家保护政策强势，遇到买卖争议时平台会偏向买家，卖家损失惨重；平台的英文界面不友好，上手操作不容易；在平台上运营费用不低，开店虽然是免费的，但上架商品和商品成交需要收取费用；严苛的卖家标准（针对假货等商品），遇到投诉会被封店；审核周期长，需要慢慢积累信誉才能越卖越多，出单周期也长，需要慢慢积累。

4. 影响平台排名的因素

影响平台排名的主要因素包括卖家表现、产品数量、更新速度及产品价格。卖家表现是指买家的评价与反馈、解决纠纷的能力以及遵守平台政策的情况，一个拥有良好评价和高正面反馈的卖家更容易获得较高的排名。产品数量也是一个重要因素，通常拥有更多商品的卖家店铺能吸引更多的买家流量。产品的更新速度也会影响排名，定期更新列表和上架新品可以保持买家的兴趣并提高店铺的活跃度。产品价格同样扮演着关键角色，竞争性的价格通常会吸引更多的买家，进而提升商品的销量和店铺的排名。

5. 适用商户类型

在eBay平台上开店适合以下商户：贸易商、有一定B2C经验的生产企业、品牌经销商。贸易商通常拥有丰富的供应链管理和商品采购经验，能够通过eBay平台扩大自己的客户群和销售渠道。有一定B2C经验的生产企业则是利用自身的生产能力，在eBay上直接面向消费者销售产品。品牌经销商则通过eBay平台销售授权的品牌商品，他们往往拥有品牌的正式授权，可以向消费者提供正品保证，利用品牌效应吸引买家。

6. eBay的运营模式

（1）提供信息服务。eBay作为一家网上拍卖网站，开创了一种前所未有的C2C商业模式，即消费者对消费者的商业模式。在eBay上，买主也可以是卖主，同时eBay提供双方交流的平台。和传统营销模式不同，eBay并不直接参与交易，而是给企业和消费者提供一个平台，为客户提供商务信息或增值服务。

（2）不仅有二手货，还有新品。eBay网站上有二手货也有新品，二手货以较低的价格卖出，具有极大的价格优势，而新品则是与eBay合作的企业第一时间将产品发布在eBay网站上。随着新品的激增，商品范围也迅速扩张，eBay网站上有15个大类，150多个二级分类，500多个商品细分类，覆盖计算机网络、通信器材、体育器械、居家生活、办公文教等多个商品流通领域。顾客可以根据自己的需要选择二手货或者购买新品。

（3）交易方式的变动。随着平台的发展，原有单一的拍卖式交易方式显然已经不能满足需要，eBay推行的定价销售方式受到用户的欢迎。定价销售与原来的拍卖销售结合在一起，提供给用户多种服务（无底价竞标、定价出售等）选择，满足不同人群的需要。

（4）致力于开展个人电子商务。eBay鼓励个人在网站上开店铺，以会员制的方式收费。中国eBay推出的网上个人交易配套服务——“易付通”，在原有的代理服务、定心丸、黑名单、个人交易速递等服务基础上，为用户提供无风险的个人网络交易体验，实现了全面基于网络平台的交易方式。

（5）不自建物流，采取外部合作方式。eBay全球购物物流均由第三方物流公司承担。提供单包直发和合包整发两种方式。其优点是成本低，业务多。但缺点也是显而易见的，与亚马逊相比，亚马逊的物流更加快捷和便宜。

三、速卖通平台

1. 速卖通概述

全球速卖通（英文名：Ali express）是阿里巴巴旗下的面向国际市场打造的跨境电商平台，又称为“国际版淘宝”。全球速卖通面向海外买家客户，通过支付宝国际账户进行担保交易，并使用国际物流渠道运输发货，是全球第三大英文在线购物网站。

全球速卖通于2010年正式创立，是中国最大的跨境零售电商平台，目前已经开通了18个语种的站点，覆盖全球200多个国家和地区。全球速卖通拥有近20个语言分站，已覆盖全球200多个国家和地区的买家，覆盖服装服饰、3C配件、家居、饰品等共30个一级行业类目。平台在服装服饰、手机通信、鞋包、消费电子、家居等产品类目上具有优势。

全球速卖通的核心优势是在全球贸易的新形势下，打造融合订单、支付、物流于一体的国际小额批发在线交易平台，让没有外贸经验的人能够轻松实现全球跨境交易。

2023年9月26日，速卖通联合菜鸟正式宣布上线“全球5日达”国际快递快线产品，首批落地英国、西班牙、荷兰、比利时和韩国5国。这是全球跨境电商物流领域的领先性产品，5国消费者在速卖通Choice频道下单带有“5-day delivery”（五日达）标识的商品，可在5个工作日收到来自中国的包裹。

2. 速卖通的特点

速卖通平台的销售模式是B2B+B2C垂直类销售，主要针对企业客户，侧重于新兴市场，其75%的海外市场分布在俄罗斯、巴西、美国、西班牙和土耳其。速卖通是阿里巴巴系列平台产品之一，整个页面操作简单整洁，适合初级卖家上手。另外，阿里巴巴一直有非常好的社区和客户培训体系，可以快速入门。速卖通适合初级卖家，尤其是其产品特点符合新兴市场的卖家，也适合产品有供应链优势、价格优势的卖家。

3. 速卖通的优势和劣势

（1）平台优势：小订单，大市场。在全球贸易新形势下，买家采购方式正在发生剧烈变化，小批量、多批次正在形成一股新的采购潮流，更多的终端批发、零售商直接上网采购，低成本，高安全。买卖双方在线沟通，下单支付一步到位，国际快递发送货物，缩短了交易周期，短周期，高利润。卖家直接向终端零售商和网店供货，流通渠道更短，直接在线支付、收款，拓展了产品利润空间，创造了更多收益。网站诚信安全体系为交易过程保驾护航，避免货款受骗。

（2）平台劣势：价格竞争激烈，宣传推广费用高；运营政策偏向大卖家和品牌商，早期进入速卖通平台的门槛并不高，导致大量的低端卖家涌入平台，带来卖家的同时也带来了价格的恶性竞争，给平台造成了一些不良的影响；基本不提供客服业务等。

4. 影响平台排名的因素

卖家评级、价格、产品销量、产品评级。

5. 适用商户类型

垂直类贸易商、转型开展B2C业务的生产企业、传统批发商。

四、亚马逊平台

1. 亚马逊概述

亚马逊公司（Amazon，简称“亚马逊”），位于华盛顿州的西雅图。2022年营收为5140

亿美元，是美国最大的一家网络电子商务公司，是网络上最早开始经营电子商务的公司之一。亚马逊成立于1994年，一开始只经营网络的书籍销售业务，现在则扩及了范围相当广的其他产品，已成为全球商品品种最多的网上零售商和全球第二大互联网企业，在公司名下，也包括了Alexa Internet、a9、Lab 126、和互联网电影数据库（Internet movie database，IMDB）等子公司。

亚马逊及其他销售商为客户提供数百万种独特的全新、翻新及二手商品，如图书、影视、音乐和游戏、数码下载、电子和电脑、家居园艺用品、玩具、婴幼儿用品、食品、服饰、鞋类和珠宝、健康和个人护理用品、体育及户外用品、玩具、汽车及工业产品等。

2. 亚马逊的定位

亚马逊的核心理念是以创造长期价值为核心，长远思考才能做到不可能的事。相对于传统商务局限于销售空间的场地，以消费者直观的实物选择为主的方式，以亚马逊为代表的互联网电子商务突破传统，从更高的层面来揭示企业建设与市场营销的理念和规律。

3. 亚马逊的优势和劣势

（1）平台优势：作为电子商务的鼻祖，亚马逊比其他平台都要早创建，它拥有庞大的客户群和流量优势，强大的仓储物流系统和服务，尤其是在北美、欧洲等地区。卖家只负责出售产品，后期的打包、物流、退换货都由亚马逊提供统一的、标准的服务模式，由此产生一些服务费用，包括存储费、配送费和其他服务费用，当然卖家也可以选择自己配送；站点联动，例如亚马逊欧洲站点只需要有一个国家的账户就可以面向全欧洲市场销售；提供中文注册界面。

（2）平台劣势：对卖家的产品品质要求高，企业最好有研发能力；卖家必须可以开具发票；对产品品牌有一定的要求；手续较其他平台略复杂；同一台计算机只能登录一个账号；收款银行账号需要注册自美国、英国等国家。

4. 亚马逊的盈利模式

（1）把握长尾商机。了解亚马逊的人都知道，亚马逊一开始是卖书的，拥有310万种的可供图书商品。其长尾理论挑战了20%重度消费者购买80%产品的传统营销理论，互联网低成本让80%的轻度消费者成为利润的重要来源。

（2）亚马逊无货源模式。亚马逊不需要自己囤货、备货、发货，不需要通过ERP系统上传商品到国外网站。买家下单，卖家采集货源发至亚马逊官方仓库，亚马逊会打理好一切，大大节省了物流等的开支。

（3）低价批发到产品定制。国外的市场价格要高于国内很多，国内低价批发的商品，在欧洲站可以高价出售，一单的利润在30%～50%。卖家根据自己选择的站点了解用户的购物信息和购物喜好，主动定制产品，精细化运营以增加利润。

（4）亚马逊kindle电子书平台的搭建。亚马逊kindle电子书用户已超百万，已完成从卖硬件到靠内容盈利的模式转换。

任务三 提升跨境电子商务客户服务质量

一、客服工作思路与技巧

1. 工作思路

与传统商业沟通相比，跨境电子商务交易双方的沟通主要通过在线的实时沟通工具进行。而电商平台沟通的原则是及时、清楚、简洁礼貌。以速卖通为例，国际版阿里旺旺、速卖通的站内信、Skype都是可用的实时沟通工具。

沟通内容主要为：询价、物流方式、产品规格、包装、数量、重量、品质等。跨境电子商务注重沟通的即时性，使用聊天工具时，如果在构思和打字上花费太长时间就容易造成话语流的交织或者长时间的话语间断，口语化词汇能够使沟通双方及时跟上快节奏的网络环境，提高即时沟通效率，达到交际目的。同时，多说一些感谢、抱歉、多多支持的词汇，让客户感受到客服真诚的工作态度。也可以多用表情符号，无论是外国人还是中国人，在聊天中使用表情符号的频率都很高，对于远距离交流的双方，表情符号可以更好地表达情感，拉近与客户之间的距离。对于承诺的事情要尽力做到，不能做到的事情不要轻易承诺。

日常的客服从买家下订单开始，所有的客服都围绕着订单进行，围绕订单的客服环节可细化成售前、售中、售后三个步骤。跨境电商客服工作同样可以分为售前、售中和售后三部分内容。每部分工作各不相同。售前客服的主要任务是销售产品，对商品要熟悉，有与顾客良好沟通的能力，商品销售能力和关联商品的搭配能力。售中客服的主要任务是对订单进行追踪与反馈，要熟练操作快递单号查询、异常快递单处理等工作，并及时给予消费者反馈。售后客服的主要任务是熟悉平台规则，能够灵活处理问题。

2. 工作流程

售前客服要做好充分的准备工作。遇到客户询盘，要亲切热情地打招呼并且了解客户的需求，向客户推荐产品并把产品信息介绍清楚，进行议价催付，完成销售。客户完成下单后，售中客服注意进行发货提醒和预计到货时间告知，及时追踪货物物流情况。包裹成功投递后，售后客服向客户确认货物送达并且鼓励客户给予好评。如有纠纷产生，灵活进行退换货或者投诉处理。售前、售中和售后客服工作流程如下。

售前客服：售前知识储备—向顾客问好，了解顾客需求—推荐产品，进行销售—议价、催付—确认订单。

售中客服：商品发货—订单跟踪—订单处理。

售后客服：主动联系顾客，查明售后原因—退换货商品处理—差评、投诉、维权处理—客户关系的维护与发展—反馈意见。

3. 工作技巧

（1）快速回复。消费者希望自己的声音能被听到。跨境电子商务卖家需要与代表着安全和面对面交流的实体店购买相竞争。如何赢取客户的青睐？卖家要做的第一件事就是快速回复客户信息。这也是亚马逊评判卖家绩效的一个关键指标。消费者将会非常开心在1～2小时内得到答复，而不是要等上一整天。也可以运用词句的缩写进行快速回复，包括首字母缩略模式，例如，用“AFAIK”代替“as far as I know”，用“RFI”表示“request for information”；部分缩略模式，如“Bst Rgd”表示“best regard”，“pls”表示“please”；用字母代替同音单词模式，例如，“CU”表示“see you”，“Me2”表示“me too”等。

（2）更快的配送服务。改善客户服务的第二步是采用快速物流服务，尽快把包裹投递给客户。如果跨境电商卖家销售的是小物品，并需要自己发货，可以尝试USPS国际邮件包裹，它们不仅具有一流的配送速度，成本也不高。快速配送是销售流程中确保正面反馈一个最重要的指标。

（3）更快的发货速度。确保了解物流公司发货时间和最后一班离开本地的货车的发车时间。跨境电商卖家可能发现，加上揽货时间，很多包裹第二天才能真正离开本地。只需稍微更改一下发货安排，卖家就能使货物在交出当天离开本地，然后提前一天投递给客户。如果说出需求，物流公司也会很乐意帮助卖家的。

（4）规范化回应内容。随着跨境电子商务业务的扩大，卖家会发现针对相似的问题有相同的回应。因此，跨境电子商务卖家可以建立一份问答文档，回复客户询盘时只需复制和粘贴即可，然后根据询盘细节进行修改。该措施有助于为品牌和业务建立专业的形象。

（5）保持专业性和积极性。任何业务都存在冲突。随着互联网匿名功能的出现，买家经常感到，当问题出现时他们需要怒气冲冲地联系卖家，才能让自己的声音被听到。跨境电子商务卖家需要保持平静，在回应客户问题时体现出专业性，努力找出一个解决方案。不要陷入与客户争吵的旋涡，这样冲突会更快得到解决。预先准备好回应内容和解决方式，更容易保持积极的态度。

（6）给客户选择。跨境电子商务卖家可以为客户提供多种选择。缓和争论最简单的方法，就是为客户提供几个选项，让他们感觉自己拥有主控权。例如，“我很乐意为您安排退货，或者作为补偿，我可以为您提供10%的折扣，您喜欢哪种处理方式呢？”

（7）善用表情符号和其他符号。从事跨境贸易双方无法进行面对面沟通，无法从语音语调、肢体动作和面部表情来传达跨境电商卖家的情感和判断买家的态度，因此使用表情符号来构建语境对于交流沟通就显得尤为重要。此外，掌握跨境电子商务平台上各种表情符号在国际上通行的解释，尽量避免产生误会以致失去一个潜在客户。例如，微笑符号常常在跨境电子商务平台上出现，营造的是一种轻松友好的语境以达到“谋取最大利润”的交际目的。除了表情符号以外，买家往往用大写、黑体字母、标点符号来表达不同的情感。例如，“Haven’t received your confirmation!!!!!!”在这个句子里，买家用了多个惊叹号来表达自己强烈的不满和焦急的催促。

总之，在不同的客服环节，客服要做的工作也各不相同，起到的效果也各不相同，如表6-2所示。

表6-2 客服工作技巧

客服环节	客服要做的事情	潜在的效果
买家下单但没有付款	留言给买家，提醒付款。每个买家的习惯都一样，可适当多提醒几次，但不宜太多（建议不超过3次）	尽可能促成交易
买家下单并付款	①资金审核中未到账：留言告知买家资金已在审核中，让买家耐心等待，到账后会及时通知买家 ②付款成功：留言告知买家付款已成功，准备发货 ③付款失败：留言告知买家付款失败，未通过平台风险管控	让买家清楚自己付款后的状态，防止资金审核较长引起买家的误会
订单发货前准备	留言给买家，询问收货地址、联系方式等物流关键信息是否正确	减少货物丢失或快递无法正常投递而造成不必要的缺失
订单已发货	①货物刚发出：留言给买家，告知订单已发货，并把订单号发给买家查询 ②货物在途：留言给买家，定期更新包裹的在途状态	有效地避免买家在这个环节看不到物流信息，直接提出纠纷
订单延期到货	留言给买家，并为买家延长收货时间	避免买家因为延期提出纠纷
订单已签收	留言给买家，并提醒买家到平台确认收货	尽可能缩短回款周期
订单已确认收货	主动给买家好评（除非订单有纠纷），并留言建议买家留好评	提高店铺信誉

二、纠纷、评价和客户管理

1. 纠纷处理（以速卖通为例）

提起纠纷，很多客服都非常害怕，正确地对待纠纷，与顾客进行沟通交流都可以避免更大的损失。客户纠纷从动机出发来说分为两类：善意的和恶意的。针对善意的客户，客服要高度重视并且妥善处理，针对恶意客户，可以通过"营销活动—客户管理—客户管理与营销"，将其拉入黑名单。纠纷的种类主要分为未收到货物和收到货物两种情况。未收到货物分为包裹异常、买家着急、物流延误、海关扣关、包裹退回；收到货物分为货不对版、质量问题、货物短装、货物破损、销售假货。

（1）根据不同的情况，客服有不同的解决方法。针对未收到货情况，解决方法如下。

①包裹无跟踪信息，包裹异常：及早沟通、退款，尽量重新发货；②包裹物流信息正常，买家着急：追踪物流信息，查询妥投；③物流延误，未能在承诺时间到达：协商，延期，重新发货；④海关扣关，私自更换物流：协助清关，分担关税，保留证据；⑤包裹退回：查询，举证，尽量重新发货。

（2）根据收到货物的情况，解决方法有：①货物与描述不符：举证，部分退款，成本价再发货；②质量问题：及时响应，与买家协商，退款；③货物短装：积极沟通，举证，补发货物；④货物破损：举证，与快递沟通，赔偿，补发。

（3）纠纷并不可怕，本着诚信的态度积极与客户沟通，尽量将纠纷影响降到最低，争取让买家取消纠纷，部分退款、重新发货都是可能实现的。成功解决纠纷的技巧有以下几种。

①产品保证：根据产品实际详细描述产品品质，杜绝假货，保证产品质量。②有效沟通：在交易过程中不断与买家进行沟通，比如买家下单前就跟买家确认产品信息，发货后时刻关注物流信息，及时处理物流疑问，经常查看订单，特别是在小包爆仓的情况下，及时给客人延长订单收货时间。③重视买家的抱怨：不要忽略买家提出的任何一个问题，在这些抱怨中可能会发现一些深层次的原因，从而诊断出卖家在经营管理中存在的问题。对每笔买家投诉及其解决进程进行记录，提供更优质的商品和服务。④准确及时地解决问题：在最短的时间内答复客户而不是采取拖延的办法。⑤跟踪买家对处理意见的反馈：如果买家对处理结果不满，必须继续跟进处理，直到客户满意为止。一般来说，第一句回复是："请不要担心，我们会为您解决问题，请您发送给我们相应产品的图片。"如果对方恶意说产品少发了，那就把后面语句换成："请您提供包裹和产品的图片以及包裹总重量，因为我们都有发货记录，重量精确到克，请您再次核对所有产品后，再与我们联系。"

如果纠纷私下解决不了，那么提交至平台，平台会根据双方提供的证据进行一次性裁决，卖家同意接受速卖通的裁决。并且，速卖通把买家不良体验订单率（order defect rate，ODR）作为一个重要指标，把卖家分为不及格、及格、良好和优秀。其中，买家不良体验订单率ODR=买家不良体验订单数/所有考核订单，如表6-3所示。

表6-3 速卖通买家不良体验指标详解

买家不良体验	指标详解
成交不卖	买家对订单付款后，卖家逾期未发货，由于卖家原因导致付款订单未发货的行为
仲裁提起	买卖双方对于买家提起的纠纷处理无法达成一致，最终提交至速卖通进行裁决的行为
5天不回应纠纷	买家提起或修改纠纷后，卖家在5天之内未对纠纷订单做出回应导致纠纷结束的行为
中差评	在订单交易结束后，买家对卖家该笔订单总评给予3星以下的评价
DSR（卖家详细评级）商品描述中低分	在订单交易结束后，买家匿名给予商品描述的准确性3星及以下的评价
DSR（卖家详细评级）卖家沟通中低分	在订单交易结束后，买家匿名给予沟通质量及回应速度3星及以下的评价
DSR（卖家详细评级）物流服务1分	在订单交易结束后，买家匿名给予物品运送时间合理性1星评价

客服需要了解卖家分类标准（表6-4），再根据分类标准，进行客户管理。

表6-4　速卖通优秀、良好、及格和不及格卖家分类标准

评级	优秀	良好	及格	不及格
新标准	符合以下所有条件： ①考核订单量≥90笔 ②ODR≤3.5% ③卖家责任裁决率≤0.8%（手机、平板类目为≤1%） ④90天好评率≥97%	符合以下所有条件： ①考核订单量≥90笔 ②ODR≤6% ③卖家责任裁决率≤0.8%（手机、平板类目为≤1%） ④90天好评率≥95%	符合以下所有条件： ①ODR≤12% ②卖家责任裁决率≤0.8%（手机、平板类目为≤1%） ③90天好评率≥90%	符合以下任一条件： ①ODR>12% ②卖家责任裁决率>0.8%（手机、平板类目为>1%）
旧标准	符合以下所有条件： ①考核期内结束的已支付订单数≥90笔 ②ODR≤2.5% ③卖家责任裁决率≤0.8% ④90天好评率≥97%	符合以下所有条件： ①ODR≤4% ②卖家责任裁决率≤0.8%	符合以下所有条件： ①4%≤ODR≤8% ②卖家责任裁决率≤0.8%	符合以下任一条件： ①ODR>8% ②卖家责任裁决率>0.8%
历史累计结束的已支付订单<30笔的卖家，属于成长期卖家，不参与卖家服务等级考核				

2. 管理评价（以速卖通为例）

卖家非常看重买家的好评，可是顾客有可能因为产品质量、客服水平、物流等因素给卖家一个差评，特别是点击鼠标就能够毫不留情留下差评，这对于店铺信用级别的影响是很大的。这时候售后客服不能坐以待毙，要积极响应中差评，找出顾客不满意的原因，积极改进，用优惠返现、下次折扣等方式让客户尽可能修改中差评。全球速卖通平台的评价分为信用评价及卖家分项评分两类。信用评价，是指交易的买卖双方在订单交易结束后对对方信用状况的评价。信用评价包括五分制评分和评论两部分。

卖家分项评分，是指买家在订单交易结束后以匿名的方式对卖家在交易中提供的商品描述的准确性、沟通质量及回应速度、物品运送时间合理性三方面服务做出的评价，是买家对卖家的单向评分。

信用评价买卖双方可以进行互评，但卖家分项评分只能由买家对卖家做出。

（1）所有卖家全部发货的订单，在交易结束30天内买卖双方均可评价。

（2）对于信用评价，如果双方都未给出评价，则该订单不会有任何评价记录，如一方在评价期间内做出评价，另一方在评价期间内未评的，则系统不会给评价方默认评价（卖家分项评分也无默认评价）。

（3）商品/商家好评率和商家信用积分的计算规则：①相同买家在同一个自然旬（自然旬即为每月1—10日、11—20日、21—31日）内对同一个卖家只做出一个评价的，该买家订单的评价星级则为当笔评价的星级（自然旬统计的是美国时间）；②相同买家在同一个自然旬内对同一个卖家做出多个评价，按照评价类型（好评、中评、差评）分别汇总计算，即好

中差评数都只各计1次（包括1个订单里有多个产品的情况）；③在卖家分项评分中，同一买家在一个自然旬内对同一卖家的商品描述的准确性、沟通质量及回应速度、物品运送时间合理性三项中某一项的多次评分只算一个，该买家在该自然旬对某一项的评分计算方法为：平均评分=买家对该分项评分总和/评价次数（四舍五入）；④以下3种情况不论买家留差评或好评，仅展示留评内容，都不计算好评率及评价积分。第一种，成交金额低于5美元的订单（成交金额明确为买家支付金额减去售中的退款金额，不包括售后退款情况）。第二种，买家提起未收到货纠纷，或纠纷中包含退货情况，且买家在纠纷上升到仲裁前未主动取消。第三种，运费补差价、赠品、定金、结账专用链、预售品等特殊商品（简称“黑五类”）的评价。除以上情况之外的评价，都会正常计算商品/商家好评率和商家信用积分。不论订单金额，都统一为：好评+1，中评0，差评-1；⑤卖家所得到的信用评价积分决定了卖家店铺的信用等级标志。

（4）评价档案包括近期评价摘要（会员公司名、近6个月好评率、近6个月评价数量信用度和会员起始日期），评价历史（过去1个月、3个月、6个月、12个月及历史累计的时间跨度内的好评率、中评率、差评率、评价数量和平均星级等指标）和评价记录（会员得到的所有评价记录、给出的所有评价记录以及在指定时间段内的指定评价记录）。

好评率=6个月内好评数量/（6个月内好评数量+6个月内差评数量）

差评率=6个月内差评数量/（6个月内好评数量+6个月内差评数量）

卖家分项评分中各单项平均评分=买家对该分项评分总和/评价次数（四舍五入）

（5）对于信用评价，买卖双方可以针对自己收到的差评进行回复解释。

（6）速卖通有权删除评价内容中包括人身攻击或者含有其他不当言论的评价。若买家信用评价被删除，则对应的卖家分项评分也随之被删除。

（7）速卖通保留变更信用评价体系包括评价方法、评价率计算方法等的权利。

3. 老客户维护

已在店内有过消费的客户即可培养成店铺的老客户，主要的联系方式有：注册Facebook账号建立客户群组；建立旺旺群组；发送产品推荐站内信给询过盘的客户；对留言互动较多且有过好评的客户建立优质客户表；全球交易助手批量群发站内信；购买EDM营销工具对优质客户进行消息群发。同时，在产品详情页的买家秀板块增加分享文字说明，可以鼓励买家把产品和链接分享到Facebook等社交网站，截图反馈给卖家后，可以向买家发放定向优惠券，在客户推广产品的同时增加老客户的重复购买率。

具体发送内容可以是新品推荐、爆款推荐以及节日问候，比如英国的“银行假日”、各国的国庆日等。如果用英文发送，就要注意使用英文格式，可以用大写的形式表示强调，如下列邮件。

邮件标题：

Discover the Must-Have Products for Your Needs

邮件内容：

Dear Sir/Madam，

You may not have been the biggest customer in our store，but you are definitely the best one. We truly appreciate and are deeply moved by your positive feedback.Thank you for your support when you purchased the hat last time. Now，we also have the matching scarves and baby accessories. I don't know if you are a mother yet，but you might consider getting these for yourself or giving them to your best friends. Additionally，we now have coats，capes，and vests in stock，which can also be customized in any size. If you are interested，please feel free to contact us to discuss your requirements.

在不同时期应使用不同的老客户维护方法，主要分为完成交易第30天的满月之礼、上新通知、活动折扣、关联推荐和节日问候；满90天的百日之礼、店铺活动、定向优惠券和VIP专享日；180天的特权提醒、节日关怀和降权预警；360天以上的大促活动和事件营销。

4. 实战演练——跨境电子商务客服必须掌握的技能（以速卖通巴西站点为例）

巴西是速卖通重要的站点之一，但是巴西物流一直以来都是令各位卖家头疼的事情。编者以客服技巧为切入点，给大家介绍几种跨境电子商务客服必须掌握的技能，最终实现提高客户在物流方面的满意度、减少纠纷的目标。

（1）从订单环节入手做好客服。减少纠纷，客服应从订单环节入手，注重细节，做好客服。一方面，从源头避免纠纷，另一方面可以提高物流表现能力。从订单环节做好客服，应做好以下五方面的内容（表6–5）。

表6–5 从订单环节做好客服工作

订单所处环节	卖家主动提供的客服内容	好处
平台验款与资金未到账（巴西Boleto付款）	发送邮件，解释平台验款与Boleto付款的时间与原因	防止资金审核较长引起客户误会
发货前准备	询问地址完整，联系方式，个人税号或者公司税号，进行海关已收税商品确认	减少货件丢失，被扣关等
货物在物流途中	主动告知包裹状态 定期发送包裹更新状态	避免买家没有看到客服信息直接引发纠纷
包裹运输可能超时	主动为买家延长收货时间	避免买家因为临近最后收货确认日期而开启纠纷
包裹成功投递	让买家确认收货，建议买家留好评	缩短回款周期

应注意以下情况。

①平台验款与资金未到账环节。巴西买家喜欢用Boleto付款，但是Boleto不是网上实时付款，使用这个方式需要2～7天才能到账，所以若对方使用Boleto或其他类似付款方式付

款，要等货款成功到账后再发货。

②发货前准备环节。针对商业快递或者大金额的邮政包裹一般要跟客户索要税号。并且，巴西海关也需要了解客户税号。巴西海关关税情况如下。

第一，商业包裹大部分需要缴纳关税。

a．3000美元之下，可以以个人名义进行清关。

b．超过3000美元，必须使用公司的进口执照完成清关。

第二，邮政包裹，50美元起征点。

a．个人寄给个人的包裹，50美元以下，免征关税。

b．个人给个人，发货人必须填写为个人，而不是公司。

c．海关对金额的理解，不仅仅按照申报金额，还要参考市场价格。

d．如被认为是商业行为的包裹，那么即使金额比较低，也会收税。

对于发往巴西的商业包裹，一定要有税号，最好使用邮政渠道，这样被扣关的可能性较小。另外，个人寄包裹不要夹带售后卡，以避免被认为是商业行为包裹。

③物流运输途中环节。巴西客人收货的心理预期是60天，一旦超过60天，就会增加引发纠纷的概率。当货物在运输途中时，要积极跟进物流信息，一般客户在60～90天之后就会开始投诉，因此最好对每一个还没有收到货物的客户主动延长收货时间。

④包裹已妥投环节。首先利用第三方软件查询货物妥投的情况，然后申请放款和做好邮件营销。此外，客服在日常工作中，要分订单查询，对于查询不到的订单要重视，根据实际情况选择是否进行退款处理。因为一旦被投诉，店铺将会被冻结7天。对于巴西物流主要分为三阶段进行跟进。

30天——把跟踪号码、物流信息告知客户。

45天——对客户进行安抚，请求耐心等待，表示如果再没收到货物，可以选择退款和部分退款。

60天——超过客户忍受期，一般采取退款处理，并要向客户致歉，以便留住客户。这样，客户如果再收到货物，一般会再把钱款打过来。

（2）从纠纷环节入手做好客服。正确地对待纠纷，与顾客进行沟通都可以避免更大的损失。纠纷的种类有以下几种。

①未收到货：通过运单号查不到信息；仍在物流运输途中；海关扣关；发错地址；包裹原件退回。

②收到货：颜色、尺寸、款式、材质不符；质量问题；产品质量不符；产品破损；未按约定方式发货；销售假货。

纠纷的处理方式主要分成3种：同意纠纷；拒绝纠纷内容，提出建议方案；买家取消退款申请。在实际工作中，前两种方式使用较多，第三种一般很难被客户同意，除非有好的利益给予买家。

同意纠纷——在物流方面：一般从卖家承诺时间来判断。如果超过承诺时间而货物未到，只要买家提交纠纷到平台，一般都会判卖家输，因此要斟酌好承诺到货时间。

拒绝纠纷——客户以查不到跟踪信息为缘由提起纠纷的，首先进行核实，如果证实应立刻给予退款。因为一旦被平台裁决，会被关店7天。另外，在45天之后提起纠纷，是否拒绝纠纷，要根据你承诺的时间来判断。

引起纠纷的原因很多，接下来将讨论卖家应如何处理纠纷以及遇到纠纷的正确心态。

①如何处理未收到货物类纠纷。强调海关扣关的问题：因为买家以货物被海关扣关提交的纠纷，平台会要求买家提供扣关证明，且会根据货物被海关扣留原因而裁定责任方。如果是因为假货、低报货值、缺少发票、报关单等原因被扣关或被海关直接销毁则是卖家责任；如果是买家不清关，则是买家责任，但前提需要物流公司出具官方证明。

货物在运输途中。从速卖通通知卖家举证3天内，卖家需提供物流底单、物流信息截图、妥投证明等能够证明物流状态的证据。

②如何处理收货后与约定不符类纠纷。虚拟产品：一旦买家投诉卖家销售的产品为虚拟产品，订单将被取消，并将全额退款给买家。货物包装：提供单件产品重量照片，整件产品加上包裹重量照片，发货底单和物流出具的包裹重量证明。

③解决纠纷的正确心态。将心比心，有效沟通，保留证据。买家出现不满意时，卖家应马上做出回应，与买家友好协商，及时提出解决方案。尽量引导买家朝着保留订单的方向发展；当出现退款时，尽量引导买家部分退款。同时，交易过程中的证据都要保留下来。

（3）相关客服参考模板。

①售前。初次与客户打招呼，要亲切、热情并介绍清楚产品，参考模板如下。

Hello，Dear Sir/Madam，

Thanks for your visiting to my online store.

......

If you can not find anything you like，you can tell us，and we will help you to find the source!Thanks again for your support.

②售中。注意索取税号；下单后，注意告知对方付款和到货时间事项；进行发货提醒。参考模板如下。

Dear Sir/Madam，

Thank you for purchasing products from my store. As per the request of Brazil Customs，all express parcels imported to Brazil require a CPF number for Customs Clearance.

Dear Sir/Madam，

Thank you for purchasing from my online store. Please be aware that the Brazil Bank system will take at least 5 days to process your Boleto payment. Once the payment is complete，we will ship your item within 2 days.Thank you once again for your support.

③售后。确认货物送达后，再索要确认和好评。参考模板如下。

Dear Sir/Madam，

This is an E-mail from our after-sales customer service team.We have received a notice from the logistics company that the parcel was delivered to your address.Could you please confirm if the parcel is in good condition? If you need any further assistance，please do not hesitate to contact us.

If everything is fine with the parcel，could you please confirm the order status and leave us feedback? We would greatly appreciate it if you could give us a 5-star rating if you are satisfied with our service.Thank you very much!

④应对纠纷。一旦纠纷发生，卖家就要积极应对，参考模板如下。

Dear Sir/Madam，

Thank you for reaching out to us with your concerns.

I have just tracked your parcel and I am pleased to inform you that it has arrived in your country.The tracking number is ×××××××，and you can monitor its progress on this page. The most recent update states.

......

Based on our previous experience，it is possible that your local post office may require confirmation of the recipient's personal information and delivery address details. Therefore，I kindly advise you to take a moment to contact the post office for faster customs clearance and delivery.

You can reach the post office at ×××××××. If you encounter any issues or do not receive the package，please feel free to contact us，and we will do our utmost to assist you.

Thank you for your understanding and cooperation.

Have a wonderful day.

⑤申请更改中差评。注意要先分析问题，提出解决方案，参考模板如下。

As sellers，we strive to provide you with a pleasant shopping experience.In order to help you resolve the issue，we kindly suggest the following options:

Firstly，we will resend an E-mail to you as soon as possible，and the new one will be completely free of charge.

Secondly，if you prefer not to wait，we would be willing to offer you a refund of $5，and you can keep the item at a discounted price.

What is your opinion on these options? Your satisfaction is our top priority.

On the other hand，it is important to note that as a small seller team on Aliexpress，negative feedback from customers like you can have a significant impact on our business, and may even result in our account being suspended.

另外，许多情况下可能联系不到买家，这时可以尝试使用What's App、Facebook、Skype等工具进行联系，但要注意时差。

总的来说，卖家要让买家感觉自己是赢家，这样才有更多回头客。

思政园地

党的二十大报告中的"一带一路"

"我们实行更加积极主动的开放战略"，"共建'一带一路'成为深受欢迎的国际公共产品和国际合作平台"。"我国成为一百四十多个国家和地区的主要贸易伙伴，货物贸易总额居世界第一，吸引外资和对外投资居世界前列，形成更大范围、更宽领域、更深层次对外开放格局。"

项目小结

跨境电子商务是分属不同关境的交易主体，通过电子商务平台达成交易、进行支付结算并通过跨境物流运送商品，完成交易的一种国际商业活动。按照交易模式不同，可以将跨境电子商务分为B2B跨境电子商务模式、B2C跨境电子商务模式、C2C跨境电子商务模式O2O跨境电子商务模式；按照商品流向的不同，可以将跨境电子商务分为跨境进口电子商务和跨境出口电子商务。

跨境电子商务行业的发展渠道和平台不断增多，经营模式和创意也是层出不穷，跨境电子商务行业已成为当代热门行业。目前主流跨境电商平台有Wish、eBay、速卖通、亚马逊、敦煌网等，它们之间的优势和特点也各不相同。

跨境电子商务客服工作主要分为售前、售中和售后三个流程，每个工作流程分工不同但有着紧密的联系。售前客服要有丰富的知识储备、能了解客户需求、推荐产品、进行销售；售中客服要跟踪商品发货，进行订单处理；售后客服要主动联系顾客、处理退换货、差评投诉，并维系客户关系。

思考练习

一、单选题

1. 以下观点哪一项是错误的。(　　)

A. 售前客服的主要任务是销售产品

B. 售中客服的主要任务是对订单进行追踪与反馈

C．售后客服的主要任务是售后服务

D．售中客服要对还未付款的订单进行催付

2．以下哪一项不属于客服工作技巧。（　　）

A．快速回复　　B．规范化回应内容

C．善用表情和符号　　D．替客户做决定

3．如果卖家和买家达成退款又退货的协议，买家必须在（　　）天内将货物发出，否则货款会自动打给卖家。

A．10　　B．15

C．20　　D．5

4．速卖通好评率计算公式为（　　）。

A．3个月内好评数量/（3个月内好评数量+3个月内差评数量）

B．6个月内好评数量/（6个月内好评数量+6个月内差评数量）

C．9个月内好评数量/（9个月内好评数量+9个月内差评数量）

D．12个月内好评数量/（12个月内好评数量+12个月内差评数量）

二、多选题

1．卖家分项评分，是指买家在订单交易结束后以匿名的方式对卖家在交易过程中（　　）方面服务做出的评价，是买家对卖家的单向评分。

A．提供的商品描述的准确性

B．沟通质量及回应速度

C．物品运送时间合理性

D．海关清关速度

2．以下属于速卖通客服可利用的实时沟通工具有（　　）。

A．国际版阿里旺旺　　B．速卖通的站内信

C．Facebook　　D．Skype

3．速卖通把买家不良体验订单率作为一个重要指标，把卖家分为（　　）卖家。

A．不及格　　B．及格

C．良好　　D．优秀

4．成功解决纠纷的技巧有（　　）。

A．产品保证　　B．及时有效的沟通

C．重视买家的抱怨　　D．处理纠纷后应跟踪买家对处理意见的反馈

三、思考题

1．比较跨境电子商务客服与非跨境电子商务客服的异同点。

2．简述全球速卖通的核心优势。

3．跨境电子商务有哪些特征？

实训项目

1. 调研本地一家已经实施跨境电商业务的传统外贸企业，分析这家企业通过跨境电子商务客服方式招揽客户数量相较于之前传统外贸企业时期有无变化。

2. 纠纷处理体验

请体验一次速卖通客服处理纠纷，以文字配载图形式记录操作过程，并回答下列问题。

（1）用流程图描述本次纠纷处理流程。

（2）作为客服，确定自己遇到的是说明类型的纠纷？应该选择怎样的处理方法？

（3）此次交易中，你体会到客服在纠纷处理中起到的积极作用了吗？如果有，请举例说明。

项目七 体验电子商务创业

学习目标

知识目标	了解电子商务创业所售商品的主要进货渠道，了解网上开店的主要流程，了解电子商务平台推广商品的主要方法
能力目标	能够利用权威报告、指数工具找到热卖商品，能够开设网店、发布商品，能够利用电子商务平台进行商品推广
素养目标	了解创新创业方面的政策及举措，培养利用电子商务创新创业的精神

引导案例

敲糖帮——红糖电商的创业之路

“敲糖帮”是一家以古法红糖及其衍生品为主营产品，集种植、研发、生产、销售、文创于一体的，由高职学生创办的企业。“敲糖帮”创始人凭借对红糖文化的热爱和深厚的家族背景，借助电子商务平台，将红糖这一传统产品推向市场。在创业前，创始人进行了详细的市场调研，发现红糖市场具有巨大的发展潜力，尤其是年轻消费者对于健康、天然食品的需求日益增长。

公司创新使用液态冷藏技术、独创沉淀过滤技术、应用低温蒸馏技术，解决了原材料差、标准化低、季节性强、附加值少等传统红糖产业的痛点。公司现有300亩生产基地、19家线下专营店，开展了全网电商布局，采用B2C电子商务模式，通过淘宝、拼多多、微信小店等线上平台销售红糖产品，利用社交媒体、短视频、直播等多元化的营销方式，吸引了大量年轻消费者的关注和购买。

公司调动线下门店资源，在地方政府的指导下参与举办了红糖文化节、非遗文化旅游、制糖技艺培训等活动。红糖产业在数字经济的发展下走出义乌，消费者遍布全国，带动了400多名蔗农和制糖师傅的就业，帮助蔗农增收。

思考

这位高职学生的成功创业之路给你带来哪些启示？

任务一 选择商品

一、寻找热卖商品

寻找热卖商品是电子商务创业成功的关键，可以通过查阅权威报告、借助指数分析工具来获取最新的市场信息和分析数据。

1. 查阅权威报告

在中华人民共和国商务部（以下简称“商务部”）网站（www.mofcom.gov.cn）可以查阅权威的电子商务报告，该报告是商务部组织编写的反映年度中国电子商务发展情况的综合性报告。根据商务部发布的《中国电子商务报告（2022）》，2022年全国网络零售市场，从市场主体看，服装鞋帽、针纺织品，日用品，五金、电料网络零售店铺数排名前三，分别占实物商品店铺数的25.51%、22.87%和6.83%，如图7–1所示。

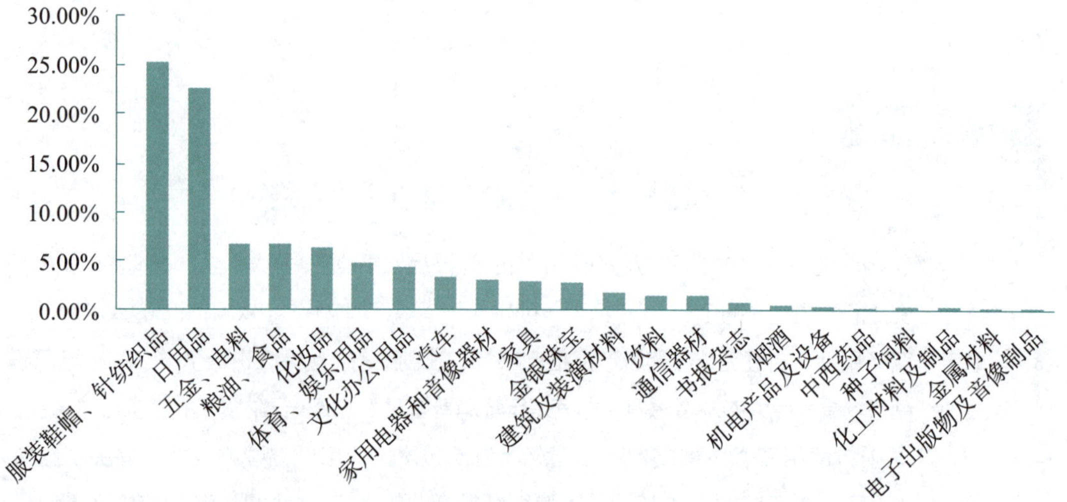

图7–1 2022年全国网络零售各类别店铺数量占比

从商品品类看，服装鞋帽、针纺织品，日用品，家用电器和音像器材网络零售额排名前三，分别占实物商品网络零售额的22.62%、14.62%、10.34%；中西药品、金银珠宝、烟酒实现较快增长，同比增速均超过19.0%，如表7–1所示。

表7–1 2022年全国网络零售市场各品类零售额占比及同比增速

商品品类	网络零售额占比（%）	网络零售额同比增长（%）
服装鞋帽、针纺织品	22.62	2.60

续表

商品品类	网络零售额占比（%）	网络零售额同比增长（%）
日用品	14.62	3.30
家用电器和音像器材	10.34	7.70
通信器材	7.45	7.40
粮油、食品	7.32	15.60
化妆品	6.41	6.40
文化办公用品	6.34	10.10
家具	5.33	–2.50
体育、娱乐用品	3.65	10.80
其他商品	2.98	8.50
五金、电料	2.65	7.60
金银珠宝	2.25	27.30
建筑及装潢材料	1.99	16.40
汽车	1.51	–6.60
饮料	1.26	14.30
中西药品	1.23	43.60
书报杂志	1.02	4.30
烟酒	1.00	19.10
电子出版物及音像制品	0.03	–2.40

结合零售店铺数、网络零售额的排名数据可以看出，服装鞋帽、针纺织品和日用品经营者众多，交易金额高，是网络的热卖商品，而且这两类商品经营门槛（资金、商品知识、售后服务等）不高，是大多数年轻人体验网上创业的首选商品；五金、电料经营者较多，家用电器和音响器材交易额较高，但这两类商品经营门槛较高，不适合作为体验网上创业的商品，除非家族在这些行业有经营基础；中西药品、金银珠宝、烟酒交易额的增长速度快，但经营门槛高，也不适合作为体验网上创业的商品。

2. 借助指数分析工具

借助指数分析工具可以帮助电商创业者进一步分析商品的市场需求变化，缩小所选热门商品的范围，指数分析工具一般使用百度指数或者360趋势。

在百度指数首页的搜索框中输入关键词“女装”，随即查看需求图谱，如图7–2所示。

通过百度指数统计的数据可知，女装的目标用户比较关注女装品牌、潮流女装，电商创业者如果选择做服装大类中的女装，应该注重女装的品牌知名度和流行趋势。

此外，通过分析百度指数中的人群画像，女装的目标用户年龄集中在30～39岁，占比达到43.11%，20～29岁、40～49岁这两个年龄段占比分别为20.44%、17.55%，如图7-3所示，后期选择女装行业的从业者可以综合30～39岁、20～29岁的客户需求。

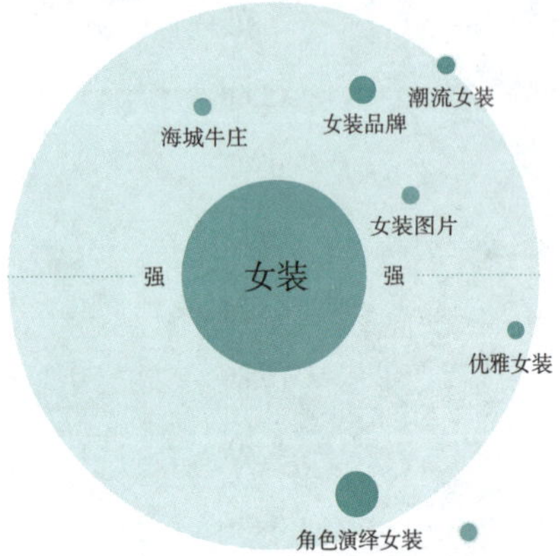

图7-2 需求图谱

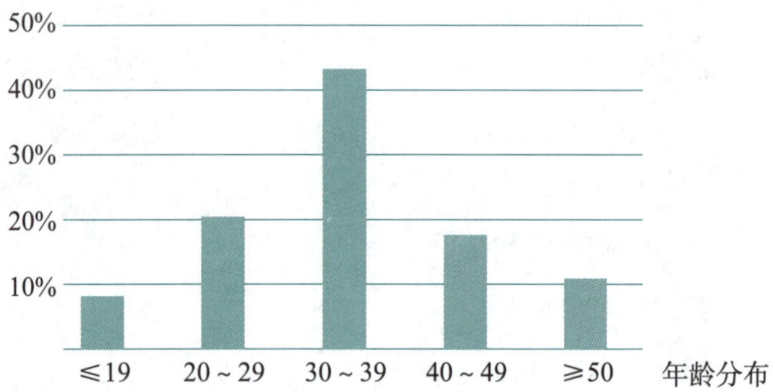

图7-3 女装目标用户年龄分布分析

二、热卖商品的进货渠道

（一）网上批发进货

这是网上创业常见的进货渠道，进入阿里巴巴集团旗下的1688批发网，可以找到合适的货源，如图7-4所示。1688是综合型内贸线上批发交易平台，为国内的产地工厂及批发商卖家在服装饰品、包装材料、办公用品、家装建材和数码电脑等方面提供与批发商买家之间的撮合及线上交易服务。

图7-4 1688批发网

1. 优势

（1）成本优势。包括时间成本（来回线下批发市场的时间可以省去）和进货附加成本（来回车费、住宿费、物流费用可以省去）。

（2）选购优势。选购的紧迫性减少。亲自去线下批发市场选购由于时间所限，不可能花很长时间慢慢挑选，有些服装也许并未相中但迫于进货压力不得不赶快选购。但网上购物就可以花时间慢慢地选。另外，选购依据的有效性增加。传统渠道进货选款一是靠自己的眼光，二是靠老板的推荐，三是靠顾客的反馈，相比之下网上进货此三种依据都有，并且顾客的反馈面来源更广，反馈更及时，补货也更快，补货的附加成本减少。

（3）批发数量限制优势。网上购物也分为零售与批发，但两者差距不大，长久合作的买家甚至可以按照批发价拿到零售的数量（一件批发）。

（4）库存压力优势。由于网上批发进货可以以很低数量起批，相对而言买家的备货压力减轻，库存积压的风险下降，相当于资金投入减少，成本降低。

（5）资金周转优势。线下批发市场进货一般都是现款现货，一次性投入不少资金，但需要所批服装全部卖出去后才能回笼资金，资金占用时间较长，若一次性投入比较多的资金仅银行利息就有不少，网上批发更灵活，可以多次小额批货，缩短资金占用时间。

（6）款式更新优势。款式很关键，但是店主不可能频繁去线下批发市场进货，以每月2次计算，则店里的服装款式更新只能是每月2次，不能紧跟时尚潮流，但网上服装每个品牌每月会有2～3次更新，5个品牌每月就会有10～15次的更新，店主可以轻松选购新款。

2. 弊端

（1）无法看到实物，不了解实物的手感、质感，无法全面了解产品，如果没有选好批发商家就会有损失。

（2）如果碰到不诚信的供货商，发的货与实物不相符。

（3）一些商家利用假图片，导致发来的产品质量差，根本无法销售。

通过网络批发进货现在已经是常用的进货方式，但也经常听到许多店主抱怨，说进到的货非自己所想，甚至也有上当受骗的情况。那么如何降低进货的风险呢？

首先，要做好对供应商的网上审查。从一开始就舍弃不合格的供应商。要考虑的方面包括以下几点。

①是否有独立的网站。有一定经营能力的供应商一般不会没有自己的网站。

②网站是否有准确的地址、联系方式。有些网站连经营地址都没有，这样无疑是增加了进货的风险。最好拨打一下供应商的电话，一则验证电话的有效性，二则通过交谈来进一步判断对方的情况。如果有可能，请当地的朋友去实地看一下就更好了。

③货品图片是否为实物拍摄，这一点很重要。有些网站样品图片很漂亮，可却都是用别人提供的而不是自己的实物拍的。这些图片非常华丽，许多货品由模特演示，图片也经过精心处理，非常吸引人，许多店主抱怨货不对版常是这种情况。单靠图片来判断服装本来就有

风险，过于轻信图片效果就更不可取了。

其次，进货方式很重要。

①除了能比对网上图片，最好能要求视频选货。一是为了进一步感受实物效果，减少对货品的误判；二是网上见面有利于大家建立直接印象，增加信任感。多了这种见面的机会，双方的信任感也更容易形成，交流也会更直接。这有利于对货品风格等的把握。

②进货一般要循序渐进，从小批量开始，逐步增加进货量。这样可以积累认知，增加信任，也可以避免上当。有些供应商把第一次进货量设置得很高，这样无疑会增加进货的风险。

（二）厂家进货

厂家进货也是常见的渠道之一，但可以从厂家拿到货源的商品并不多，因为多数厂家不喜欢与小规模的卖家打交道，但有些线下不算热销的商品是可以从源头进货的。这些正规的厂家货源充足，而且对待客户的态度较好，如果长期合作的话，一般都能争取到滞销换款的权益。但是一般而言，厂家要求的起批量非常高，以外贸服装为例，厂家要求的批发数量至少要近百件甚至上千件，达不到这个数量不但拿不到最低的价格，甚至可能连基本的合作都争取不到，因而不适合小量批发的客户。如果创业者有足够的资金储备，并且不会有压货的风险或不怕压货，可以去找厂家进货。

另外，一般厂家都有最低起订量，可以先找厂家了解一下他们的最低起订量是多少，如果定做量太小他们一般不会接，但如果有尾单供应，厂家也会与你合作。

小链接

厂家直接进货，价格不一定是最低

很多朋友都喜欢直接从厂家进货，因为他们认为从厂家进货价格肯定是最低的。其实出厂价也是有规矩的，不论哪种渠道，厂家首先要保护自己的利益。保护自己的产品在市场上的价格不是很低，有更多的销售渠道能够销售自己的产品，所以厂家的对外公开批发和零售价格一般都比实际给经销商的价格高，这样保护了经销商利益，使经销商获得了比较好的利润，经销商自然就不会放弃该产品；另外，由于上游的价格保持了稳定，不去和渠道里下游经销商竞争客户，有利于维护渠道里经销商形成稳定的价格体系，不至于被自己打败。

（三）去线下批发市场淘货

批发市场的商品比较多，品种数量都很充足，挑选余地较大，而且很容易实现“货比三家”；另外，批发市场的价格相对较低，对于网店来说容易实现薄利多销，也有利于网店交易信用度的累积。下面介绍几点注意事项。

（1）要注意个人形象。千万不要说外行话，要显示出电商从业者的职业素养。

（2）要了解批发商，与之交朋友，从而可以得到更多价位上的和调换货的便利。

（3）如果是新开店，进货较多，距离不远可以考察的话，可以让批发商给你开业垫付货款，这样进货比较多，可以受到批发商重视，可以在下一次进货时把上次的欠款还清。

（4）在调换货的问题上，与批发商一定要事先达成一致，以免造成日后纠纷，什么可以换，什么不能换，换的周期是多长，自己和批发商都要做到心中有数。

（5）与批发商的每一次货款交易都要保留好凭证。如进货时对方开具的发货单、向对方付款的凭据等，最好有专门的夹子存放。如果有欠款，一定要在还清欠款后请批发商开具收条，收条更要妥善保管。

（四）寻找品牌积压库存商

品牌商品在网上是备受关注的产品之一，很多买家会通过搜索的方式直接寻找自己心仪的品牌商品。不少品牌商品虽然在某一地域属于积压商品，但在其他地域可能是畅销品，所以，积压库存的品牌商品也是重要货源之一。

1. 品牌积压库存的优点

（1）商品价格低。由于工厂处理库存货几乎都是被动处理，价格方面自然比较好谈，但也取决于个人的谈判能力，谈判能力强的自然可为自己省下不少钱。另外，沟通能力比较强的人，能调动场面气氛，说话很容易让人接受，砍价方面自然胜人一筹。

（2）商品品种多。无论企业属于哪一行业，如果要生存下去，就必须以市场为导向，生产出市场需要的商品。而市场的需求正朝着多元化发展，因此，企业就要不断研发新的商品，以适应市场的需求。这样日积月累，企业库存的商品品种必然越来越多。

2. 品牌积压库存的缺点

与其他货源一样，积压的品牌商品也有其缺点，应多加留意。

（1）数量大。企业的库存数量一般都比较大，这一点对大部分小本经营的网店卖家来说是个不好的消息。

（2）款式过时。企业的库存商品有些是以前的流行商品，但对现在来讲无疑是过时商品，这一点也需多加注意。

（3）混杂有瑕疵品。一些企业不会将瑕疵品作报废处理，而是当作库存商品卖给客户，检查货物时特别注意。

（4）需更换商品的外包装。企业的库存商品大部分都没有标准的外包装，或者外包装已经陈旧、变形、变色甚至破烂不堪，需要客户自己重新处理包装，而这会增加成本。

3. 寻找积压库存的品牌商品

在寻找积压库存品牌商品的过程中，要注意以下问题，否则收购回他人的库存后，商品不好销，立即变为自己的库存。

（1）消费者的品位。先从各个渠道详细了解当前大众消费者的品位，看他们是重实用还是重感官、重内涵还是重外形、重本土品牌还是重国外品牌，等等。

（2）文化鉴赏力。了解一下当前大众消费者的文化鉴赏力如何。

（3）销售及市场动态。广泛关注市场动态，并进行分析。

（4）预测市场需求能力。预测市场需求能力及市场需求量。

（5）重视消费需求的不确定性。消费者的消费需求变化很大，不确定性增强了，流行风的存活期也越来越短，流行风具备越来越强的区域性。

大部分网店从事的主要业务是零售，而不是批发，所以商品的数量要尽量少，以减少压货的风险；商品的品种要尽量多，让消费者多点选择。

（五）尝试网上代销

代销是指某些提供网上批发服务的网站或者能提供批发货源的销售商，与想做网店代销的经营者达成协议，为其提供商品图片等数据，而不是实物，并以代销价格提供给网店代销者销售。一般来说，网店代销者将批发网站所提供的商品图片等数据放在自己的网店上进行销售，销售出商品后通知批发网站为其代发货。销售商品只从批发网站发出到网店代销者的买家处，网店代销者在该过程中看不见所售商品。网店代销的售后服务也由批发网站负责。

1. 网上代销的特点

（1）不承担进货风险，零成本，零库存。网店代销者不用囤货，所售商品属于批发网站。

（2）看不见实物。一般只提供图片等数据资料，供网店代销放在自己网店里销售。

（3）代发货。网店代销销售出商品后，联系批发网站，由批发网站代其发货。

（4）一件起批。一般在批发网站进货，必须达到一定数量才可以享受批发价，而网店代销单件也是批发价。

（5）单笔交易支付，货到付款。一般情况下，网店代销不用提前付款给批发网站，而是销售出商品后，通知批发网站发货，使用支付宝等担保交易付款。

2. 网上代销注意事项

首先，也是最关键的一点是要找对供货商，找一个有实力的、货源充足的、发展潜力大的供货商，因为产品和服务直接影响销售情况和信用度，那么，新手卖家要从哪些方面去考察供货商呢？

①要问清楚他们的规模，有多少注册资金，有没有自己的品牌，有没有自己的网站等。一般来说小作坊就很难做到这些。

②进入他们的网站了解详细情况，增强自己对该供货商的了解。

③看供货商的图片、视频制作是否专业，是否规范。

其次，根据供货商要求给产品定价。先要了解清楚代销价格，尽量避免出现顾客询问报错价的情况。给产品标价要严格按照供货商的建议零售价，不能因为急于卖出，而随意定价，做没有利润的交易。因为你的标价比市场价低很多，别人会对你产品是否为正版产生怀疑，这样导致的结果就是：一没有利润，二没有销量，三会形成竞争威胁。

3. 如何做好网上代销

（1）要善于学习，多动脑筋，刻苦钻研。没有风险，也就没有压力，当然就没有进步的动力。做代销如果想要做大的话，就需要自己有很强的忧患意识，要善于给自己施加压力，经常到网上学习别人的经验。

（2）开店初期适当地挑选对比代销商是非常有必要的，也有人想同时开几家网店，但如果你确定与哪个供货商合作后，就要与供货商站在同一个阵地，积极地做好宣传和销售工作。

（3）要对代销的产品有较深的了解，只有对自己代销的产品了如指掌，才可以在给顾客介绍的时候娓娓道来，客户才可能会信任你，进而购买你的产品。

任务二　开设网店

能够开设店铺的网络平台有很多，比如淘宝、京东、拼多多、小红书、唯品会、有赞微商城、微信视频号、抖音、快手等，这些平台各有特色。选择开设店铺的平台时应考虑的因素包括：良好的品牌形象、简单快捷的申请手续、稳定的后台技术、快速周到的顾客服务、完善的支付体系、必要的配送服务以及售后服务保证措施等。当然，还需要有尽可能高的访问量，具备完善的网店维护和管理，订单管理等基本功能，并且可以提供一些高级服务，如网店推广、网店访问流量分析等，此外，收费模式和费用水平也是重要的影响因素。本教材推荐选择淘宝平台体验电商创业，如果对直播感兴趣，可以选择抖音平台开设抖音小店体验电商创业。以下介绍在淘宝网开设个人网店的流程。

一、注册淘宝账号

登录淘宝网，单击淘宝网首页的“注册”超链接，打开“用户注册”页面，输入手机号码和验证码，阅读并勾选协议后，单击“注册”按钮，如图7-5所示，

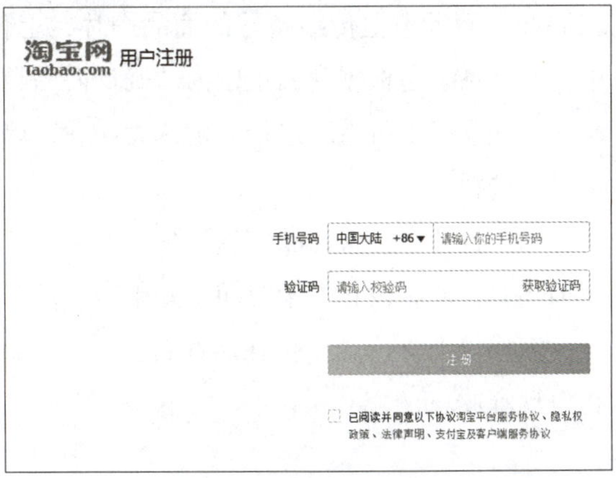

图7-5　注册淘宝网账号

然后按照提示设置账号名称、登录密码、支付方式，完成注册。在手机淘宝App上也可以完成淘宝账号注册。

二、申请开店

（1）淘宝开店入口。在淘宝网首页右上角单击“免费开店”超链接，或者手机淘宝搜索“开店”进入淘宝开店入口。

（2）选择开店身份。开店身份有三种：普通商家、达人商家、品牌商家，这里选择普通商家。

（3）选择店铺主体类型。主体类型包括三种：个人商家、个体工商户商家、企业商家，这里选择个人商家，需要提供个人身份证号码和个人支付宝账号。

接着登录淘宝账号，填写店铺名称、勾选协议，单击“0元开店”按钮。

（4）认证支付宝。点击“去认证”或“去绑定”，按照提示流程完成支付宝认证。

（5）登记主体信息。登记个人证件图、经营地址、姓名、证件号等信息。

（6）实人认证。在淘宝网，或者千牛App扫码进入人脸识别系统，个人开店需信息登记的证件持有人本人刷脸认证。

（7）开店成功。完成以上操作并审核认证通过后，开店页面将显示“恭喜您，认证全部通过啦”，点击“进入开店完成页”按钮即完成开店操作。

网店装修

三、发布商品

（1）在淘宝网首页右上方单击“千牛卖家中心”超链接，打开千牛卖家工作台页面，在左侧导航栏中依次单击“商品/发布宝贝”选项。

（2）进入“商品发布”页面，在“上传商品主图”栏下单击“添加上传图片”超链接，在展开的面板中上传准备好的商品图片，上传成功后，图片将显示在“上传商品主图”栏中，并且系统会根据商品主图为“确认商品类目”自动匹配商品类目。仔细查看商品类目并确认，如需修改可重新选择。确认无误后，单击“下一步，完善商品信息”按钮，完成商品类目的选择。

（3）打开“完善商品信息”页面，填写基础信息、销售信息、支付信息、物流信息、图文描述等，最后设置上架时间，并单击“发布”按钮进行发布。

完成以上操作，即可在店铺首页看到已经发布的商品。开店成功后5周店内无商品店铺将自动释放。

任务三　推广商品

开设网店、发布商品后，接下来就是推广商品，让尽可能多的人了解商品并下单购买。这里以淘宝店铺为例介绍如何在淘宝平台内进行推广，推广方法包括免费推广方法（自然搜索、类目流量）、付费推广方法（直通车、引力魔方、淘宝联盟）。商家所有推广活动，一定要建立在有效的数据分析基础之上，因此，在介绍具体推广方法之前，首先介绍数据分析。

一、数据分析

（一）数据分析流程

网店平台推广数据分析流程如图7–6所示。

1. 限定维度

每一次推广活动前，一定要明确本次推广的目的是什么。看起来相似的活动，可能是有着完全不同的目的。有的活动是为了提升流量，有的活动是为了增加利润，有的活动是为了快速清库存。不同的目的，会使推广活动在操作过程中有不同的侧重点。

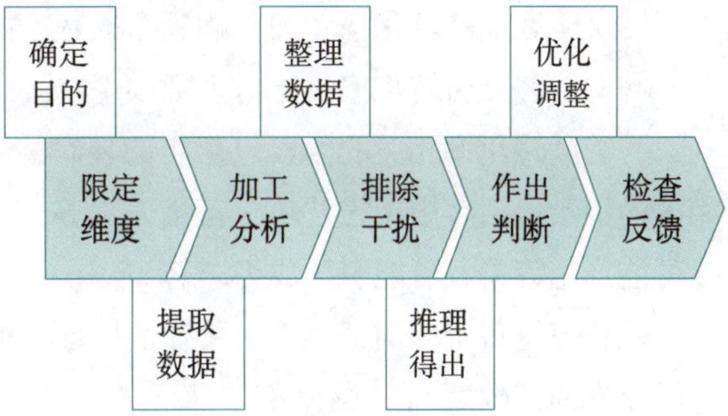

图7–6　网店平台推广数据分析流程

2. 加工分析

主要是对核心数据进行提取、整理、分析。通过对过往数据的分析，找出需要进行调整、改进的关键点，以此为突破口，策划更具有针对性的推广方案。

3. 排除干扰

在所收集整理的大量数据中，有些活动的数据是不具有直观的可分析意义的，如在重大活动前后的数据，波动变化极大，对于中短期的数据分析来说，具有很明显的影响，但是这种波动变化，未必是真实的，可能会受到很多外界因素的影响。对于可能干扰最终分析效果的数据要进行排除。

4. 作出判断

活动应该如何进行，计划投入多少，预计产出多少，活动持续时间多长，哪些层级的老顾客需要进行激活，都要进行合理的分析和判断，以达到最好的效果。

5. 检查反馈

活动开始前、结束后，都要再次对活动的设置、效果进行分析，尽可能减少人为操作失误带来的不必要损失。

所有的分析数据一定要相互结合，多个维度进行综合性的分析才更具有实际意义。

（二）销售数据分析

1. 客单价

客单价=支付金额/支付买家数。客单价是影响销售收入变化的核心指标，平台上常见的满减活动、搭配套餐活动，其实都能达到提升客单价的目的。在支付买家数不变的情况下，通过增加每个买家的实际支付金额，就能达到提升客单价的目的。

2. 转化率

（1）静默转化率：直接拍下付款的客户/总客户数。

（2）询单转化率：经询问后成交的客户/询问的客户数。

（3）全店转化率：所有的成交客户/总客户数。

（4）访客收藏转化率：收藏人数/访客人数。

（5）访客加购转化率：加入购物车人数/访客人数。

（6）访客支付转化率：支付人数/访客人数。

与静默转化率相关的因素包括店铺装修、海报、营销方案、页面布局等，与询单转化率相关的因素包括客服销售技巧、营销方案等，与访客收藏转化率和加购转化率相关的因素包括可能产生订单、可能引导成为老客户。

转化率是每个店铺都要重点关注的问题，通过推广活动与销售行为的配合，达到持续提升转化率的目的。

（三）竞品店铺分析

1. 查看方式

进入商家中心→生意参谋→竞争，如图7-7所示。

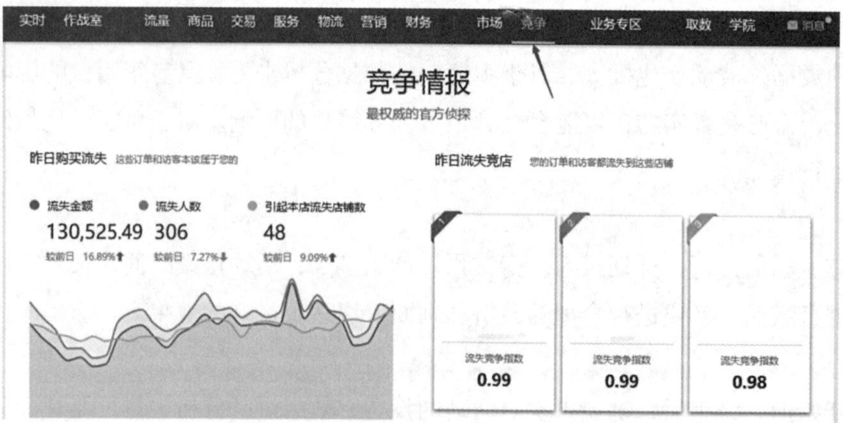

图7-7 竞争对手数据

2. 作用

（1）能够看到主要竞争店铺有哪些，以及竞争对手的数据。

（2）能够看到竞争商家的竞争数据，例如流失金额、人数，引起本店流失的店铺数。

（3）根据主要竞争对手的情况进行及时的调整，可以有效提升本店铺的推广效果，提升各项关键指标。

（四）活动数据分析

1. 查看方式

进入商家中心→生意参谋→营销→营销效果。

2. 作用

（1）能够查看使用的营销工具产生的支付金额，对营销效果进行衡量。

（2）能够查看同行常用的热点营销工具排名，以供借鉴。

二、免费推广方法

免费推广方法是通过对店铺的优化，实现搜索流量的增加，从而达到推广目的，常见类型包括自然搜索和类目流量。

1. 自然搜索

（1）标题优化。自然搜索主要依靠商品的标题匹配度，所以在进行自然搜索优化时，要针对标题进行优化。

①标题找词优化方式。

搜索下拉框：可以从搜索下拉框找到合适的关键词，比如在淘宝首页搜索“连衣裙”之后会弹出下拉框，里面推荐了很多与该关键词相关的淘宝热词。

你是不是想找：搜索了“连衣裙”关键词之后，会在所有商品上面出现一行“您是不是想找”系统提示的可用的关键词。

属性词：在类目搜索页搜索“连衣裙”后，会在搜索框下方出现属性热词，可从热词里面挑选和产品相关的关键词。

②注意事项。

废词：“包邮”“新品”这些词放在标题里对搜索不产生影响。

标题关键词设置应避免的问题：第一，重复。关键词堆砌、重复标题，如季节词、性别词等，是最容易出现重复的词。第二，滥用。滥用符号、滥用品牌词。使用无意义的符号，只会浪费商品被检索到的机会，滥用品牌词汇，则可能会涉及侵权。第三，违规。触犯“高压线”、注意敏感词。各个平台上对于推广都有着明确的要求，红线标准一律不得触碰，否则会对商家造成很严重的影响。

（2）上下架时间优化。离下架时间越近的商品排名越靠前，在恰当的时间上下架商品将会获得更多的自然流量，所有的上下架优化行为，实际上都以此规则为前提。

①上下架优化方式。

确定时间：通过软件对店铺过往数据进行分析，可以有效地判断出，所处的行业、所属店铺的流量、访客高峰期是在什么时间，合理规划商品上架时间。除了要考虑每天的流量高峰外，还要考虑一周内每天流量的不同变化，进行有效的规划。

分配每日上架产品：大多数行业，工作日流量数反而较休息日要多，根据此规则的平均分配方法，首先要算出每天要分配多少产品上架。根据产品总数和实际一周分配天数进行计算，即：总产品数/天数=每日上架产品数，假如商家总产品数为324个，周六周日作为1天计，324/6=54，得出一天应该上架54个产品。

②优先展示举例。

产品只有在即将下架的时候才会获得优先展现的机会，也就是当你期望产品在10:00时有优先展现机会，产品的实际下架时间需要设定在10:10。如果将产品设定在10:00下架，则产品的优先展现时间会在9:50左右。

③注意事项。

第一，不同时段分别发布。第二，同类商品要分开上架。

2. 类目流量

（1）关键词和类目展示规则。商品属性与发布商品所选择的类目不一致，或将商品错误放置在淘宝网推荐各类目下，淘宝搜索会判定为放错类目商品。

①类目细则。商品属性与发布商品所设置的属性不一致，在淘宝首页推荐各类目下出现和该类目无关的商品。

②后果。一般违规：扣分累计12分，将被处以店铺屏蔽、限制发布商品。商家参加规则考试并且节点处罚完结后，店铺恢复正常。严重违规：扣分累计12分，达到严重违规节点处罚。达到或超过48分，将被处永久封号。

（2）类目确认。可以通过在类目搜索框输入商品关键词来判断商品所属类目。

（3）类目属性优化。

①精准。填写商品属性的时候尽可能完整、准确。

②丰满。在选项多的时候，要勾选更多符合自己商品特点的选项。

淘宝付费推广

三、付费推广方法

付费的推广方法有很多，如直通车、引力魔方、淘宝联盟等，下文介绍直通车。

1. 直通车原理

点击收费。同一账号短时间内多次点击，不进行重复收费。通过添加关键词推广，是一种引流精准、节省成本、超值的推广方式。

2. 直通车优势

多——多维度、全方位；快——快速、便捷；好——智能化的预测工具；省——时间、地域管理。

3. 直通车位置

（1）商品展现位置。搜索右侧每一页有8个广告位，搜索底部有5个广告位；类目右侧有8个广告位，类目底部有5个广告位。

（2）店铺展现位置。搜索右侧8个位置下面3个店铺推广位置。

4. 直通车操作流程

进入商家中心→我要推广→直通车→新建计划，可以新建直通车推广计划。计划名称是用于区别不同的计划的，商家自己是可以看到的，所有的计划都可以通过设置日限额对推广计划的成本进行有效的控制，日限额的设定范围如图7-8所示。

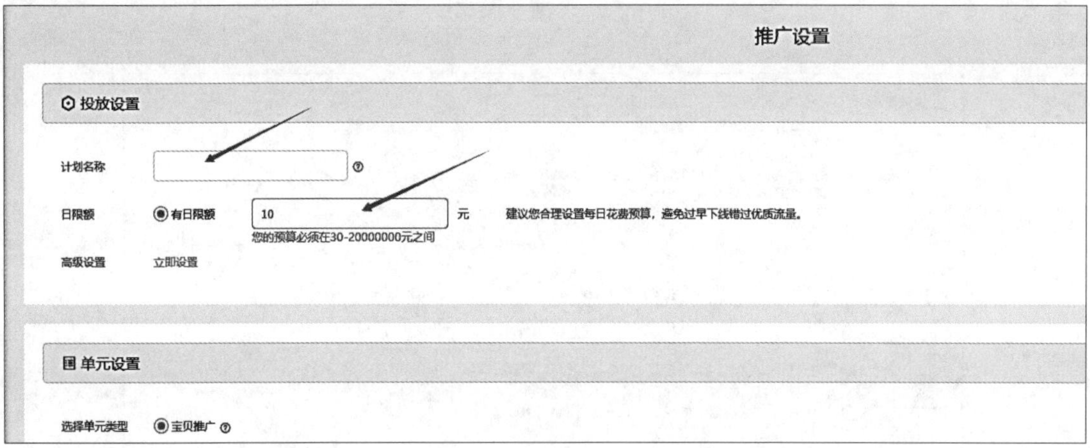

图7-8 日限额推广设置

商家可以自由地选择直通车进行推广的平台，多平台推广可能带来高流量，但同时也意味着成本的快速支出，需要综合考虑进行推广设置，如图7-9所示。

投放地域的设置可以精确到地级市。可以根据推广目标商品的销售特性或销售周期进行合理有效的推广，如图7-10所示。

直通车的投放时间可以根据店铺、行业实际情况进行有效的设置，如图7-11所示。

直通车根据实际点击的情况进行收费，出价可以根据市场实际情况进行调整，在现行规则下，出价上限的范围在0.05～99.99元，如图7-12所示。“出价上限”指的是一个参考值，系统最终会结合分时折扣等多种因素确定实际扣费，保证实际出价不会超出这个上限。在设置出价上限的时候，可以根据自选关键词的实际情况进行参考，出价影响直通车的排名。

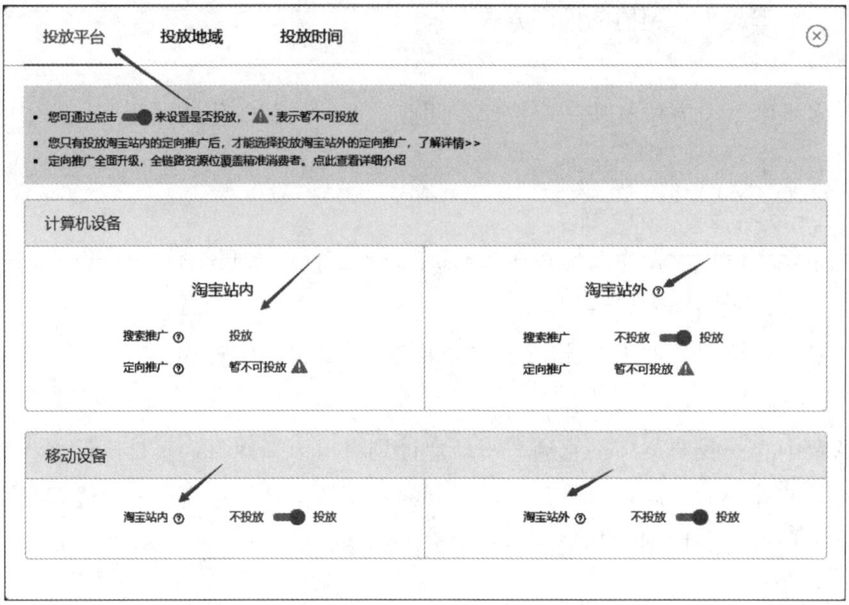

图7-9 设置投放平台

图7-10 设置投放地域

图7-11　设置投放时间

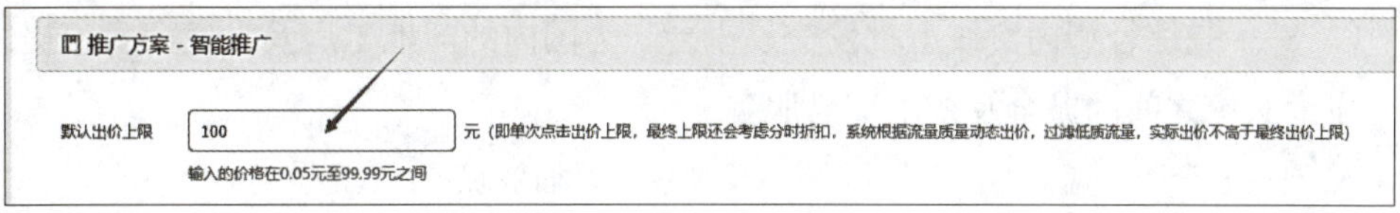

图7-12　推广出价上限

说明：以上直通车操作图例展示以智能推广方式为例，如选择系统推荐或自定义的方式，原理相同，但操作界面会有所差异。

项目小结

电商创业者可以通过查阅商务部《中国电子商务报告》等权威报告，借助百度指数、360趋势等分析工具寻找热卖商品。热卖商品的进货渠道包括网上批发进货、厂家进货、线下批发市场淘货、寻找品牌积压库存商、网上代销等，创业者需要根据自身条件及进货渠道的特点，选择合适的进货渠道。

在淘宝网开设个人店铺，首先要注册淘宝账号，然后进入淘宝开店入口，按照提示依次完成选择开店身份、选择店铺主体类型、认证支付宝、登记主体信息、实人认证等操作，即可成功开店。在千牛卖家工作台页面可以发布商品。在淘宝网进行商品推广的方法包括免费推广方法（自然搜索、类目流量等）、付费推广方法（直通车、引力魔方、淘宝联盟等）。

思考练习

一、单选题

1．根据商务部发布的《中国电子商务报告（2022）》，2022年全国网络零售市场从商品品类看，（　　），日用品，家用电器和音像器材网络零售额排名前三。

A．文化办公用品　　B．家具

C．服装鞋帽、针纺织品　　D．化妆品

2．（　　）是指在淘宝网或者千牛App扫码进入人脸识别系统，个人开店需信息登记的证件持有人本人刷脸认证。

A．实人认证　　B．支付宝认证

C．数字认证　　D．身份证认证

3．淘宝店铺的相关数据可以通过（　　）来收集。

A．京东商智　　B．淘宝商智

C．淘宝参谋　　D．生意参谋

4．（　　）是综合型内贸线上批发交易平台，为国内的产地工厂及批发商卖家提供与批发商买家之间的撮合及线上交易服务。

A．1688　　B．天猫商城

C．抖音　　D．小红书

二、多选题

1．借助指数分析工具可以帮助电商创业者进一步分析商品的市场需求变化，指数分析工具一般使用（　　）。

A．百度指数　　B．搜狗指数

C．360趋势　　D．电商指数

2．淘宝网店铺主体类型包括（　　）。

A．个人商家　　B．个体工商户商家

C．合作社商家　　D．企业商家

3．淘宝平台付费的推广方法有（　　）。

A．直通车　　B．引力魔方

C．标题优化　　D．淘宝联盟

4．商家所有推广活动一定要建立在有效的数据分析基础之上，数据分析流程包括（　　）和检查反馈。

A．限定维度　　B．加工分析

C．排除干扰　　D．作出判断

三、思考题

1．电商创业所售商品的主要进货渠道有哪些？

2．在淘宝网开设店铺的主要步骤有哪些？

3．怎样在淘宝平台推广商品？

实训项目

1．调研电商创业平台

电商创业平台有很多，比如淘宝、京东、拼多多、小红书、唯品会、有赞微商城、微信视频号、抖音、快手等，从中选择3个平台进行调研，了解在平台开店的条件，分析平台特点，撰写调研报告。

2．在淘宝网体验创业

在淘宝网开设个人店铺，发布商品，并提交个人店铺网址等店铺信息。

项目八

电子商务法律与企业社会责任

学习目标

知识目标	掌握电子商务法的概念及作用；了解我国电子商务法的立法过程和法律体系；熟悉电子商务相关法律法规及政策；掌握电子商务企业社会责任的定义；掌握企业社会责任的范围；了解企业社会责任方面存在的问题
能力目标	能够认识到电子商务立法的重要性；能够运用法理知识分析电子商务相关案例；能提出企业社会责任的发展方向
素养目标	增强学生电子商务安全意识和法律意识；培养守法、诚信的价值观；加强对国家的认同感和归属感，培养爱国主义精神；引导学生树立正确的社会责任意识和道德观念，为社会的和谐发展做出贡献

引导案例

“××购”违法经营案例警示

2024年，电商平台“××购”上的一家电子产品店铺十分火爆。然而，该店铺被消费者举报存在虚假宣传和误导消费者的行为。具体情况是，店铺在销售一款新型智能手机时，夸大了其电池续航能力和拍照效果，并且在商品描述中使用了一些模糊不清的表述，让消费者误以为该手机具有某些高端功能。

接到举报后，监管部门迅速介入调查。根据电子商务法的相关规定，电商平台有义务对入驻商家的行为进行监管和管理。“××购”平台在得知情况后，积极配合监管部门，提供了该店铺的相关信息和交易数据。

经调查核实，该店铺的行为确实违反了电子商务法。一方面，虚假宣传误导了消费者，损害了消费者的合法权益；另一方面，这种行为也破坏了市场的公平竞争环境。监管部门依法对该店铺进行了处罚，包括罚款、责令整改等措施。同时，“××购”平台也对该店铺采取了一系列惩罚措施，如降低店铺信用评级、限制其推广等，以警示其他商家。

思考

什么是电子商务法？电子商务法是如何保护消费者权益的？

任务一　坚守法律底线

一、电子商务法的概念和作用

电子商务的快速发展带来了众多的法律问题，如域名、电子合同、电子认证、电子支付、电商税收、消费者权益保护、不正当竞争、著作权、隐私权等问题，需要通过法律形式对电子商务活动进行规范，这些促成了电子商务法的形成与发展。党的二十大报告提出，“高质量发展是全面建设社会主义现代化国家的首要任务”，“完善产权保护、市场准入、公平竞争、社会信用等市场经济基础制度，优化营商环境”，“加强反垄断和反不正当竞争，破除地方保护和行政性垄断，依法规范和引导资本健康发展”，“加强知识产权法治保障”。

什么是电子商务法律

近年来，我国不断推进电子商务领域立法，相关法律法规、规章政策和标准规范日益完善，为电子商务高质量发展提供了法治保障。

（一）电子商务法的概念

电子商务法是调整政府、企业和个人等主体以数据电文为交易手段，通过信息网络所产生的，因交易形式所引起的各种商事交易关系，以及与这种商事交易关系密切相关的社会关系、政府管理关系的法律规范的总称。

1. 狭义的电子商务法

调整以数据电文为内容的电子商务法被称为狭义的电子商务法。狭义电子商务法强调电子商务行为手段，是商法在计算通信环境下的发展，是商事法新的表现形式，它必然以商事关系为其调整对象，但是该种商事关系又有着以下特点。

第一，它是以数据电文为交易手段的商事关系。换言之，凡是以口头或传统的书面形式所进行的商事关系，都不属于电子商务法的调整范围。

第二，该商事关系是由于交易手段的使用而引起的，一般不直接涉及交易方式的实质条款。因为交易手段只是交易行为构成中的表意方式部分，而并非法律行为中的意思本身，也不充当交易标的物。

第三，该商事关系并不直接以交易的标的为其权利义务内容，而是以交易的形式为其内容，即因交易形式的应用而引起的权利义务关系。诸如对电子签字的承认、对私用密钥的保管责任等，均属此类。

2. 广义的电子商务法

广义的电子商务法更加强调电子商务中交易行为本身及其由此引出的其他问题，既注重形式方面的规范，又注重电子交易内容的规范，将电子商务法视为调整电子商务形式和内容两个方面行为的规范总和。广义的电子商务法主要调整以下内容。

（1）电子商务网站建设及其相关法律问题。电子商务网站是电子商务运营的基础。在电子商务环境下，交易双方的身份信息、产品信息、意思表示（合同内容）、资金信息等均需要通过网站发布、传递和储存。规范电子商务网站建设是电子商务法的首要任务。在通过中介服务商提供的平台进行交易的情况下，电子商务法必须确定中介服务商的法律地位和法律责任。同时电子商务法也需要确定在电子商务平台上设立电子商务网站、设立虚拟企业进行交易的主体之间的法律关系，确定电子商务网站与进入网站购物的消费者之间的法律关系。电子商务法还需要明确因为电子商务网站运作不当，如传输信息不真实、无效等引起交易损失时，网站应当承担的责任和相对人获得法律救济的途径和方法。

（2）在线交易主体及市场准入问题。在现行法律体制下，任何长期固定从事营利性事业的主体都必须进行工商登记。在电子商务环境下，任何人不经登记就可以借助计算机网络发出或接收网络信息，并通过一定程序与其他人达成交易。虚拟主体的存在使电子商务交易安全性受到严重威胁。电子商务法首先要解决的问题就是确保网上交易主体的真实存在，且确定哪些主体可以进入虚拟市场从事在线业务。目前，在线交易主体的确认只是一个网上商业的政府管制问题，主要依赖工商管理部门的网上商事主体公示制度和认证中心的认证制度加以解决。

（3）数据电文引起的法律问题。电子商务的突出特点是信息电子化和网络化，一方面企业内部信息和文档电子化，另一方面表现为对外交易联络、记录的电子化，尤其是电子合同的应用，带来了许多法律问题。就前一方面而言，数据电文的应用带来了管理信息、财务记录、交易记录等完全电子化、网络化，如何保证这些信息安全并具有证据效力就是必须解决的问题。而在后一方面，因所有当事人的意思表示主要以电子化的形式存储于计算机硬盘或其他电子介质中，这些记录方式不仅容易被涂擦、删改、复制、遗失，而且不能脱离其记录工具（计算机）而作为证据独立存在。电子商务法需要解决由于内部记录、电子合同而引起的诸多问题，突出表现为有效电子记录规则、签字有效性、电子合同订立和履行等方面的问题。

（4）网上电子支付问题。在电子商务交易形式下，支付往往采用汇款或交货付款方式，而典型的电子商务则是在网上完成支付的。网上支付通过信用卡和虚拟银行的电子资金划拨来完成。而实现这一过程涉及网络银行与网络交易客户之间的协议、网络银行与网站之间的合作协议以及安全保障问题。因此，需要制定相应的法律，明确电子支付的当事人（包括付款人、收款人和银行）之间的法律关系，制定相关的电子支付制度，认可电子签字的合法性。同时还应出台对于电子支付数据的伪造、变造、更改、涂销问题的处理办法。

（5）电子商务市场规制问题。电子商务市场规制包括了对在线不正当竞争行为规制、在线消费者权益保护、垃圾邮件的法律管制以及恶意软件的规制、网上税收等问题。在线市场的虚拟性和开放性，网上购物的便捷性使消费者权益保护成为突出的问题。法律需要寻求在电子商务环境下执行《中华人民共和国消费者权益保护法》的方法和途径，切实维护消费者权益。垃圾邮件和恶意软件等问题严重制约了电子商务的良性发展，如何进行立法规制，进行有效的监管是电子商务法要解决的问题。此外，如何对电子商务进行征税是税收管理在电子商务领域的延伸，探索电子商务征税的有效方法是税法的一个重要任务，也是电子商务的衍生法律问题。

（6）网上个人隐私保护问题。计算机和网络技术为人们获取、传递、复制信息提供了方便，但网络的开放性和互动性又给个人隐私保护带来麻烦。在线消费都需要将个人资料传送给银行和商家，而对这些信息的再利用成为电子商务时代的普遍现象。如何规范银行和商家的利用行为，保护消费者的隐私权成为一个新的棘手问题。这一问题的实质是消费者权益保护、树立消费者信任的重要组成部分。

（7）在线交易法律适用和管辖冲突问题。电子商务的本质是商务。虽然在线交易是在“网络”这个特殊的“虚拟环境”中完成的，但实体社会的商法框架和体系对电子商务仍然有效，电子商务法只是解决在线交易中的特殊法律问题。这里面存在一个现有法律法规的适用问题。由于互联网具有超地域性，法院管辖范围也需要进行相应的调整。

（二）电子商务法的作用

1. 为电子商务的健康、快速发展创造一个良好的法律环境

随着电子商务的发展，电子邮件和电子数据交换等现代化通信手段在商务交易中的使用正在急剧增多，且可望得到进一步的发展。然而，以非书面的电文形式来传递具有法律意义的信息，可能会因使用这种电文所遇到的法律障碍或这种电文法律效力或有效性的不确定性而受到影响；制定起草电子商务法的目的，是要向电子商务的各类参与者提供一套虚拟环境下进行交易的规则，说明怎样去消除此类法律障碍，如何为电子商务创造一个比较可靠的法律环境，克服电子商务所遇到的法律障碍。

2. 保障网络交易安全

一谈到交易安全，人们首先想到的是技术保障措施，例如防火墙技术。但是，单纯靠技术仍难以完全保障电子商务的交易安全，更何况技术本身也需要法律规范。因此，电子商务安全仍然需要法律保障。

电子商务安全问题涉及两个方面：一个是交易安全，另一个是信息和网络安全。这两个安全问题往往又交织在一起，没有信息网络安全，就没有交易安全。我国目前还没有出台专门针对电子商务交易的法律法规，其主要原因是上述两个方面的法律制度尚不完善，因而面对迅速发展的电子商务，难以出台较为完善的安全保障规范性条文。

3. 鼓励利用现代信息技术促进交易活动

电子商务法的目标包括促进电子商务的普及或为此创造方便条件，平等对待基于书面文件的用户和基于数据电文的用户，充分发挥高科技手段在商务活动中的作用等。这些目标都是促进经济增长和提高国际、国内贸易效率的关键所在。从这一点来讲，电子商务立法的目的不是要从技术角度来处理电子商务关系，而是创立尽可能安全的法律环境，以便有助于电子商务参与各方高效率地开展贸易和服务活动。

二、我国的电子商务立法情况

2013年12月27日，全国人民代表大会财政经济委员会召开电子商务法起草组成立暨第一次全体会议。从起草组成立至2014年12月，进行我国电子商务立法专题调研和课题研究并完成研究报告，形成立法大纲。2015年1月至2016年6月，开展并完成法律草案起草。2016年12月《中华人民共和国电子商务法（草案）》首次提请全国人民代表大会党务委员会审议；2018年8月31日第十三届全国人民代表大会常务委员会第五次会议通过《中华人民共和国电子商务法》(以下简称《电子商务法》)。

小知识

中消协解读《电子商务法》十大亮点

【亮点一】将微商、直播销售纳入管理。

【亮点二】平台不得删除评价。

【亮点三】制约大数据杀熟。

【亮点四】“默认勾选”被禁止。

【亮点五】押金退还不得设置不合理条件。

【亮点六】平台不能强制商家“二选一”。

【亮点七】平台经营者自营应显著标记。

【亮点八】平台经营者未尽自身义务应依法担责。

【亮点九】电商经营者不得随意“砍单”。

【亮点十】强化经营者举证责任。

我国电子商务立法伴随着电子商务的开展而逐渐推进，往往体现了“地方先行、行业先行”的特点，即立法首先以地方法规的形式出现，或者在行业中通过对相对成熟的规则进行总结，最后上升为国家层次的立法。目前，我国电子商务领域立法多为实质意义上的电子商务法，属于广义上的电子商务法，以规制计算机和网络内容管制居多。

思政园地

弘扬社会主义法治精神

党的二十大报告提出，弘扬社会主义法治精神，传承中华优秀传统法律文化，引导全体人民做社会主义法治的忠实崇尚者、自觉遵守者、坚定捍卫者。

坚持依法治国和以德治国相结合，把社会主义核心价值观融入法治建设、融入社会发展、融入日常生活。

加强全媒体传播体系建设，塑造主流舆论新格局。健全网络综合治理体系，推动形成良好网络生态。

以下介绍近年来通过的与电子商务有关的比较重要的法律法规、政策性规定。

1. 涉及电子商务的法律

2022年9月2日，第十三届全国人民代表大会常务委员会第三十六次会议表决通过对《中华人民共和国农产品质量安全法》(以下简称《农产品质量安全法》)的修订，规定农产品生产经营者通过网络平台销售农产品除应当根据《农产品质量安全法》外，还应当依照《中华人民共和国电子商务法》《中华人民共和国食品安全法》相关规定，严格落实质量安全责任，保证其销售的农产品符合质量安全标准。这一规定可以有效规范农产品网络销售行为。

2022年9月2日，第十三届全国人民代表大会常务委员会第三十六次会议还表决通过《中华人民共和国反电信网络诈骗法》，聚焦互联网行业主体责任，强调对数据信息的保护和利用，预防电子商务领域的电信网络诈骗活动。

2022年6月24日，第十三届全国人民代表大会常务委员会第三十五次会议表决通过《关于修改〈中华人民共和国反垄断法〉的决定》，规定经营者不得利用数据和算法、技术、资本优势及平台规则等从事相关的垄断行为。这一规定可以有效遏制电子商务领域的垄断行为，维护电子商务市场公平竞争的秩序。

2021年8月20日，第十三届全国人民代表大会常务委员会第三十次会议通过《中华人民共和国个人信息保护法》，2021年11月1日起施行。为进一步加强个人信息保护法制保障、维护网络空间良好生态、促进数字经济健康发展，制定本法，为大家的上网安全、隐私保护、权益保障加上了一把“法律锁”。

2018年8月31日，第十三届全国人民代表大会常务委员会第五次会议通过《中华人民共和国电子商务法》，自2019年1月1日起施行。本法保障电子商务各方主体的合法权益，规范电子商务行为，维护市场秩序，促进电子商务持续健康发展。

2019年4月23日，第十三届全国人民代表大会常务委员会第十次会议修订《中华人民共和国反不正当竞争法》。设置专条规制经营者利用网络从事生产经营活动，将互联网领域的干扰、限制、影响、破坏其他经营者的行为纳入了规制范围。增加对经营者“刷单”“刷信誉”等新型不正当竞争行为的规制。

2016年11月7日，全国人民代表大会常务委员会正式发布《中华人民共和国网络安全法》，自2017年6月1日起施行。作为我国网络安全治理领域的基础性立法，《中华人民共和国网络安全法》首次在法律层面规定了个人信息保护的基本原则，明确指出，收集使用信息应经用户明示同意，不得收集无关信息，不得向他人提供个人信息，经过处理无法识别特定个人且不能复原的除外，不得非法出售个人信息。

2013年10月25日，第十二届全国人民代表大会常务委员会第五次会议通过《中华人民共和国消费者权益保护法》，自2014年3月15日起施行，该法第二十八条、第四十四条增加了网络消费者权益保护的内容。

2012年12月28日，第十一届全国人民代表大会常务委员会第三十次会议通过《关于加强网络信息保护的决定》，此决定旨在保护网络信息安全，保障公民、法人和其他组织的合法权益，维护国家安全和社会公共利益。

2004年8月28日，第十届全国人民代表大会常务委员会第十一次会议表决通过了《中华人民共和国电子签名法》，并于2005年4月1日起施行。这部法律首次赋予可靠的电子签名与手写签名或盖章同等的法律效力，并明确了电子认证服务的市场准入制度，是我国第一部真正意义上的电子商务法，是我国电子商务发展的里程碑，它的颁布和实施极大地改善了我国电子商务的法治环境，促进了安全可信的电子交易环境的建立，从而大力推动了我国电子商务的发展。

2001年10月27日，修正并发布的《中华人民共和国著作权法》中的“信息网络传播权”，明确了作品通过网络传播在著作权中的基本定位，使得电子商务的三个根本元素——物流、资金流、信息流的法律地位得到了相当程度的确认。

2. 涉及电子商务的行政法规

由国务院发布的涉及电子商务的行政法规主要包括以下几项。

《中华人民共和国反垄断法》（2022年6月24日，中华人民共和国主席令第116号）

《关键信息基础设施安全保护条例》（2021年7月30日公布，中华人民共和国国务院令第745号）

《中华人民共和国市场主体登记管理条例》（2021年7月27日公布，中华人民共和国国务院令第746号）

《快递暂行条例》（2019年3月2日公布修订，中华人民共和国国务院令第709号）

《信息网络传播权保护条例》（2013年1月30日公布，中华人民共和国国务院令第634号，

自2013年3月1日起施行）

3. 涉及电子商务的部门规章

由国务院部门制定的涉及电子商务的规章主要有以下几项。

《寄递服务用户个人信息安全管理规定》（2023年2月6日通过，国家邮政局）

《互联网用户账号信息管理规定》（2022年6月27日公布，国家互联网信息办公室）

《明码标价和禁止价格欺诈规定》（2022年4月14日公布，国家市场监督管理总局）

《中华人民共和国进出口食品安全管理办法》（2021年4月12日公布，海关总署）

《网络交易监督管理办法》（2021年3月15日公布，国家市场监督管理总局）

《邮件快件包装管理办法》（2021年2月8日公布，交通运输部）

《网络预约出租汽车监管信息交互平台运行管理办法》（2022年5月24日公布，交通运输部）

《网络购买商品七日无理由退货暂行办法》（2020年10月23日公布，国家市场监督管理总局）

《互联网直播服务管理规定》（2016年11月4日公布，国家互联网信息办公室）

《关于跨境电子商务零售进口税收政策的通知》（2016年4月8日公布，财政部、海关总署、国家税务总局）

《侵害消费者权益行为处罚办法（2020修订）》（2020 年10月23日公布，国家市场监督管理总局）

《互联网危险物品信息发布管理规定》（2015年2月5日公布，公安部、国家互联网信息办公室、工业和信息化部、环境保护部、国家工商行政管理总局、国家安全生产监督管理总局）

《网络交易平台经营者履行社会责任指引》（2014年5月28日施行，国家工商行政管理总局）

4. 涉及电子商务的地方性法规

涉及电子商务的地方性法规主要包括以下几项。

2022年3月1日，浙江省施行《浙江省电子商务条例》，以促进浙江省电子商务健康有序发展。

2022年1月1日，汕头市施行《汕头经济特区跨境电子商务促进条例》，以促进汕头跨境电子商务健康发展，推动贸易高质量发展。

2017年3月1日，杭州市施行《杭州市跨境电子商务促进条例》，以促进杭州市跨境电子商务健康快速发展。

2015年5月1日，杭州市施行《杭州市网络交易管理暂行办法》（以下简称《办法》）。《办法》所称的网络交易，是指通过互联网销售商品或者提供服务的经营活动以及为上述交易活动提供第三方网络交易平台（如淘宝、天猫等）服务的行为，但通过互联网从事金融服务的经营活动除外。

三、电子商务的常见法律问题

（一）电子合同的法律问题

1. 电子合同的概念

《中华人民共和国民法典》第四百六十四条规定，合同是民事主体之间设立、变更、终止民事法律关系的协议。

电子合同，也称为“电子商务合同”，是在电子商务环境下民事主体之间以数据电文的形式达成的，设立、变更、终止民事权利义务关系的协议。

小知识

什么是数据电文

数据电文是指以电子、光学、磁或者类似手段生成、发送、接收或者存储的信息。

2. 电子合同的分类

（1）根据电子合同的标的不同，可以将电子合同分为信息产品合同和非信息产品合同。

信息产品是指可以被数字化并通过网络来传输的商品。例如计算机软件、多媒体交互产品、计算机数据和数据库等。标的物为信息产品的合同是信息产品合同。反之，为非信息产品合同。

信息产品合同中，根据数字化的信息是否存在实体形式，信息产品可以分为有形信息产品和无形信息产品。有形信息产品是指数字化信息附着在有形载体（如光盘）上的产品，此类信息产品的交付无法在线进行；无形信息产品是指数字化的，不存在有形载体的信息产品，合同当事人可以直接通过网络在线交付，如邮件传输、在线下载等。有形信息产品的交付可以直接适用我国《民法典·合同编》的有关规定，而无形信息产品在履行时间、履行方式、检验、退货和风险承担等方面都有其特殊性。

（2）根据电子合同订立的方式不同，可以分为点击合同、以电子数据交换（EDI）方式订立的合同和以电子邮件（E-mail）方式订立的合同。

点击合同是电子形式的格式合同。点击合同在电子商务活动中应用非常广泛，这和互联网技术的高度智能化有关。几乎所有的电子商务企业和网站都会运用点击合同来规定其与消费者或用户之间的一般性权利和义务。

EDI是指按照一个公认的标准，将商业或行政事务处理转换成结构化的事务处理或报文数据格式，并借助计算机网络实现的一种数据电文传输方法。一个典型的采用EDI方式订立合同的过程是：企业收到一份EDI订单，则信息系统自动处理该订单，检查订单是否符合要求，然后通知企业内部管理系统组织生产，向零配件供应商自动订购相关配件等。

以E-mail方式订立的合同是指当事人以E-mail的方式完成要约和承诺过程而订立的

合同。E-mail是互联网上应用最广泛的通信工具，以E-mail方式订立的合同能够直观地反映订约双方的意思表示。但是E-mail在传输过程中其数据包易被截获、修改，安全性较低。在实践中当事人以E-mail的方式订立合同的，宜采用电子签名来提高真实性和安全性。

3. 电子合同的订立

《中华人民共和国民法典》第四百六十九条规定，当事人订立合同，可以采用书面形式、口头形式或者其他形式。书面形式是合同书、信件、电报、电传、传真等可以有形地表现所载内容的形式。当事人订立合同，可以采取要约、承诺方式或者其他方式。

要约是希望与他人订立合同的意思表示，承诺是受要约人同意要约的意思表示。承诺生效时合同成立，但是法律另有规定或者当事人另有约定的除外。

（二）电子商务中知识产权保护的法律问题

1. 域名权保护

域名是互联网络上识别和定位计算机的层次结构式的字符标识，与该计算机的互联网协议（IP）地址相对应。域名的注册遵循“先申请先注册”原则，管理认证机构对申请企业提出的域名是否违反了第三方的权利不进行任何实质性审查，每一个域名的注册都是独一无二、不可重复的，因此在网络上域名是一种相对有限的资源。

域名权是合法的域名持有人所享有的、排他性的控制域名解析和分配的权利。域名权是一种与商标权、企业名称权、版权等传统知识产权区别的、独立的新型知识产权类别。

（1）电子商务中域名权保护的法律问题。从技术角度讲，域名只是联入网络的计算机“易被人记忆和识别”的特定的标识符，或者说是计算机IP地址的外部代码，但随着互联网的日益普及和商业化，域名已经不再是找到网上计算机的一种技术参数或简单的标识符，其已经成为用户在网上寻找、认知和评价网站及网页的一种重要符号，因而域名本身也就具有一定的商业价值。许多企业利用域名宣传自己的网站来创造新的利润。域名的商业价值引发了域名抢注、贩卖牟利等不法行为。

（2）域名权案例分析。2010年，位于常熟的江苏诚展网络科技公司（以下简称“诚展公司”）以“羽绒服”的汉语拼音缩写“YRF”注册了“YRF.COM”网站，公司绝大部分销售业务通过这个网络平台完成。2012年2月8日，公司突然收到的世界知识产权组织仲裁与调解中心的电子邮件通知称，印度雅什拉吉影视公司向该中心递交投诉书，称诚展公司恶意注册使用“YRF.COM”域名，其正在使用的“YRF.COM”国际域名侵犯了印度雅什拉吉影视公司的知名商标和商号权，请求中心将该域名裁决为影视公司所有。

诚展公司通过网络查询发现：雅什拉吉是印度最大的影视制作公司，英文名称缩写为“YRF”，1973年开始使用“YRF”商标，并在印度、欧盟和美国注册，经营范围涵盖了影视作品、网络信息、服装鞋帽等。雅什拉吉公司根据美国相关法律法规，共对诚展公司提出三项指控：一是被投诉人的域名与投诉人享有权利的商品商标或服务商标相同或混淆性相似；二是被投诉人对争议域名不享有权利或合法利益；三是被投诉人对争议域名的注册和使用具有恶意。

诚展公司立即聘请律师应诉，对三项指控分别作出答辩。按照国际惯例，谁先注册域名，谁就享有所有权，但若是恶意注册牟利就另当别论。“YRF.COM”域名早在2000年就有人注册，2011年3月诚展公司花钱购买了这个域名，看中的就是“YRF”与“羽绒服”汉语拼音的首字母一致。“YRF”在印度是驰名商标，但并非全球著名商标，况且诚展公司使用的是域名，印度公司注册的是商标而不是域名，印度公司也没有开展羽绒服销售业务，双方的经营领域和销售区域完全不同。由此可见，诚展公司既没有恶意注册，也没有恶意使用。

2012年4月11日，世界知识产权组织仲裁与调解中心裁定诚展公司对“YRF.COM”国际域名享有权利和合法利益。

域名注册的业内人士介绍，全世界三个字母的域名全部被注册了，域名越短，越容易被用户记住，价值肯定越高，知名度一般的三个字域名售价至少在百万元以上。一旦被域名管理中心告知有侵权发生，一定要立即应诉。否则，过了应诉期，别人的侵权行为就得逞了。

2. 著作权保护

著作权也称为“版权”，是基于特定作品的精神权利以及全面支配该作品并享受其经济利益权利的合称。著作权法所称的作品，是指文学、艺术和科学领域内具有独创性并能以一定形式表现的智力成果，包括：①文字作品；②口述作品；③音乐、戏剧、曲艺、舞蹈、杂技艺术作品；④美术、建筑作品；⑤摄影作品；⑥视听作品；⑦工程设计图、产品设计图、地图、示意图等图形作品和模型作品；⑧计算机软件；⑨符合作品特征的其他智力成果。

在网络环境下，作品在网络上的存储和传播都是以二进制数字编码的形式实现，通过数字化技术加以转换而形成。数字化技术为各种形式信息的存储、传输提供了全新的方式，方便了各类作品的传播。这类以二进制数字编码形式表达的作品，不仅包括文字作品、美术作品、摄影作品、音乐作品、电影作品等传统作品数字化后的表达形式，还包括从创作之时就具有数字表达形式的数据库、计算机程序等一系列新型作品。

（1）电子商务中著作权保护的法律问题。

①网站上传作品的著作权问题。网站在互联网的快速发展中扮演着重要的角色，但网络的混乱现状导致对网站的监管成为难题。现今，因网站上传作品侵权引发的诉讼案件日益增多。网站上传作品侵权的问题已成为著作权法面临的新挑战。网站存在的侵权行为一般有以下四种。

a. 未经许可，上传传统媒介或其他网站的存在版权保护的作品（表演、录音录像制品），侵犯了权利人的信息网络传播权。

b. 在上传过程中，没有标识作者（表演者、录音录像制品者）、注明出处，侵犯了权利人的署名权。

c. 在上传过程中，对作品内容进行了删改或使作品受到篡改，令传播的信息具有诽谤内容，侵犯了权利人的修改权、保护作品完整权及名誉权。

d. 上传作品是基于商业目的或存在潜在的间接利益，抑或直接将权利人的作品用于商业用途，而未向权利人支付报酬，侵犯了权利人的获得报酬权。

②计算机软件的著作权保护。计算机软件，也称为“软件”，是指计算机系统中的程序及其文档。程序是计算任务的处理对象和处理规则的描述；文档是为了便于了解程序所需的阐明性资料。程序必须装入机器内部才能工作，文档一般是给人看的，不一定装入机器。

在电子商务环境下，计算机软件侵权的常见情形有破坏技术保护措施、在线复制或传播他人作品、实施软件技术限制或者干涉软件功能运行等。当软件著作权人的权利受到侵犯时，侵权人主要承担停止侵害、消除影响、公开赔礼道歉、赔偿损失等民事责任。但是，当侵权行为人违法所得数额较大、巨大或有其他严重情节时，则须以刑法保护软件著作权人的权利。

③数据库的保护问题。在传统条件下，交通时刻表、电话黄页、百科全书等均是数据库的具体表现形式。而计算机互联网络的发展促进了从事信息收集、加工、整理和传播的数据库产业的发展，电子数据库的法律保护问题日益突出。

我国现行《中华人民共和国著作权法》中没有针对数据库规定保护权利，在该法第十五条对编辑作品的保护中，没有将由不构成作品的材料汇集成的有独创性的汇编作品（数据库）作为保护对象。但是在相关的法律中都有类似的规定：汇编若干作品、作品的片段或者不构成作品的材料，对其内容的选择或者编排应当体现独创性；汇编作品的著作权由汇编人享有；但汇编人行使著作权时，不得侵犯原作品的著作权，不得妨碍他人对汇编作品中不构成作品的材料的使用。

（2）著作权案例分析。随着自媒体平台功能日益强大，不少商家利用微信点赞、集分享来宣传产品，然而苏州一公司却不慎因此惹上官司。2015年4月2日上午，常熟法院对一起利用微信平台实施虚假宣传的不正当竞争案作出一审宣判，判决被告苏州新右脑文化传播有限公司（以下简称“新右脑公司”）赔偿原告深圳市超脑力信息咨询有限公司（以下简称“超脑力公司”）损失人民币15000元，同时驳回了原告的其他诉讼请求，该案通过互联网直播平台公开审理。

本案原告超脑力公司成立于2008年，是一家从事企业管理咨询、企业形象策划、文化艺术活动策划等业务的有限公司，于2011年注册了“金牌状元营”商标。该公司在各地组织开展了多期“超脑力金牌状元营”活动，并由公司员工拍摄了活动照片上传到网站上对外宣传。

2014年8月，新右脑公司法定代表人周某的儿子赴深圳参加了原告举办的“超脑力金牌状元营”活动。同年10月，周某与从原告公司辞职的蒋某设立了新右脑公司。

2014年11月，新右脑公司在利用微信公众号平台进行“集分享赢《最强大脑》常熟冬令营门票”宣传活动时，使用了两张从超脑力公司网站下载的“超脑力金牌状元营”活动时的宣传图片，图片上所附注的图片文字介绍，均来源于对超脑力公司网站宣传资料的相关引用。

2015年1月21日，超脑力公司起诉至常熟法院，认为新右脑公司未经原告超脑力公司许可，擅自将原告拥有的金牌状元营活动时的照片通过微信媒体发表在其公众号进行虚假宣传，新右脑公司的行为既侵犯了原告的著作权，又构成事实上的不正当竞争行为。为此，超脑力公司要求新右脑公司停止侵权并赔偿经济损失人民币20万元。

不久后，新右脑公司在微信公众号平台上删除了相应的争议图片和文字说明。

庭审中，双方就图片的著作权问题以及是否对原告造成严重侵权进行了激烈的辩论。原告方认为“被告使用我们的照片和文字说明构成了对我公司著作权的侵犯，我们要求法院依法公正判决，维护公司的正当权益。”而被告方则认为“接到法院传票后，他们立即在微信公众号平台上删除了相应的争议图片和文字说明，并没有对原告造成恶劣影响，所以不应该赔偿原告那么多经济损失。”

法院审理认为：原被告公司的经营范围相同，双方均开展了脑力培训教育活动，属于同行业的经营者。经营者不得利用广告或者其他方法，对商品的质量、制作成分、性能、用途、生产者、有效期限、产地等作引人误解的虚假宣传。经营者以歧义性语言或者其他引人误解的方法进行商品宣传，足以造成相关公众误解的，可以认定为引人误解的虚假宣传行为。新右脑公司在微信公众号平台的服务宣传中，使用超脑力公司的“超脑力金牌状元营”活动宣传图片，在随附的宣传文字中不正当地引用超脑力公司的网站宣传资料，足以造成相关公众认为原被告公司之间有品牌授权或业务合作等关联关系，属引人误解的虚假宣传行为。新右脑公司所实施的不正当的竞争行为，侵害了超脑力公司的商业利益。

（三）网络消费者权益保护的法律问题

消费者权益是指消费者在有偿获得商品或接受服务时，以及在以后的一定时期内依法享有的权益。相对于线下消费，网络消费者权益的保护主要集中在网络隐私权、知情权、索赔权和退货权。

1. 网络隐私权

网络隐私权是隐私权在网络中的延伸，是指自然人在网上享有私人生活安宁、私人信息、私人空间和私人活动依法受到保护，不被他人非法侵犯、知悉、搜集、复制、利用和公开的一种人格权；也指禁止在网上泄露某些个人相关的敏感信息，包括事实、图像以及诽谤的意见等。

《中华人民共和国消费者权益保护法》第二十九条第二款规定：“经营者及其工作人员对收集的消费者个人信息必须严格保密，不得泄露、出售或者非法向他人提供。经营者应当采取技术措施和其他必要措施，确保信息安全，防止消费者个人信息泄露、丢失。在发生或者可能发生信息泄露、丢失的时候，应当立即采取补救措施。”

（1）侵权表现。从行为上来看，侵犯消费者网络隐私权主要表现在以下几个方面。

第一，擅自在网上宣扬、公开他人的隐私。未经他人同意，擅自在网上宣扬、公开他人隐私的途径主要有电子邮件、论坛、微博、微信等，这些行为严重侵害了消费者的隐私权。

第二，黑客攻击。他们通过非授权的登录等各种技术手段攻击他人计算机系统，窃取和篡改网络用户的私人信息，而被侵权者很少能发现黑客身份，从而引发了个人数据隐私权保护的法律问题。

第三，专门的网络窥探业务。大批专门从事网上调查业务的公司进行窥探业务，非法获取、利用他人隐私。

第四，垃圾邮件泛滥。网络公司为获取广告和经济效益，通过各种途径得到用户个人信息，后将用户资料大量泄露给广告商，而后者则通过跟踪程序或发放电子邮件广告的形式来关注用户行踪。

（2）案例分析。陈某在某网店上购买了一辆婴儿车，她在下单付款后，网店发给她一个某快递公司的快递单号。四天后，陈某从快递员手中签收了婴儿车。次日，陈某接到一个来自网店所在城市的电话，对方自称是某网店的客服人员，其准确报出了陈某当时购买婴儿推车时的快递单号，还说该品牌的婴儿车目前在做赠送活动，她上次的购物金额还可以获赠一些婴儿用品，请陈某进行挑选。接着，对方在网上给陈某发来一个链接，陈某点开链接后按照对方的要求进行操作，后来她发现自己银行卡内的2000元被转走了。陈某立即向辖区派出所报警求助。

民警分析称对方能准确报出陈某的快递单号，说明从卖家发货到买家签收的过程中她的快递单个人信息有可能被网店或快递公司泄露。经过民警的深入调查，发现系快递公司以每张0.8元的价格“卖单”，将客户信息卖给了其他人。在本案中，公安部门对该诈骗案件进行了立案，快递公司被邮政管理部门罚款20000元，并赔偿了陈某的经济损失。

2. 知情权

知情权是指消费者享有知悉其购买、使用的商品或者接受的服务的真实情况的权利。根据《中华人民共和国消费者权益保护法》的规定，消费者有权根据商品或者服务的不同情况，要求经营者提供商品的价格、产地、生产者、用途、性能、规格、等级、主要成分、生产日期、有效期限、检验合格证明、使用方法说明书、售后服务，或者服务的内容、规格、费用等有关情况。与知情权相对应的是经营者的告知义务。

（1）侵权表现。在电子商务活动中，侵犯消费者知情权主要表现在以下几个方面。

①虚假信息。经营者在网站上向消费者提供虚假的产品信息或者夸大产品的功能等。有些电子商务网站宣称产品价格低廉，当消费者把钱支付之后，一直未收到产品；有些消费者在收到产品之后，发现产品的实际功能和经营者描述的功能相去甚远。

②网络传销。传销被国家禁止以后，在很多地区仍然有传销活动。有些人甚至利用网络进行传销，先引诱消费者购买产品，然后让其加入传销活动。

③误导。由于网络交易对于产品的了解主要来自经营者的宣传以及产品的说明，消费者很容易被误导，尤其是一些弱势群体，比如老年人、农村网络消费者等。

（2）案例分析。2014年4月，浦东新区法院一审受理了何先生诉“很棒公司”一案，何先生诉称，自己在下载QQ密码防盗专家特别版共享软件时，不知不觉地被强制下载安装了很棒富媒体广告软件，然后电脑就开始不断弹出广告窗口。

据何先生的代理律师介绍，自从很棒富媒体的“很棒小秘书”软件被强制安装后，每当何先生上网时，“很棒小秘书”就会占用电脑CPU的使用率和内存空间，导致电脑运行速度缓慢，电脑无法操作。为了修复这个“顽症”，何先生不得已请了电脑公司的人来赶走“很棒小秘书”，并为此支付了150元。

何先生起诉要求很棒公司立即停止制造和通过网络或其他途径传播“很棒小秘书”软件，公开登报赔礼道歉，赔偿他的修复损失。

很棒公司表示，“很棒小秘书”软件是免费软件，属于赠予行为，该软件的使用不会导致用户的损失，应认为赠予人尽到了基本义务。“下载安装‘很棒小秘书’时，都有软件许可协议，用户可以自行决定是否要继续安装。安装后如果不喜欢，还可以彻底卸载。维修费用完全没有必要”。

法院认为，消费者的知情权和选择权是法律规定的，提供方应履行充分的告知义务。被告很棒公司向公众提供免费软件下载，原告接受下载，双方形成软件使用的消费合同关系。在形成这一合同关系的过程中，很棒公司应尽充分告知义务，以利于何先生的知情和选择。但公证证据表明，被告只告知了“很棒小秘书”软件的功能，而未告知其中含有富媒体软件及该软件的功能，致使原告在不知情的情况下，下载了该软件并受到该软件功能所带来的困扰，故很棒公司的不当行为使消费者的知情权和选择权受到了侵犯。原告何先生发现并不需要而且还会带来困扰的软件后，有权予以删除，作为一名普通上网用户，求助于专业的信息技术公司并为此支付清除软件的费用符合常理，而删除该软件所产生的费用显然是原告的财产损失，被告对此应承担责任。

3. 索赔权

（1）索赔权的含义。消费者索赔权又称为消费者求偿权，是指消费者因购买、使用商品或者接受服务受到人身、财产损害的，享有依法获得赔偿的权利。

《中华人民共和国消费者权益保护法》第四十四条规定，“消费者通过网络交易平台购买商品或者接受服务，其合法权益受到损害的，可以向销售者或者服务者要求赔偿。网络交易平台提供者不能提供销售者或者服务者的真实名称、地址和有效联系方式的，消费者也可以向网络交易平台提供者要求赔偿；网络交易平台提供者作出更有利于消费者的承诺的，应当履行承诺。网络交易平台提供者赔偿后，有权向销售者或者服务者追偿。网络交易平台提供者明知或者应知销售者或者服务者利用其平台侵害消费者合法权益，未采取必要措施的，依法与该销售者或者服务者承担连带责任。”

侵犯消费者求偿权的行为包括：经营者对消费者所受伤害应得到的补偿不予负担；对消费者索取赔偿采取拖延方式，甚至使用暴力或威胁等手段。

（2）案例分析。王某在某购物网店上购买了一台电视机。王某收到该网店快递寄来的货物后，当天进行了安装，电视机正常工作。第二天，王某在看电视时，电视机突然发生爆炸，致使坐在电视机前的王某面部受伤，后经医院抢救，花费了近1万元医药费。事情发生后，王某联系了该购物网店，该网店说是电视机质量问题，让王某找厂家解决。厂家说不了解王某购买电视机的过程，让王某找网店赔偿。王某对网店和厂家的相互推脱责任非常不满，于是向消费者协会投诉。

在本案中，王某购买的电视机在使用过程中发生爆炸，致使其面部受伤，并为此花费了近1万元医疗费。王某可以就自己的损害向销售电视机的网店索赔，也可以向生产电视机的厂家要求赔偿，还可以向网络交易平台要求赔偿。本案中购物网店的说法是不正确的。如果该购物网店能够证实电视机爆炸确实是厂家的产品质量不合格，则该网店在向王某承担赔偿责任后，可以向厂家追偿。

4. 退货权

（1）退货权的含义。《中华人民共和国消费者权益保护法》第二十五条规定，经营者采用网络、电视、电话、邮购等方式销售商品，消费者有权自收到商品之日起七日内退货，且无需说明理由，但下列商品除外：消费者定作的；鲜活易腐的；在线下载或者消费者拆封的音像制品、计算机软件等数字化商品；交付的报纸、期刊。除前款所列商品外，其他根据商品性质并经消费者在购买时确认不宜退货的商品，不适用无理由退货。消费者退货的商品应当完好。经营者应当自收到退回商品之日起七日内返还消费者支付的商品价款。退回商品的运费由消费者承担；经营者和消费者另有约定的，按照约定。

（2）案例分析。刘某在本地的一家生活网站上，看见其用弹窗的形式发布的一则广告宣称某家电商场搞庆典促销，优惠多多，有礼品赠送，还可参加抽奖。刘某看到随即乘车赶往该商场，他为自己的新居以7666元的促销价格购买了一台原价8188元的某品牌冰箱。没想到，冰箱买回家后遭到了全家人的反对，家人认为这么多钱买了台冰箱实在是浪费。两天后，刘某以“七天内享有‘退货权’”为由要求商家退货。商家表示，产品无质量问题，拒绝退货。刘某认为《中华人民共和国消费者权益保护法》明确规定，七天内享有“退货权”，商家理应无条件退货。在交涉过程中，双方各执一词，互不相让。无奈之下，商场服务员电话投诉到消费者协会。

经消费者协会工作人员了解，发现这起消费纠纷源于刘某对法律条款的误读。《中华人民共和国消费者权益保护法》规定“七日内退货无需说明理由”，即人们日常所说的消费者七天的无条件反悔权，但此规定仅限于网络、电视、电话、邮购等远程购物方式购买的商品，其他非远程购物方式所购买商品不适用该规定。虽然刘某看了网站上的广告后去的某家电商场，但购买行为发生在实体店内，不属于“网购”的范围，当然也不适用《中华人民共和国消费者权益保护法》第二十五条的规定。

任务二 崇尚责任情怀

一、企业社会责任的定义与范围

什么是企业社会责任

企业社会责任是指一个组织对社会应负的责任。一个组织应以一种有利于社会的方式进行经营和管理。社会责任通常是指组织承担的高于组织自己目标的社会义务。它超越了法律与经济对组织所要求的义务，社会责任是组织管理道德的要求，完全是组织出于义务的自愿行为。

电子商务企业都很年轻，发展速度很快，对经济、社会各方面影响越来越大，因此，电子商务企业的社会责任引起社会的普遍关注。2016年4月19日，习近平总书记在网络安全和信息化工作座谈会上指出，“只有积极承担社会责任的企业才是最有竞争力和生命力的企业”；“希望广大互联网企业坚持经济效益和社会效益统一，在自身发展的同时，饮水思源，回报社会，造福人民”。

（一）电子商务企业社会责任的定义

电子商务企业社会责任是指企业通过透明和合乎道德的行为为其决策和活动对社会和环境的影响而担当的责任。企业社会责任强调企业超越把利润作为唯一目标的传统理念，谋求在企业生产及运营过程中对环境、消费者、社会等的贡献。

企业利益相关者是指在企业的任何决策或活动中有一项或多项利益的个人或群体，一般包括股东、员工、客户、债权人、合作伙伴、社区、政府、公众等。企业应重视与之生产经营密切相关的利益相关者与社会期望之间的关系，虽然从形式上来看利益相关方应该属于社会的一部分，但是它们对企业的利益诉求还是存在本质上的差异的，利益相关方具有企业法定权利，而社会享有企业道义上的权利。

（二）企业社会责任的范围

企业社会责任是一个动态概念，随着社会环境的不断变化，企业社会责任的范围不断得到扩展，企业社会责任包括企业个体责任、企业市场责任和企业公共责任。

1. 企业个体责任

（1）企业对员工的责任。企业对员工的安全、教育、福利等方面承担义务，企业必须为员工提供公平的就业、上岗、调动和晋升的机会，健全劳动保护制度，保证员工有安全、卫生的劳动环境等。

（2）企业对所有者的责任。这是企业最基本的社会责任，企业对所有者的责任概括起来有三个方面：一是保证所有者资产增值保值和投资者股票升值，为投资者提供较高利润的责任；二是及时准确披露信息的责任；三是公正合理地对待所有者的利润和附加利润分配的责任。

2. 企业市场责任

（1）企业对消费者的责任。企业有义务为消费者提供质量高、安全有保障、价格公平、无公害的商品，及时为消费者提供各种有关的咨询指导、培训和优质的售后服务。

（2）企业对合作者的责任。企业对合作者的责任一般来讲主要有三个方面：一是向对方披露真实信息，主动降低对方风险的责任，任何有意隐瞒真实信息，通报虚假信息不仅是对对方不负责任的行为，同时也是自杀行为；二是与对方共同分析市场前景，签订对双方都有利合同的责任；三是严格履行合同的责任。

3. 企业公共责任

（1）企业对政府的责任。这要求企业应按照有关法律、法规的规定照章纳税并接受政府的监督，不得逃税、偷税和非法避税；同时企业必须生产社会所需的物质产品和精神产品。

（2）企业对社区的责任。任何一个企业都是在一定的社区中存在和发展的，社区可以是现实社区，也可以是虚拟社区，回馈社区是企业的责任，企业应为社区提供劳动就业机会，为社区的公益慈善事业提供捐助，还应该积极参与社区的建设。

（3）企业对生态环境的责任。企业的生态责任要求企业一方面应当生产对环境无害或较少危害的绿色产品，倡导绿色生产和绿色消费；另一方面企业应当合理利用资源，减少对环境的污染，并承担污染环境的相关费用。

二、电子商务企业社会责任案例

2023年12月27日，中华全国工商业联合会发布《中国民营企业社会责任报告（2023）》（以下简称《报告》）。《报告》指出，2022年，全国新增民营企业243.6万户，同比增长5.5%，年底民营企业数量为4701.1万户，占全部企业数量的93.3%。民营企业数量的快速增长，为巩固存量就业和吸纳新增就业提供了直接和有力的支撑。据统计，参与调研企业2022年共吸纳就业人员963867人，同比增加1.71%，其中72.16%的企业用工保持稳定或上升。《报告》显示，2022年中国民营企业社会责任发展指数站上新高，为542.19点。

1. 阿里巴巴集团

阿里巴巴集团持续将电子商务拓展到中国欠发达的乡村地区，促进当地经济发展。2023财年，全国832个脱贫县在阿里巴巴平台销售额超1300亿元，160个国家乡村振兴重点帮扶县销售额总计超过43亿元。在乡村物流领域，菜鸟在全国建设超过1460个县级共同配送中心，在村、镇建设了近50000个快递服务站，提升快递下行效率，帮助乡村消费者便捷享受电商购物。同时，农产品上行供应链项目已在全国28省、264个县域落地。为乡村居民提供数字产业技能培训，截至2023年3月31日，累计与区域政府、企业、特色产业园等共建77个数字经济区域人才培训基地，开设1200个班次，覆盖超19万人次。

2023财年，阿里巴巴集团向阿里巴巴公益基金会捐赠3.99亿元，主要用于教育和环境保护等几个领域的公益项目。有204万商家和4.7亿消费者在淘宝天猫平台通过公益宝贝等形式，累计帮助900万人次的受助群体。

2. 抖音集团

2024年5月13日，抖音集团发布了2023年企业社会责任报告，报告数据显示，“山货上头条”项目助力各地特色农产品销量增长，2022年9月至2023年9月，抖音电商共助销农特产47.3亿单。在助力乡村文旅发展方面，“山里DOU是好风光”项目一年间培育帮扶2万余个乡村文旅经营主体，吸引游客约1990万人次。

扶持中小企业发展的同时，抖音集团还多维度助力释放经济活力。在创造就业机会方面，该平台催生出探店达人、网文作家、直播运营、直播助理和选品师等新兴职业。已有超过58万探店达人在抖音生活服务获得稳定收入，2431位番茄原创作家单月收入破万。此外，在社会公益方面，抖音集团将平台、技术能力应用于社会共建，助力社会公益事业发展。截至2023年年底，共有1525家公益组织入驻字节跳动公益平台，上线2789个公益项目，一年内，用户通过公益平台参与公益达4.2亿次。同时，抖音集团还注重文化艺术的传播。报告显示，2023年，抖音集团推出了“抖in博物馆”计划，截至2023年年底已经有729家博物馆入驻抖音，相关内容全年播放量达到1210亿次。

3. 美团

美团发布《美团2023企业社会责任报告》，报告数据显示，在共享美好生活方面，2023年，美团买药服务超过1亿人次县城居民。2023年，在美团平台获得收入的骑手数量约745万。2023年，美团平台上来自国家乡村振兴重点帮扶县的骑手数量约39万。截至2024年4月底，“袋鼠宝贝公益计划”已累计帮扶美团、饿了么、闪送、达达、KFC、盒马鲜生等11个外卖平台的骑手子女818名，在北京、上海、广东深圳和河北燕郊等地建立6所“袋鼠宝贝之家”，累计为超8万人次提供服务。

在共荣美好行业方面，自2020年起，美团连续4年承接消费券，已合作项目总金额超23亿元。截至2023年年底，美团无人机已在深圳、上海等城市11个商圈落地25条航线，累计完成用户订单超22万单。截至2023年底，美团自动配送车自动驾驶里程占比超过99%，完成室外全场景配送近400万单。自2022年6月推出外卖管家服务以来，累计超10万中小商家享受到了一对一的外卖运营服务，月平均收入提升64%。

4. 圆通速递股份有限公司

2024年4月25日，圆通速递股份有限公司发布了《圆通速递股份有限公司 2023 年度社会责任报告》（以下简称《报告》）。《报告》指出，在仓储环节，圆通速递股份有限公司推动能源转型，不断加大“绿色圆通”投入力度。例如广东揭阳、杭州、上海等多地集运中心陆续投用光伏发电项目，累计铺设面积达6.42万平方米。从“收、转、运、派”，圆通速递股份有限公司数字化升级之路的每一个环节都紧密相扣。转化为碳排放数据来看，公司单票快件减少排放二氧化碳当量19.20克。

2023年，圆通速递股份有限公司在助残、助困、助学等方面共实施50多个公益项目，对外捐赠支出超1000万元。“不离不弃”基金是2020 年成立的面向圆通人的困难帮扶基金，在“助医、助困、助学”方面为员工提供帮助，在基金会员亲属亡故时可申请亡故慰问金2000元。截至2023年年底，该基金会员人数达11552人，累计帮扶员工284人，累计帮扶金额达174.07万元。

5. 哔哩哔哩

哔哩哔哩社会公益等方面表现较佳。哔哩哔哩成立公益平台，截至2023年6月，共上线了62个公益项目，超45万用户捐款，筹款超800万元。项目覆盖至重疾儿童医疗救助、关爱女童、公益图书馆、关爱空巢老人等。2019年起，企业开始陆续在我国中西部地区建设哔哩哔哩小学，现已经建立起多所小学，为6000余名小学生提供乡村教育帮扶。

三、电子商务企业社会责任方面存在问题与分析

1. 产品质量和服务水平问题突出，消费者权益受到损害

生活服务的变革为日常生活带来了前所未有的便利。餐饮外卖服务让我们无需出门，婚恋交友等服务的线上化，使我们可以更加便捷地选择适合自己的交友渠道。再者，房产交易和招聘就业服务的线上化，使得我们能够更加方便地浏览各种房源和职位信息。然而，在数字生活快速发展过程中也暴露出了一些乱象和问题。在此背景下，5月15日，依据国内知名网络消费纠纷调解平台“电诉宝”2024年一季度受理的全国24家数字生活平台纠纷大量案例数据，“一带一路”前10影响力社会智库网经社电子商务研究中心发布了《2024年Q1中国数字生活用户体验与投诉数据报告》（Q1即第一季度）。

根据“电诉宝”2024年第一季度受理的中国数字生活领域用户有效投诉显示，投诉量排前10的依次为：飞猪、去哪儿、美团、BOSS直聘、走着瞧旅行、智行、联联周边游、万师傅、大麦网、同程旅行。

2. 刷单炒信现象严重

刷单已成为互联网行业内的普遍现象，已形成灰色产业链，其中商家、第三方刷单平

台、快递等都参与其中，涉及的企业多，影响广。

网络交易中，大部分买家在购买一件商品时，都是习惯性先看好评，再购买。有些卖家动起歪脑筋，他们通过制造虚假交易，购买好评，可以让他们短期内快速提升自己网店的排名，从而提升自己的销量。

卖家只需要花费几百元就能买来销量和好评，而消费者轻信“好评”上当，另外那些守信卖家则会因为“失分”而被挤出市场。近年来监管部门和很多网购平台加强了这方面的惩治力度，为了防止刷单扰乱正常的网购秩序，多次打击但仍难杜绝。刷单产生了三大危害。①对消费者来说，虚假的信誉、交易量，对其购买决策产生误导，使其消费权益无法得到保障。②对同行商家来说，虚假信誉和交易量是一种不正当竞争，有失市场竞争公正性。③对第三方电商平台来说，屡屡打击但未能杜绝该现象，而后发展为行业毒瘤，滋生了一大批活跃在电商平台上的不诚信商家。

3. 部分电子商务企业逃税漏税，税收责任缺失

部分电商企业为逃税漏税，不主动开具发票，且电商企业经营具有销售平台虚拟化的特殊性，工商和税务部门很难对电商企业的销售收入和利润进行有效监督。

为政府提供税收是企业对政府履行的重要社会责任之一。《中华人民共和国税收征收管理法》和《中华人民共和国发票管理办法》规定：销售商品、提供服务或者从事其他经营行为，从经营活动中收取款项，收款的时候必须开具发票。但有些电子商务企业主为逃避纳税义务，在销售商品或应税劳务时，不主动开具发票，尽可能不开或少开发票，或用收据、白条等代替发票，再加上消费者国民税收意识仍然比较薄弱，有些人因为怕麻烦，觉得要发票没多大用处，要不要都无所谓，因而没有养成索要发票的习惯。除此之外，由于电子商务企业经营具有特殊性，即很多业务是网上下订单，网下配送产品，甚至是网上下订单，网上配送产品或服务，因而导致工商和税务部门监督困难，也很难让电子商务企业如实纳税。

我国法律明确规定，“对违反发票管理法规造成偷税的，按照《中华人民共和国税收征收管理法》处理。对违反发票管理法规情节严重构成犯罪的，税务机关应当书面移送司法机关处理。”为有效规范税务管理，应该加强税务部门对发票的监管力度，加强发票法制化建设、信息化管理，加大对普通发票检查、比对力度，加大对发票违法、违章行为的打击力度，提高税收监控水平，有效制止税收流失。方寸大小的发票，是记录经营活动的原始凭证，也是税务稽查的重要依据，不仅与每个人的合法权益有关，也与国家税收息息相关。商家主动开具发票，是法律赋予商家的法律责任，也是商家必须履行的法律义务，即使消费者不索取，商家也必须主动开具发票。

4. 部分电子商务企业损害劳工权益，员工责任缺失

部分电子商务企业对员工的社会责任较为缺失，主要表现在以下几个方面。

（1）劳动用工不规范，劳资纠纷问题普遍存在。部分电商企业由于临时订单增加，超过了企业服务能力，不得不招聘临时工，但这些员工基本上是季度性的，大多没有签订劳动用

工合同。员工一旦遇到工伤、欠薪等问题需要投诉时找不到任何凭据，劳资纠纷问题突出。

（2）加班现象仍相当严重，加班工资计费不合法。很多电子商务企业在销售旺季都存在加班的情况，而加班的工资并没有严格按照法定要求处理，甚至存在加班不加钱的情况。

（3）妇女权益保护仍显不足。许多企业的招聘中以工种不适合等理由拒招女员工，部分企业对于女员工的产假并没有严格按法定的天数执行，或者执行了法定假期但克扣工资及奖金等。

（4）逃避社会保障缴费。有部分电子商务企业不给员工办理社会保险，而按月或年一次性给予员工现金补偿或额外工资等，以此逃避社会保障缴费。

5. 对传统零售市场的冲击

与电子商务持续高速增长相反，传统零售业处境艰难，一些百货商场频频告急，先后宣布关闭。

电商的高速发展确实给传统产业带来巨大冲击。其中，包括百货、综超、服装等传统零售业纷纷发力转型线上渠道，甚至众多上市公司也在公司财务报表中明确表示，公司业绩下滑与电商突飞猛进发展有关。互联网使信息的搜集、整理、传递更加方便快捷，从而节省搜寻成本。不仅是传统商业，其他一切信息成本比较高的传统产业都会受到影响。网购的选购方便、价格亲民、海量产品为购物提供了全新的体验，这些都是传统百货业难以企及的。

6. 知识产权保护问题

电商企业的发展依赖于创新和知识产权的保护。然而，一些电商企业存在知识产权侵权行为，比如销售假冒伪劣商品、未经授权销售品牌产品等。这不仅损害了原创设计者和知识产权所有者的利益，也破坏了市场秩序和消费者权益。

加强知识产权保护需要多方共同努力。电商企业应加强对商品的审核和监管，严禁销售假冒伪劣商品。政府应建立健全法律法规，加大知识产权保护力度。同时，消费者应增强知识产权意识，理性购物，选择正规渠道购买商品。

7. 环境保护问题

随着电商业务的不断扩大，物流运输的规模也在迅速增加。这给环境带来了一定的压力。比如，电商企业的快递包装过度使用，废弃物处理不当等问题对环境造成了负面影响。

电商企业应积极采取环保措施，减少包装的使用和废弃物的产生。例如，推动可持续包装的使用，鼓励客户选择无纸化和电子化的交易方式。同时，政府应加强环境保护的监管和引导，鼓励电商企业使用节能、环保的物流和供应链模式。

8. 公平竞争问题

电商企业在利用互联网和技术优势拓展市场的同时，也面临着公平竞争的问题。一些电商企业可能凭借垄断地位、利用价格倾销等手段破坏市场秩序。

加强公平竞争的关键在于建立和完善相关的法律法规和监管机制。政府应加强对电商市场和平台的监管，制定明确的规则和准则，防止垄断行为和不正当竞争。同时，加强行业组织的自律和监督，促进公平竞争的良性发展。

四、电子商务企业社会责任的推进机制

1. 完善电子商务立法，加大执法力度

推进电子商务企业社会责任工作，必须有相关的法律加以约束和保障，近几年我国陆续颁布的电子商务相关法规及政策主要包括《网络发票管理办法》《寄递服务用户个人信息安全管理规定》《中华人民共和国消费者权益保护法》《网络零售第三方平台交易规则制定程序规定（试行）》《侵害消费者权益行为处罚办法》《关于跨境电子商务零售进口税收政策的通知》。随着电子商务市场的不断发展，在社会商品零售总额中的比例不断提高，与互联网行业其他领域相比，电子商务市场日趋成熟，相关法律体系已经比较健全，但在社会普遍关注的热点、难点问题上还需要进一步完善立法。例如，快递包装物的生产、使用、回收、处理等环节应加强立法，引导企业、消费者使用绿色包装，积极应对越来越多的包装废弃物对环境造成的污染；可以将刷手刷单纳入个人征信系统，一般情况下，参与刷单者法律意识、诚信意识、责任意识淡薄，将刷单记录到个人信用，加大对刷单的处罚力度，能够有效遏制刷单炒信现象。

电子商务企业怎样履行社会责任

立法是基础，执法是关键。既要加强电子商务企业社会责任规制建设，也要加大执法力度，严格执法、违法必究，构建执法部门与电商企业之间的良性互动机制。对一些平台企业，相关政府部门可以派出监督小组，更好地把相关规制落到实处，比如在遏制刷单炒信方面，平台企业内在动力欠缺，监督小组可以弥补不足。

2. 减缓电子商务市场竞争激烈程度

电子商务市场的竞争激烈程度远胜于传统市场，无论是售卖假货，还是刷单炒信，都与网络市场竞争过于激烈有关，因此，政府、行业组织、龙头企业有必要共同努力，减缓电子商务市场竞争激烈程度，降低“618”“818”“双11”“双12”等促销力度，毕竟从根本上讲，线上促销对社会商品零售总额的提升可能没有想象的那么大。而构建良好的电子商务生态系统，让更多的电商企业获得正常利润，让广大网络消费者有更好的购物体验，有助于我国电子商务行业更加稳健地发展；同时也给传统零售业提供了与网络零售竞争的公平环境，避免电子商务对传统零售业带来断崖式冲击，让更多传统零售企业顺利成功转型。

3. 标杆企业实施社会责任管理

电子商务企业承担社会责任已经被社会各界普遍接受，但是，大部分电子商务企业社会责任管理工作仍然处于经验管理阶段，缺乏社会责任管理实现机制，因此，电子商务的龙头企业应实施社会责任管理，在行业内发挥积极履行社会责任的引领作用。有效实施社会责任管理，应该将社会责任管理纳入企业战略管理，融入企业文化，成立专门的社会责任管理部门，构建企业社会责任管理体系，适时评价和改进社会责任管理工作。

4. 落实社会责任系列国家标准

2015年6月2日，国家质量监督检验检疫总局（该局2018年不再保留，整合并入中华人民共和国国家市场监督管理总局）和国家标准化管理委员会发布社会责任系列国家标准：GB/T 36000—2015《社会责任指南》、GB/T 36001—2015《社会责任报告编写指南》和GB/T 36002—2015《社会责任绩效分类指引》，并于2016年1月1日正式实施。系列标准是我国社会责任领域第一份国家层面的标准性文件，系列标准将统一各类组织对社会责任的认识和理解，改变现在国内依据不同标准履行社会责任的混乱局面，给组织履行社会责任提供系统、全面的指导，对提升国内社会责任水平起到重要作用。社会责任国家系列标准中，《社会责任指南》是最核心的标准，主要对什么是社会责任，社会责任包含哪些内容、如何履行给出指导。

在系列标准中，社会责任的内容包括七大核心主题，即组织治理、人权、劳工实践、环境、公平运行实践、消费者、社区参与和发展。每个电子商务企业都会涉及这七大主题，各主题没有重要程度的区别，但受人力、资金等资源限制，在落实社会责任系列国家标准时，电商企业应在七大主题中，结合企业实际，找准突破口，比如杜绝刷单炒信、改善售后服务等，用心努力去做，一定能够在履行社会责任方面取得好的效果。

项目小结

伴随着电子商务的快速发展产生了众多的法律问题，需要通过法律形式对电子商务活动进行规范。电子商务法是调整政府、企业和个人等主体以数据电文为交易手段，通过信息网络所产生的，因交易形式所引起的各种商事交易关系，以及与这种商事交易关系密切相关的社会关系、政府管理关系的法律规范的总称。《中华人民共和国电子商务法》自2019年1月1日起施行。

我国电子商务企业发展已经取得巨大成就，但在履行社会责任方面仍然存在不足，例如，产品质量和服务水平问题突出，消费者权益受到损害；刷单炒信现象严重；部分电子商务企业逃税漏税；冲击传统市场。推进电子商务企业履行社会责任的对策主要包括完善电子商务立法，加大执法力度；减缓电子商务市场竞争激烈程度；标杆企业实施社会责任管理；落实社会责任系列国家标准。

思考练习

一、单选题

1. 2017年修订的《中华人民共和国反不正当竞争法》增加了对经营者（　　）等新型不正当竞争行为的规制。

A. 域名　　B. 刷单

C. 格式合同　　D. 红包

2. 本企业制作的图片在未经授权的情况下被其他网商使用，则对方侵犯了本企业的（　　）。

A. 著作权　　B. 隐私权

C. 知情权　　D. 索赔权

3. 企业社会责任包括企业个体责任、（　　）和企业公共责任。

A. 企业市场责任　　B. 员工责任

C. 所有者责任　　D. 生态责任

4. 社会责任国家系列标准中（　　）是最核心的标准。

A. 社会责任报告编写指南　　B. 社会责任绩效分类指引

C. 网络交易平台经营者履行社会责任指引　　D. 社会责任指南

二、多选题

1. 我国电子商务的立法体系包括（　　）。

A. 法律　　B. 行政法规

C. 部门规章　　D. 地方性法规

2. 相对于线下消费，网络消费者权益的保护主要集中在（　　）。

A. 网络隐私权　　B. 知情权

C. 索赔权　　D. 退货权

3. 企业利益相关者是指在企业的任何决策或活动中有一项或多项利益的个人或群体，一般包括股东、员工、（　　）、合作伙伴、政府、公众等。

A. 债权人　　B. 客户

C. 社区　　D. 学校

4. 电子商务企业社会责任方面存在的主要问题涉及（　　）。

A. 消费者权益受损　　B. 逃税漏税

C. 损害劳工权益　　D. 冲击传统零售市场

三、思考题

1. 广义的电子商务法主要调整哪些内容？

2. 电子商务常见法律问题有哪些？

3. 我国电子商务企业应怎样积极履行社会责任？

实训项目

1. 制定电子合同

小明在网上开了一家专门销售电子产品的网店，生意蒸蒸日上。某电子厂生产的充电宝质量很好，但网络直接销售所占比重较小，经过双方多次磋商，小明拿下了这家电子厂充电宝的全国网络销售权。

现在请你参考电子合同的范本为小明制定一份电子合同。

2．调研电商企业履行社会责任的状况

选择一家熟悉的电商企业，分析该企业履行社会责任的现状及存在问题，尝试提出积极履行社会责任的建议并提交调研报告。

参考文献

[1] 商务部电子商务和信息化司. 中国电子商务报告 [M]. 北京：中国商务出版社，2023.

[2] 白东蕊. 电子商务基础与实务 [M]. 2版. 北京：人民邮电出版社，2023.

[3] 许应楠. 电子商务基础与实务 [M]. 2版. 北京：高等教育出版社，2021.

[4] 覃征. 电子商务导论 [M]. 2版. 北京：人民邮电出版社，2023.

[5] 王欣. 电子商务基础 [M]. 北京：机械工业出版社. 2021.

[6] 叶秀敏. 中国电子商务发展史 [M]. 太原：山西经济出版社，2017.

[7] 吴明华. 电子商务安全 [M]. 重庆：重庆大学出版社，2017.

[8] 顾明. 电子商务物流 [M]. 北京：机械工业出版社，2022.

[9] 冯英健. 网络营销 [M]. 北京：高等教育出版社，2021.

[10] 陈德人. 网络营销与策划 [M]. 2版. 北京：人民邮电出版社，2022.

[11] 陈刚，江洪建. 农村电商运营（慕课版）[M]. 北京：人民邮电出版社，2023.

[12] 陈德人，方美玉，白东蕊. 电子商务案例分析 [M]. 2版. 北京：人民邮电出版社，2023.

[13] 刘钧炎. 跨境电子商务基础 [M]. 北京：电子工业出版社，2023.

[14] 姚大伟. 跨境电子商务基础 [M]. 武汉：华中科技大学出版社，2021.

[15] 郝琴. 企业社会责任战略 [M]. 北京：中国经济出版社，2016.